丝绸之路考古与遗产研

基于文明交往的
跨国考古研究

——以亚洲地区为例

王 毅 著

科学出版社
北 京

内 容 简 介

赴他国开展考古调查、发掘与研究，对于推动考古学的发展具有重要意义，近年来，跨国考古也已成为我国对外文化交流的重要内容。本书以文明交往为着眼点，对19世纪中期以来亚洲地区跨国考古发展的历史进行分期研究，包括对他国来华进行考古调查与发掘及我国学者赴国外开展考古工作的历史和现状进行梳理，从时空上阐明亚洲地区跨国考古的整体面貌、时代特征、成就与不足以及最新发展趋势。在此基础上，本书通过对西方中心文明理论的回顾和反思，结合文明交往理论与实践发展的新趋势，对跨国考古推动文明交往的发生机制展开深入讨论，并对今后我国开展跨国考古提出具体建议。

本书可供考古学、文化学、文化外交等方面的专家学者与爱好者参考阅读。

图书在版编目（CIP）数据

基于文明交往的跨国考古研究：以亚洲地区为例 / 王毅著. -- 北京：科学出版社，2024. 9. -- （丝绸之路考古与遗产研究博士论丛）. -- ISBN 978-7-03-079317-1

Ⅰ. K928.6

中国国家版本馆CIP数据核字第202499N57V号

责任编辑：王琳玮 / 责任校对：邹慧卿
责任印制：肖　兴 / 封面设计：金舵手世纪

科学出版社 出版
北京东黄城根北街16号
邮政编码：100717
http://www.sciencep.com
三河市骏杰印刷有限公司印刷
科学出版社发行　各地新华书店经销

*

2024年9月第 一 版　开本：720×1000　1/16
2024年9月第一次印刷　印张：20 1/4
字数：408 000
定价：228.00元
（如有印装质量问题，我社负责调换）

丝绸之路考古与遗产研究博士论丛
编委会

主　任：赵　荣

副主任：王建新　史　翔

成　员：（按姓氏拼音排序）

　　　　冯　健　马　健　孙周勇　史　翔

　　　　邵会秋　万　翔　王建新　王莺莺

　　　　张　进　张卫星　赵　荣

主　编：赵　荣

副主编：邵会秋　王莺莺

总　　序

公元前139年，张骞第一次出使西域，汉唐丝绸之路正式开通，自此，丝绸之路成为古代欧亚大陆东西方文明的重要通道。它将古代东亚、中亚、印度、西亚和地中海等地链接为一个紧密、互动的交往体系，不仅是各地区商品贸易活动的便捷通道，也是文化和思想交流的桥梁。沿着丝绸之路，艺术、科学、哲学和宗教等领域的知识和观念得以传播。

20世纪末，酝酿启动的丝绸之路跨国系列申遗，历经了20世纪90年代至2005年的"酝酿"、2006年至2011年的"启动"以及后来的"推进"，从中国与中亚五国联合到2013年1月三国正式向联合国教科文组织世界遗产中心提交了申遗报告。2005年，我作为陕西省文物局负责人参与推动了丝路申遗工作，深知整个申遗过程，涉及面广，申请难度极大，涉及中文、英文、俄文、吉尔吉斯文和哈萨克文5种文字文本，而学术支撑更是基础的基础。教科文组织在20世纪90年代就发起了"丝绸之路综合研究项目"，1990年夏在中国组织开展的丝绸之路沙漠路线（由西安到喀什）的科学考察，历时近40天，行程4500多千米。此后，更有国内外数十名专家学者进行了系统的丝路考古和遗产梳理研究，形成了诸多重要成果和文化共识。

2014年"丝绸之路：长安—天山廊道的路网"获批为世界文化遗产。作为跨国系列文化遗产，属文化线路类型，线路跨度近5000千米，沿线包括中心城镇遗迹、商贸城市遗迹、交通遗迹、宗教遗迹和关联遗迹等5类代表性遗迹共33处，申报遗产区总面积426.8平方千米，遗产区和缓冲区总面积2344.64平方千米。与此同时，2013年，随着"一带一路"倡议的提出和共建国家的响应，丝绸之路重新焕发了生机，丝绸之路考古研究也进入了"黄金时代"。作为一位考古和历史地理学工作者，我曾代表陕西省文物局有计划地支持陕西考古工作者走出国门，开展境外考古工作。其中，陕西省考古研究院主要在哈萨克斯坦开展工作，西安市文物保护考古研究院重点开展吉尔吉斯斯坦等国的考古调查，陕西省文物保护研究院和陕西省文化遗产研究院开展缅甸等国文物修复工作，西北大学则以乌兹别克斯坦考古为主。

西北大学考古学科与丝绸之路考古渊源深远，早在1938年，西北大学的前身——国立西北联合大学师生就对"西域凿空者"张骞墓开展了考古调查、发掘与修缮。诸多学者一直坚持西北民族、边政、考古和区域国别研究。1956年，在教育部、文化部、国家文物局和中国科学院的大力支持与推动下，西北大学设立了全国第二个考古学专业。68年来，西北大学考古立足陕西丰厚的文化遗产资源，逐步形成了"立足长安、面向西域、周秦汉唐、丝绸之路"的学科定位。特别是近年来，王建新教授以寻找大月氏为目标，积极开展了从河西走廊到东天山以及西天山、乌兹别克斯坦等地的考古工作，成果广受关注。2018年1月5日，陕西省文物局支持成立"西北大学丝绸之路考古中心"。2020年6月9日，为了更好地统筹陕西省各考古单位的境外考古工作，陕西省文物局与西北大学共同建立了"陕西省丝绸之路考古中心"，有计划地开展以丝绸之路考古和遗产保护为主的陕西境外考古工作。

2021年5月12日，"中国＋中亚五国"外长第二次会晤在西安召开，在此期间，王毅外长倡议与中亚各国在西北大学建立"丝绸之路考古合作研究中心"。此后，陕西省政府以陕西省文物局为牵头单位，西北大学为实施单位，统筹陕西省考古研究院、西安市文物保护考古研究院、国际古迹遗址理事会西安国际保护中心等省内外优势资源，与丝路沿线国家共同建设丝绸之路考古合作研究中心（以下简称中心）。西北大学明确中心为独立研究机构，安排30名专职研究人员编制，实施主任与首席科学家负责制，每年招收10名博士研究生、20名硕士研究生。同时，西北大学先后与哈萨克斯坦、吉尔吉斯斯坦、乌兹别克斯坦、塔吉克斯坦、俄罗斯、蒙古国、伊朗、巴基斯坦等8个国家的13所高校、科研机构签署共建中心协议，聘请了来自9个国家、26位考古领域专家学者担任中心学术委员，初步搭建起一个开放共享的学术合作交流平台。

2023年4月25日，亚洲文化遗产保护联盟大会召开期间，来自中国、吉尔吉斯斯坦、塔吉克斯坦、土库曼斯坦和乌兹别克斯坦等国的文化遗产官员共同为中心揭牌。中心的主要任务是面向中亚、西亚、南亚等丝绸之路沿线国家和地区开展联合考古、遗产保护、文化交流、人才培养等工作，是一个开放、合作、共享、传承的国际化平台。

长期以来，我国考古学界对国外考古的了解相对较少，缺少研究国外考古的高水平人才。丝绸之路历史、考古和文化遗产保护研究领域，也一直由西方学者占据主导地位。为了鼓励和支持国内青年学者，深入开展丝绸之路考古和遗产保护以及区域国别研究，中心决定组织出版"丝绸之路考古与遗产研究博士论丛"，主要资助从事境外丝绸之路考古和文化遗产领域的青年学者出版博士学位论文。之所以选择资助这一特定范围，主要有三点考虑：第一，以东方视角开展境外地区丝绸之路考古研究有利于中外文明交流互鉴，可以纠正、修改和补充西方视角下丝绸之路研究的缺陷和空白，有利于提升我国学术界在丝绸之路研究领域的国际影响力和话语权；第二，境外联合考古和研究的相关成果发表难度大、周期长，尤其对于刚毕业的青年学者来说更加困难，为了及时公开学术成果和鼓励更多年轻人从事丝绸之路考古和遗产研究，我们选择资助45周岁以下的年轻学者出版相关博士论文；第三，博士论文经过开题、中期审核、预答辩、外审和答辩多个环节的审查，其研究成果都具有一定的原创性以及特别的学术价值。

希望通过这一举措，可以推动丝绸之路考古与文化遗产优秀成果的传播和共享，让更多的人关注和了解丝路考古和丝路遗产，也希望对培养具有国际视野和国际工作能力的丝绸之路考古和遗产研究领域的专业人才，有所裨益。更希望这一举措有利于促进丝路共建国家的人文交流与民心相通，在文化的交流互鉴中，积极践行"一带一路"倡议和人类命运共同体理念。

感谢科学出版社的大力支持，王琳玮女士的精心编辑；感谢中心首席科学家王建新教授、邵会秋教授和王莺莺副主任对丛书出版的学术与技术组织。

丝绸之路考古合作研究中心　主任　教授

序　　言

　　走出国境开展跨国考古调查、发掘与研究工作，是考古学发展的重要动力，不仅能有效地提高本国考古学的研究水平，还能通过与国外同行的交流与合作在世界范围内推动考古学的整体发展。欧美国家与日本等都有长期开展跨国考古的历史。在中华人民共和国成立前，我国也曾是这些国家学者和探险家进行探险、调查和发掘的重要场所。1921年，经中国政府批准瑞典地质学家安特生主持的仰韶遗址发掘，就被视为中国考古学的发端。

　　改革开放后，欧美和日本等国学者纷纷来华，与我国考古机构合作开展考古调查与发掘，成绩显著，对于提升我国的考古理论与技术也起到了积极作用。但直到20世纪末，中国考古学界还基本没有走出国门，在中国考古以外的研究领域，我们也几乎没有发言权。因此，在1999年成都召开的中国考古学会年会上，我就曾呼吁中国考古学界要走出国门。

　　令人欣喜的是，自2000年以来，中国学者赴国外开展考古工作得到了比较显著的发展。尤其是在"一带一路"倡议提出后，我国考古科研机构在国外开展的考古项目迅速增加。我国考古工作者在跨国考古的工作中有了许多重要的考古发现，并发表了众多具有国际影响力的研究成果。在此基础上，自2018年以来，国家把考古与教育、科学、文化等领域并列作为"一带一路"人文交流的重要内容，党和国家领导人多次在外国媒体上发表署名文章，提出要提升在考古等领域的人文交流。跨国考古工作已成为我国推进文明交流互鉴，实现民心相通的重要途径之一。

　　但我们也应该看到，长期以来，欧美国家以及日本的学者在跨国考古领域做了大量工作，积累了大量的考古资料和成果，在学术圈也占据着主要的话语权。与其相比，我国的跨国考古工作总体上才刚刚起步，不仅在专业领域的发声仍然十分有限，在管理体制、人才队伍建设、经费保障等方面也还有很大的提升空间。在此背景下，结合国家对于跨国考古的时代要求，对跨国考古的发展历史与现状展开系统研究，在实践和理论上都显得非常有必要。本书的出版，恰逢其时。

本书是在王毅的博士学位论文基础上修改完善而成的。他于2018年至2022年期间跟随我攻读博士学位。在开始博士阶段的学习前，他曾长期在中国文化遗产研究院从事世界文化遗产的申报与保护管理工作，因此我最初建议他围绕丝绸之路天山廊道的扩展申遗开展博士论文的写作。基于他在柬埔寨吴哥古迹以及海上丝绸之路等工作的研究基础，他提出希望以文化遗产的国际合作为主题开展博士阶段的研究，并且在论文开题的过程中，在专家们的建议下最终将研究对象聚焦于跨国考古。现在看来，这一选题不仅契合西北大学乃至整个国家发展跨国考古工作的整体需求，也有利于他发挥自己跨专业的学科背景和已有的行业工作经历、经验的优势。

2019年，他作为西北大学中亚考古队的一员，先后赴尼泊尔蓝毗尼、木斯塘，乌兹别克斯坦撒马尔罕、铁尔梅兹及吉尔吉斯斯坦奥什等地开展考古调查工作，对跨国考古工作有了实际的体验，积累了宝贵的一手资料。在论文写作的过程中，虽然受新冠肺炎疫情影响，难以赴境外开展现场调研工作，但他另辟蹊径，通过深入翔实的理论与文献研究，对亚洲地区的跨国考古发展历程加以系统梳理，从文明交往的角度对跨国考古的国家和时代特征加以总结，并对跨国考古推动文明交往的发生机制进行了探讨。在此基础上，结合他参与国家文物局亚洲文化遗产保护行动相关调研工作的有利契机，针对今后我国跨国考古工作的改进提出了诸多建议。他的研究成果，对完善我国跨国考古工作的机制和体制，制定相关政策和对策，促进这方面工作进一步深入开展，具有重要的现实意义和参考价值。

在本书即将付梓之际，我对王毅表示祝贺！这不仅是对他过去几年艰辛的肯定，相信也会成为他事业上发展的新起点。我也希望他能再接再厉，在学术研究与工作实践中，为方兴未艾的中国跨国考古与文化遗产国际合作事业作出更多贡献。

王建新

丝绸之路考古合作研究中心　首席科学家　教授

目　　录

总序 ··· （i）
序言 ··· （v）
第一章　绪论 ·· （1）
　　第一节　研究背景及意义 ··· （1）
　　第二节　概念界定 ·· （3）
　　第三节　相关研究综述 ·· （6）
　　第四节　研究思路与框架 ·· （16）
第二章　从西方中心到对话交流：文明交往的理论考察 ········· （20）
　　第一节　文明交往：人类历史发展的重要推动力 ············ （20）
　　第二节　西方中心主义：欧美文明认知与交往理论概述 ··· （22）
　　第三节　对话交流：文明交往理论与实践发展的新趋势 ··· （25）
　　第四节　文明交往的前提与方式：从文化相对主义到交往行动
　　　　　　理论 ·· （28）
　　第五节　跨国考古推动文明交往的可能性：文化记忆与记忆场所
　　　　　　理论 ·· （30）
　　第六节　小结 ·· （32）
第三章　文明的初识与碰撞：亚洲地区跨国考古的形成与发展
　　　　（二战以前） ··· （34）
　　第一节　挖宝与掠夺：早期的跨国考古（19世纪90年代以前） ······ （35）
　　第二节　科学化转向：跨国考古的初步发展（19世纪末至一战之前）
　　　　　　 ·· （53）
　　第三节　进步与觉醒：跨国考古的进一步发展（两次世界大战之间）
　　　　　　 ·· （68）

第四章 文明的交往与共生：亚洲地区跨国考古的成熟与转型（二战后至今） ……（86）

  第一节 传承与革新：跨国考古的成熟（二战后至20世纪80年代） ……（86）

  第二节 民生与交往：面向未来的跨国考古（20世纪90年代至今） ……（116）

第五章 中外交往的缩影：跨国考古与中国 ……（140）

  第一节 1949年前他国来华探险与考古 ……（140）

  第二节 1949年后的境内国际考古合作 ……（153）

  第三节 中国学者赴境外考古 ……（162）

第六章 从遗址到民心：跨国考古推动文明交往的机制研究 ……（179）

  第一节 跨国考古的意义与面临的困难：文明交往的发生前提 ……（181）

  第二节 跨国考古中的科学研究：文明交往的发生基础 ……（195）

  第三节 跨国考古中的文化遗产保护利用：文明交往的发生关键 ……（209）

  第四节 跨国考古与文化外交：文明交往的制度保障 ……（221）

  第五节 跨国考古的组织实施：文明交往的实现 ……（225）

第七章 在交往中前行：中国跨国考古实施建议 ……（236）

  第一节 推动跨国考古人才培养 ……（237）

  第二节 加强交往能力建设 ……（239）

  第三节 提升跨国考古理论研究 ……（241）

  第四节 充实交往内容 ……（247）

  第五节 完善顶层设计 ……（250）

  第六节 优化项目规划、管理与评估 ……（252）

  第七节 科学处理交往问题 ……（253）

第八章 结论与展望 ……（256）

参考文献 ……（261）

摘要 ……（295）

Summary ……（297）

Аннотация ……（299）

后记 ……（301）

Table of Contents

Chapter 1 Introduction ··· (1)
    Section 1   Background and Significance ·· (1)
    Section 2   Conceptual Definitions ·· (3)
    Section 3   Literature Review ··· (6)
    Section 4   Research Approach and Framework ·· (16)

Chapter 2 From Western Centrism to Dialogical Exchange: Theoretical Perspectives on Civilization Interaction ······································ (20)
    Section 1   Civilization Interaction: A Key Driver in Human Historical Development ··· (20)
    Section 2   Western Centrism: An Overview of Euro-American Civilization Recognition and Interaction Theories ···································· (22)
    Section 3   Dialogical Exchange: Emerging Trends in Civilization Interaction Theory and Practice ··· (25)
    Section 4   Premises and Modes of Civilization Interaction: From Cultural Relativism to the Theory of Communicative Action ············· (28)
    Section 5   The Potential of Transnational Archaeology in Facilitating Civilization Interaction: Insights from Cultural Memory and Memory Sites Theories ··· (30)
    Section 6   Summary ··· (32)

Chapter 3 Initial Encounters and Collisions: Formation and Development of Transnational Archaeology in Asia (Pre-World War II) ······ (34)
    Section 1   The Era of Treasure Hunting and Plunder: Early Transnational Archaeology (Prior to the 1890s) ·· (35)

Section 2　Toward Scientific Approaches: The Initial Development of Transnational Archaeology (Late 19th Century to Pre-World War Ⅰ) ……………………………………………………… (53)

Section 3　Progress and Recognition: The Advancement of Transnational Archaeology (Between the World War I and World War Ⅱ) … (68)

Chapter 4　Interaction and Coexistence of Civilizations: Maturity and Transformation of Transnational Archaeology in Asia (Post-World War Ⅱ to Present) ……………………………………… (86)

Section 1　Inheritance and Innovation: The Maturation of Transnational Archaeology (Post-World War Ⅱ to the 1980s) ……………… (86)

Section 2　Livelihood and Interaction: Transnational Archaeology towards the Future (1990s to Present) ……………………… (116)

Chapter 5　A Microcosm of Sino-Foreign Interaction: Transnational Archaeology and China …………………………………………… (140)

Section 1　Expedition and Archaeology by Foreigners in China Before 1949 ……………………………………………………………… (140)

Section 2　International Archaeology Cooperation in China since 1949 ……………………………………………………………… (153)

Section 3　Chinese Archaeology Abroad …………………………………… (162)

Chapter 6　From Heritage Sites to Common Aspirations of the People: Study on Mechanisms of Promoting Civilization Interaction by Transnational Archaeology ……………………………………… (179)

Section 1　Significance and Challenges of Transnational Archaeology: The Preconditions for Civilization Interaction ……………… (181)

Section 2　Scientific Research in Transnational Archaeology: The Foundation for Civilization Interaction ……………………… (195)

Section 3　Cultural Heritage Conservation and Utilization in Transnational Archaeology: The Key to Civilization Interaction ………… (209)

Section 4　Transnational Archaeology and Cultural Diplomacy: The Institutional Safeguards for Civilization Interaction ……… (221)

Section 5　Organization and Implementation of Transnational Archaeology: The Realization of Civilization Interaction …………………… (225)

Chapter 7　Advancing in Interaction: Recommendations for China' Transnational Archaeology …………………………………… (236)

Section 1　Promoting Talent Development for Transnational Archaeology …………………………………………………………………… (237)

Section 2　Enhancing Interaction Capacity Building ………………… (239)

Section 3　Advancing Theoretical Research on Transnational Archaeology …………………………………………………………………… (241)

Section 4　Enriching Interaction Content ……………………………… (247)

Section 5　Improving Strategic Planning ……………………………… (250)

Section 6　Optimizing Project Planning, Management, and Evaluation …………………………………………………………………… (252)

Section 7　Scientifically Addressing Interaction Issues ……………… (253)

Chapter 8　Conclusion and Outlook ………………………………………… (256)

References ……………………………………………………………………… (261)

Summary ………………………………………………………………………… (297)

Аннотация ……………………………………………………………………… (299)

Afterword ……………………………………………………………………… (301)

Оглавление

Глава 1　Введение ·· （1）
　　Раздел 1　Фон и Значение ···································· （1）
　　Раздел 2　Концептуальные Определения ················ （3）
　　Раздел 3　Обзор Соответствующих Исследований ··· （6）
　　Раздел 4　Подход к Исследованию и Рамки ············ （16）
Глава 2　Переход от Западноцентризма к Диалогическому Обмену: Теоретические Перспективы Взаимодействия Цивилизаций
　　 ·· （20）
　　Раздел 1　Взаимодействие Цивилизаций: Ключевой Двигатель Исторического Развития Человечества ··············· （20）
　　Раздел 2　Западноцентризм: Обзор Теорий Признания и Взаимодействия Евро-Американских Цивилизаций ············· （22）
　　Раздел 3　Диалогический Обмен: Новые Тенденции в Теории и Практике Взаимодействия Цивилизаций ··············· （25）
　　Раздел 4　Основания и Способы Взаимодействия Цивилизаций: От Культурного Релятивизма к Теории Коммуникативного Действия ··· （28）
　　Раздел 5　Потенциал Зарубежной Археологии в Облегчении Взаимодействия Цивилизаций: Взгляды из Теории Культурной Памяти и Мест Памяти ··········· （30）
　　Раздел 6　Резюме ·· （32）

Глава 3　Первые Встречи и Столкновения: Формирование и Развитие Зарубежной Археологии в Азии (До Второй Мировой Войны) ·················· (34)

　　Раздел 1　Эпоха Охоты за Сокровищами и Грабежа: Ранняя Зарубежная Археология (До 1890-х Годов) ················· (35)

　　Раздел 2　Поворот к Научным Методам: Появление Зарубежной Археологии (Конец 19-го Века до Первой Мировой Войны) ·················· (53)

　　Раздел 3　Прогресс и Признание: Развитие Зарубежной Археологии (Между Первой и Второй Мировыми Войнами) ·············· (68)

Глава 4　Взаимодействие и Сосуществование Цивилизаций: Зрелость и Трансформация Зарубежной Археологии в Азии (После Второй Мировой Войны до Настоящего Времени) ·················· (86)

　　Раздел 1　Наследие и Инновации: Созревание Зарубежной Археологии (После Второй Мировой Войны до 1980-х Годов) ············ (86)

　　Раздел 2　Жизнь и Взаимодействие: Ориентированная на Будущее Зарубежная Археология (1990-е Годы до Настоящего) ···· (116)

Глава 5　Микромир Китайско-Зарубежного Взаимодействия: Зарубежная Археология и Китай ·················· (140)

　　Раздел 1　Экспедиции и Археология Иностранными Археологами в Китае до 1949 года ·················· (140)

　　Раздел 2　Международное Сотрудничество в Области Археологии в Китае С 1949 Года ·················· (153)

　　Раздел 3　Работа Китайских Ученых в Зарубежной Археологии ··· (162)

Глава 6　От Мест Наследия к Общим Стремлениям Народа: Изучение Механизмов Поощрения Взаимодействия Цивилизаций через Зарубежную Археологию ·················· (179)

　　Раздел 1　Значимость и Вызовы Зарубежной Археологии: Предпосылки для Взаимодействия Цивилизаций ········· （181）

Раздел 2　Научные Исследования в Зарубежной Археологии: Основа для Взаимодействия Цивилизаций ········· （195）

Раздел 3　Сохранение и Использование Культурного Наследия в Зарубежной Археологии: Ключ к Взаимодействию Цивилизаций ········· （209）

Раздел 4　Зарубежная Археология и Культурная Дипломатия: Институциональные Гарантии Взаимодействия Цивилизаций ········· （221）

Раздел 5　Организация и Реализация Зарубежной Археологии: Осуществление Взаимодействия Цивилизаций ········· （225）

Глава 7　Продвижение Во Взаимодействии: Рекомендации по Зарубежной Археологии Китая ········· （236）

Раздел 1　Содействие Развитию Талантов в Зарубежной Археологии ········· （237）

Раздел 2　Укрепление Потенциала для Взаимодействия ········· （239）

Раздел 3　Продвижение Теоретических Исследований в Зарубежной Археологии ········· （241）

Раздел 4　Расширение Содержания Взаимодействия ········· （247）

Раздел 5　Улучшение Стратегического Планирования ········· （250）

Раздел 6　Оптимизация Планирования, Управления и Оценки Проектов ········· （252）

Раздел 7　Научный Подход к Решению Вопросов Взаимодействия ········· （253）

Глава 8　Заключение и Перспективы ········· （256）

Список Литературы ········· （261）

Аннотация ········· （299）

Послесловие ········· （301）

第一章 绪 论

第一节 研究背景及意义

走出国境开展跨国考古调查、发掘与研究工作，既能拓展本国考古学的研究视野，又能加深与国外同行的专业交流与合作。英国、法国、美国、德国、俄罗斯、日本等国都有长期开展跨国考古的悠久历史。从19世纪晚期到20世纪上半叶，中国也曾是这些国家进行探险、调查和发掘的重要场所。1921年瑞典地质学家安特生所主持的仰韶遗址发掘更是被视为中国考古学的发端。改革开放后，美国、日本、法国等国在河南、山东、新疆等地与我国考古机构开展了卓有成效的联合考古调查与发掘，对于提升我国的考古理论与技术也起到了积极作用。

自2000年以来，中国学者赴国外开展考古工作得到了比较显著的发展，尤其是随着国家于2013年提出"一带一路"倡议后，我国各地的考古科研机构在国外开展的考古项目迅速增加。到2019年，据国家文物局的初步统计，当年我国机构在境外所开展的跨国考古项目已达38项[1]。我国考古工作者在跨国考古工作中取得了许多重要的考古发现，并发表了众多具有国际影响力的研究成果。

作为社会发展的产物，考古学除了作为一门科学，更是一项促进文化发展的事业，要以满足现实文化需要和增加社会福祉为目标[2]。跨国考古的跨文化特性则使其能为推动国家间的文化交流和提高各国共同的福祉发挥作用。自2018年以来，国家已把考古与教育、科学、文化等领域并列作为"一带一路"人文交流的重要内容，党和国家领导人也多次在外国媒体上发表署

---

[1] 徐秀丽. 中外联合考古项目工作会在京召开[N]. 中国文物报, 2019-12-24(001).
[2] 陈胜前. 中国文化基因的起源：考古学的视角[M]. 北京：中国人民大学出版社, 2021：345.

名文章，提出要提升在考古等领域的人文交流[①]-[⑤]。跨国考古已成为我国推进文明交流互鉴，实现民心相通，共建人类命运共同体的重要途径之一。

但也需要看到，目前国内对于跨国考古工作的整体情况，尤其是作为人文交流的跨国考古研究仍显不足。这种不足，既不适应国家的重视以及实践的蓬勃发展，也不适应建设中国特色、中国风格、中国气派考古学的要求。另一方面，欧美国家早年的跨国考古普遍发生在其殖民或半殖民地中，这种发展历史及西方学者的研究视角与我国跨国考古的发展情况不符。研究的缺失易使我们在跨国考古的理论阐释中失语，从而陷入西方主导的理论被动中。因此，从中国学者的立场，基于文明交往的视角对国际跨国考古工作发展的历史与现状进行研究，在理论和实践上都十分必要。

本书将在比较研究的视野下，通过对英、法、美、日和我国等代表性国家在亚洲地区开展跨国考古的历史与现状进行梳理、分析，在文明交往的视野下对不同历史时期跨国考古的时代特征加以归纳和总结，借鉴交往行动理论、记忆场所理论及群际接触理论等对跨国考古推动文明交往的发生机制展开研究，并对中国跨国考古工作的发展提出建议。

以上研究将有助于丰富新时期文明交往理论的内涵，并为更好地开展具有中国特色的跨国考古理论体系建设，进而为建设中国特色、中国风格、中国气派的考古学作出贡献。与此同时，本书也有助于补充、完善和推动与跨国考古相关的考古学史研究。在实践上，本书对于借鉴他国经验，完善我国的跨国考古政策，更加科学、有序、务实地开展跨国考古工作，并使跨国考古

---

① 习近平出席推进"一带一路"建设工作5周年座谈会并发表重要讲话[J]. 紫光阁，2018 (09)：2.
② 习近平. 齐心开创共建"一带一路"美好未来——在第二届"一带一路"国际合作高峰论坛开幕式上的主旨演讲[J]. 中华人民共和国国务院公报，2019 (13)：6-9.
③ 愿中吉友谊之树枝繁叶茂、四季常青——习近平在吉尔吉斯斯坦媒体发表署名文章[J]. 中华人民共和国国务院公报，2019 (18)：7-9.
④ 携手共铸中塔友好新辉煌——习近平在塔吉克斯坦媒体发表署名文章[J]. 中华人民共和国国务院公报，2019 (18)：9-10.
⑤ 携手开创中乌关系更加美好的明天[N]. 人民日报，2022-09-14 (001).

工作更好地为推动民心相通和文明交往作出贡献，也具有积极的参考意义。

第二节 概 念 界 定

一、文明与文明交往

"文明"一词出自先秦典籍，古义为文彩、光明，如《周易》中有"文明以健，中正而应，君子正也""文明以止，人文也""见龙在田，天下文明"等表述。日本人将其作为英文"civilization"的汉译并被国人所接受。Civilization这个词语起源于18世纪启蒙时代的欧洲，其拉丁词根civis则可以追溯到罗马时期。随着欧洲社会的发展和思潮流变，其语义经历了复杂而深刻的演变，逐渐成为一个富有深刻张力的现代概念[1]。

一般来说，文明有两种主要含义。首先，文明是指人类社会发展到区别于原始、野蛮的进步状态。如夏鼐先生曾指出在中国史学界"文明"一词主要指"一个社会已由氏族制度解体而进入有了国家组织的阶级社会的阶段"[2]。这种文明概念对应英文主要体现为大写、单数的Civilization。此外，文明也被作为世界各地区或各种宗教的历史共同体，划分成不同的类型，如哈佛大学教授塞缪尔·亨廷顿就在其名作《文明的冲突与世界秩序的重建》中认为当代世界的文明主要包括中华文明、西方文明、东正教文明、伊斯兰文明、日本文明、印度文明等[3]。这种文明概念在英文中主要体现为小写、复数的civilizations。

基于交往的视角，本书所采用的是文明的第二种主要含义，即文明是一个人类群体共同拥有的、与其他群体不同的物质成就和精神内涵。除了表现为有形的建筑、文字、器物等，文明还包括由世界观、价值观、生活方式、风

---

[1] 高力克，顾霞. "文明"概念的流变[J]. 浙江社会科学，2021 (04)：11-20，155-156.
[2] 夏鼐. 中国文明的起源[J]. 文物，1985 (08)：1-8.
[3] 〔美〕塞缪尔·亨廷顿著，周琪，刘绯等译. 文明的冲突与世界秩序的重建（第二版）[M]. 北京：新华出版社，1999：29-31.

俗习惯、宗教信仰等组成的主体性集体意识，以及区别于他者的自我意识[①]。

从纵向的历时性角度看，不同的民族、国家和宗教共同体基于各自的生存环境和要求创造出了各自的文明成果，并且具有累积性和传承性。从横向的共时性角度看，人类的不同文明间又具有相互交流、影响、融合、建构的功能。本书所指的文明交往，就是人类各文明主体，将各自在改造自然、社会、自身的实践过程中取得的成果进行交换的实践活动。基于文明多样性的文明交往是推动人类社会发展的重要动力。

二、跨国考古

中文的"考古"一词源于宋代吕大临所著的《考古图》，并被用作英文archaeology的对译。Archaeology的拉丁文词根"arche"意为"起源、开端、来历"，其来历可以追溯到古人对世界万物来历的冥想和古希腊哲学家对宇宙和人类起源的思索，后来才专指对人类史前史的探究[②]。今天，考古学被定义为"根据古代人类活动遗留下来的实物史料研究人类古代情况的一门学科"[③]。

本书所研究的跨国考古，即在本国国境以外开展的考古工作。目前国内在新闻报道和研究文章中通常将此类工作称为"联合考古""国际考古合作"或"境外考古"[④-⑥]。由于在赴他国开展的考古工作中呈现出与东道国联合与合作的面貌是比较晚近的事情，在本书的研究范围内将其统称为"联合考古"或"国际合作考古"不合适。"国际考古"这一表述在中文语境中内

[①] 刘文明. 全球史理论与文明互动研究 [M]. 北京：中国社会科学出版社，2015：134-135.
[②] 贾洛斯拉夫·马里纳，泽德奈克·瓦希塞克，陈淳. 考古学概念的考古 [J]. 南方文物，2011 (02)：93-99.
[③] 辞海编辑委员会. 辞海（1999年版彩图本）[M]. 上海：上海辞书出版社，1999：3339.
[④] 徐秀丽. 中外联合考古项目工作会在京召开 [N]. 中国文物报，2019-12-24 (001).
[⑤] 张良仁. 我国国际考古合作的现状与问题. 收于肖小勇主编. 聚才揽粹著新篇——孟凡人先生八秩华诞颂寿文集 [C]. 北京：科学出版社，2019：395-406.
[⑥] 袁靖. 境外考古热中的冷思考 [N]. 光明日报，2017-04-11 (12).

涵和外延都比较模糊，也不适于作为本书的核心概念。"境外考古"的提法更多强调的是赴他国开展考古，对于项目所在国来说仍是"境内"考古。为了突出本书所强调的主客体间的平等视角，本书采用"跨国考古"的提法，既包括一国赴他国，也包括他国来该国开展的考古工作。当然，这种用法主要是出于本书特定的研究目标，并不能就此否定其他提法的合理性和适用性。

需要指出的是，在其发展的早期，大多数的跨国考古项目都是由英法等帝国主义国家在其殖民地、半殖民地中进行，当时整个国际关系体系以及国与国之间的关系和今天大为不同。此外，早期很多所谓的考古工作以今天的标准衡量也缺乏足够的科学性。而从二战后殖民体系逐渐瓦解至今，一些国家的领土范围也发生了变化。对于这些问题，本书采取以下处理方式：早期的跨国考古历程，包括各国在殖民地、半殖民地开展的考古工作，对于掌握跨国考古的全貌具有重要意义，其对于文明交往的正反面启示也对本书的研究具有重要价值，因此将其纳入研究对象。而为了使本书的研究对今天的跨国考古工作更有借鉴意义，文中的研究对象以所研究时期当时的国家关系为准，如苏联学者在中亚地区的考古研究未被纳入本书研究范围。

三、亚洲

本书将亚洲地区开展的跨国考古作为研究对象，主要有以下几方面的考量。首先，从跨国考古发展的历程来看，亚洲是跨国考古最早开展的地区之一，除了两次世界大战期间，一直没有中断，今天也依然在蓬勃发展，是全面研究跨国考古历史的理想对象。其次，从文明交往的视角考察，亚洲是人类文明的重要发源地，产生了两河文明、印度文明、中华文明等古文明，历史上各文明体之间的交流也非常频繁，对后世产生了深远的影响。今天，亚洲不同地区在语言、生活传统、宗教信仰、社会组织等方面也仍然有着巨大差异。这种文明形态的多样性也使亚洲成为对研究文明交往最具启发意义的地区之一。此外，从工作实践的角度，当前我国开展的大部分跨国考古工作集中在亚洲境内，以亚洲地区为研究对象，对于推动我国跨国考古工作的开展也最具有现实意义。

基于以上认识，本书将把亚洲以外国家在亚洲地区开展的考古工作，以及亚洲国家在本国以外亚洲其他地区开展的考古工作作为主要研究对象。需要指出的是，目前国际上对于亚洲具体包括哪些国家尚无一致意见，本书中亚洲的范围以我国外交部网站上列出的亚洲国家范围为准（包括中国在内共47个国家）[①]。

第三节　相关研究综述

一、跨国考古研究

（一）国外研究概述

在考古学发掘与研究报告之外，国外从文化角度对跨国考古展开的专项研究主要可以分为历史与案例研究以及理论批判研究两类。前者的代表作包括由斯杰尔德·林德（Sjoerd Linde）等编著的《欧洲海外考古：全球语境，比较视野》[②]及林德本人的博士论文《在国外发掘：荷兰跨国考古研究项目的人类学研究》[③]。前著收集了基于法国、比利时、西班牙、波兰、荷兰与德国等国跨国考古历史与案例的研究论文，后文则采用人类学的方法，以莱顿大学考古系在约旦和荷属安的列斯群岛中的库拉索（Curaçao）岛上开展的两个考古项目为例，对荷兰跨国考古项目的筹划和实施过程展开分析。

[①] 外交部. 亚洲 [EB/OL]. [2022-03-16]. https://www.mfa.gov.cn/web/gjhdq_676201/gj_676203/yz_676205/.

[②] Van der Linde S J, et al. (Eds.). European archaeology abroad: global settings, comparative perspectives [C]. Leiden: Sidestone Press, 2013.

[③] Van der Linde S J. Digging holes abroad: an ethnography of Dutch archaeological research projects abroad [D]. Leiden University Press, 2012.

理论研究方面，由于在19世纪至20世纪初期间，欧美国家在本土之外的考古工作主要在其殖民地和半殖民地上进行，后殖民理论是国外学者开展跨国考古研究的重要视角。这一理论体系主张对传统的殖民主义认识论进行反思和批判，质疑在殖民和帝国主义背景下产生的关于被殖民"他者"的知识和表征，并对殖民化、殖民主义和去殖民化对受殖民地区文化形态的复杂影响加以探讨[1]。基于这种理论视角，西方学者们普遍认为赴他国进行发掘的国家与东道国之间存在着政治、经济和文化上的不平等。如布鲁斯·崔格尔（Bruce Trigger，亦翻作"特里格"）于1984年发表的文章《非传统考古学：民族主义、殖民主义、帝国主义》借用沃勒斯坦的世界体系理论，根据各国在现代世界体系中的经济、政治和文化地位，将各国考古学分为民族主义、殖民主义以及帝国主义的考古学[2]。由马斯鲁·利伯曼（Matthew Liebmann）与乌兹玛·利兹维（Uzma Rizvi）主编的《考古与后殖民批评》一书所收录的文章主要通过考古记录来解释历史上的殖民主义事件，对考古学在构建和解构殖民话语中的作用加以研究，并用后殖民理论从方法论上指导当代考古学的伦理实践[3]。由简·林顿（Jane Lydon）和乌兹玛·利兹维（Uzma Rizvi）主编的《后殖民考古手册》的核心关注点也是考古学中的不平等权力关系，种族、阶级和身份问题，殖民主义，全球化、多元性、主体性和抵抗等话题[4]。由史蒂芬·戴森（Stephen Dyson）主编的《殖民地考古的比较研究》则收录了九篇关于西班牙、英国等国在美国、加拿大、澳大利亚及加勒比地区等开展考古的研究论文[5]。国外学者也比较关注全球化对考古学的影响。如由琼科·哈布（Junko Habu）等编辑的论文集《评估多重叙

---

[1] Liebmann M, Rizvi U. (Eds.). Archaeology and the postcolonial critique [C]. Lanham: Rowman Altamira, 2008: 2.

[2] Trigger B G. Alternative archaeologies: nationalist, colonialist, imperialist [J]. Man, 1984: 355-370.

[3] Liebmann M, Rizvi U. (Eds.). Archaeology and the postcolonial critique [C]. Lanham: Rowman Altamira, 2008.

[4] Lydon J, Rizvi U. (Eds.). Handbook of Postcolonial Archaeology [C]. Walnut Creek: Left Coast Press, 2010.

[5] Dyson S L. (Ed.). Comparative Studies in the Archaeology of Colonialism [C]. Oxford: BAR, 1985.

述：超越民族主义、殖民主义、帝国主义考古学》中除了关注考古学、民族主义和民众身份之间动态关系，也探讨了旅游、商业和互联网等全球性政治、经济和文化力量对考古解释和遗产管理的影响[1]。

此外，由于考古学的早年发展与英法美等国在埃及和两河地区等人类文明发源地开展的考古工作密不可分，跨国考古发展的历史，尤其是其在二战之前的早期历史在考古学史的著作中都会有所涉及。如玛格丽塔·迪亚茨-安德罗（Margarita Díaz-Andreu）的《19世纪世界考古史：民族主义、殖民主义与过往》就从欧洲古代文明考古、世界其他古代文明考古、殖民地考古和欧洲国家考古四个部分讲述了19世纪的世界考古史[2]。在格林·丹尼尔（Glyn Daniel）所著的《考古学一百五十年》中，作者在介绍早期考古学的发展，以及近东、印度、美洲等地区的考古历程时，也不可避免地涉及到跨国考古的一些内容[3]。

与此同时，在近年来国际上社区考古与公众考古受到更多重视的大背景下，也有一些学者撰文探讨如何在跨国考古项目中通过采用新思路、新方法，从而实现推动主客交流、促进考古遗址保护、提升当地民众生活水平等目标。如由罗宾·康宁翰（Robin Coningham）和尼克·路威（Nick Lewer）主编的《南亚考古、文化遗产保护与社区参与》一书汇集了南亚各地通过社区协商推动考古遗址科学保护和旅游业可持续发展的案例[4]，由卡洛琳·菲利普斯（Caroline Phillips）和哈利·艾伦（Harry Allen）主编的论文集《沟通界限：21世纪的原住社区与考古》则通过众多案例探讨了考古与当地社区的关系，其中包括跨国考古的一些案例[5]。

---

[1] Habu J, Fawcett C P, Matsunaga J M. Evaluating Multiple Narratives: Beyond Nationalist, Colonialist, Imperialist Archaeologies [M]. New York: Springer, 2008.
[2] Díaz-Andreu M. A world history of nineteenth-century archaeology: nationalism, colonialism, and the past [M]. Oxford: Oxford University Press, 2007.
[3] 〔英〕格林·丹尼尔著，黄其煦译. 考古学一百五十年［M］. 北京：文物出版社，2009.
[4] Coningham R, Lewer N. (Eds.).Archaeology, Cultural Heritage Protection and Community Engagement in South Asia [C]. Singapore: Springer, 2019.
[5] Phillips C, Allen H. (Eds.). Bridging the divide: Indigenous communities and archaeology into the 21st century (Vol. 60) [C]. Walnut Creek: Left Coast Press, 2010.

还有国外学者从文化外交的角度对跨国考古展开研究。如克里斯蒂娜·卢克（Christina Luke）与莫拉格·克赛尔（Morag Kersel）合著的《美国文化外交与考古：软实力、硬遗产》对美国与跨国考古相关的文化外交政策展开研究[1]。该书提出，跨国考古一直是美国外交政策不可分割的一部分，考古工作与考古学家对于塑造更为友善、富有爱心的美国形象，从而推动美国的外交目标和议程有重要作用。而克里斯蒂娜本人还撰文从软实力的角度研究了美国在洪都拉斯的考古项目[2]。

（二）国内研究概述

除了考古学发掘报告与研究性著作，我国学者对于跨国考古的研究主要可分为中外考古学史研究与专题研究两大类。外国考古学史方面的研究以拱玉书先生的《西亚考古史：1842—1939》为代表[3]。由于二战以前西亚地区的考古工作主要由英法德美各国主导，该书为研究这一时期西亚地区的跨国考古提供了重要资料。杨建华的《外国考古学史》一书也介绍了各时期跨国考古的一些进展[4]。学者们对专门国家和地区考古史的深入研究，如邵学成对于阿富汗考古历史的研究[5-6]，以及王茜对于印度河文明考古史的研究[7]，也为本书提供了重要的参考资料。与此同时，中国考古学史的研究学者分别对19世纪末至20世纪上半叶西方探险家和考古学家来华探险掠宝、中

---

[1] Luke C, Kersel M. US cultural diplomacy and archaeology: soft power, hard heritage [M]. New York: Routledge, 2019.

[2] Luke C. The Science behind United States Smart Power in Honduras: Archaeological Heritage Diplomacy [J]. Diplomacy & Statecraft, 2012, 23 (1): 110-139.

[3] 拱玉书. 西亚考古史：1842—1939 [M]. 北京：文物出版社，2002.

[4] 杨建华. 外国考古学史 [M]. 长春：吉林大学出版社，1999.

[5] 邵学成. 巴米扬佛教美术的早期研究探讨——以法国独占阿富汗考古时期的调查经纬为中心 (1922—1952) [J]. 美术研究，2016 (06)：101-110.

[6] 邵学成，阮虹. 备受瞩目的阿富汗考古——各国研究机构、学者协作保护阿富汗文化遗产 [J]. 世界遗产，2017 (06)：62-63.

[7] 王茜. 印度河文明考古学术史研究 [D]. 西北大学，2021.

瑞联合调查队等中外考古合作，以及日本在华考古等历史加以研究，也取得了不少成果[1]-[8]。

在专题研究方面，随着我国跨国考古工作的蓬勃发展，袁靖、王巍和张良仁等学者先后撰文，对我国跨国考古工作的历史和现状进行梳理，并指出其中存在的一些问题[9]-[11]。也有在我国高校开展研究的外国学者从国家软实力的角度对我国跨国考古工作展开研究，指出我国的跨国考古项目旨在实现两大核心地缘战略目标，即鼓励民族复兴和发展国家软实力，从而彰显中国作为文明国家的特质[12]。

（三）小结

通过上述文献梳理可见，国外学者对跨国考古工作展开了较为全面的研究，他们基于公共考古和社区考古的案例阐释以及在文化外交视野下对跨国考古的研究，可为我国跨国考古工作的开展提供积极参考。但总体来

---

[1] 陈星灿. 中国史前考古学史研究：1895—1949 [M]. 北京：社会科学文献出版社，2007.
[2] 王冀青. 奥莱尔·斯坦因的第四次中央亚细亚考察 [J]. 敦煌学辑刊，1993 (01)：98-110.
[3] 仪明洁，樊鑫，王傲. 范式推动的革新：周口店第一地点发掘方法回顾 [J]. 考古，2021 (05)：72-79.
[4] 王新春. 贝格曼与中国西北考古 [J]. 中国边疆史地研究，2011，21 (03)：133-142，150.
[5] 王新春. 近代中国西北考古：东西方的交融与碰撞——以黄文弼与贝格曼考古之比较为中心 [J]. 敦煌学辑刊，2011 (04)：145-154.
[6] 王新春. 中国西北科学考查团考古学史研究 [D]. 兰州大学，2012.
[7] 张晓舟. 伪满时期日本在东北的"考古"活动——以渤海国都址东京城发掘为中心 [J]. 东北史地，2015 (05)：51-57，97.
[8] 王新春. 安德鲁斯与美国中亚探险队在蒙古高原的考察 [J]. 吐鲁番学研究，2017 (01)：49-57.
[9] 袁靖. 境外考古热中的冷思考 [N]. 光明日报，2017-04-11 (12).
[10] 王巍. 中国考古学国际化的历程与展望 [J]. 考古，2017 (09)：2-13.
[11] 张良仁. 我国国际考古合作的现状与问题. 收于肖小勇主编. 聚才揽粹著新篇——孟凡人先生八秩华诞颂寿文集 [C]. 北京：科学出版社，2019：395-406.
[12] Storozum M J, Li Y. Chinese Archaeology Goes Abroad [J]. Archaeologies, 2020, 16 (2): 282-309.

说国外的研究成果以论文集为主，缺少系统性，且所研究的跨国考古项目主要集中在非洲、美洲和中东地区，对于中东以外亚洲其他地区的跨国考古研究以早期考古史为主。此外，中外开展跨国考古的历史背景大相径庭，后殖民理论对我国以文明交往为目标，在平等互利基础上开展的跨国考古并不适用。

除了考古史领域，国内目前对跨国考古展开研究的学者还不多。即使是考古史方面的研究也主要以早期各国来华考古或阿富汗等个别国家的考古史为研究对象，缺乏对于跨国考古发展整体历程和时代特征的宏观研究。几位学者从工作角度对我国跨国考古项目的分析虽然准确指出了其中存在的一些典型问题，但未能对其他国家的跨国考古工作进行对比研究。唯一一篇从文化外交角度探讨我国跨国考古的文章，由于其第一作者为外国学者，仍然将我国推进跨国考古的主要目的归结为推动"一带一路"的经济合作，尚未有学者从自主立场对我国跨国考古工作的目标和意义进行系统阐述[①]。

综上，中外现有关于亚洲地区跨国考古的研究主要还存在两方面的缺环：一是关于亚洲地区跨国考古发展历程和现状的综合研究；二是关于跨国考古对文明交往贡献的理论研究。这两大缺环将成为本书研究的重要着眼点。

二、文明交往研究

（一）世界史研究范式的转变

马克思和恩格斯曾指出，世界各地各民族交往的扩大促成了人类历史向"世界历史"的转变[②]。汤因比在其名著《历史研究》中，探讨了不同文明在空间上的接触，并重点考察了现代西方文明对其他文明的冲击及其后果，

---

① Storozum M J, Li Y. Chinese Archaeology Goes Abroad [J]. Archaeologies, 2020, 16 (2): 282-309.
② 〔德〕马克思，恩格斯. 德意志意识形态. 收于马克思恩格斯选集（第1卷）[M]. 北京：人民出版社，1995：88.

使文明史的书写从孤立并列转向多元互动①。此后，世界史领域的著作大都会把人类历史上不同文明之间的交流与碰撞作为世界历史发展的重要动力。

1963年，著名历史学家威廉·麦克尼尔（William McNeill）在《西方的兴起：人类共同体史》一书中，将西方的兴起置于全球背景中加以思考，对强调欧洲内在因素的欧洲中心论观点予以挑战②。同年，麦克尼尔在芝加哥大学的同事马歇尔·霍奇森（Marshall Hodgson）发表了《历史上各社会之间的相互联系》一文。在文中他对西方人以种族为中心的二分法世界观予以批评，并指出欧洲、中东、印度、远东（中国和日本）这四个文明核心区并非彼此独立，而是共同构成了一个宏大且不断发展的历史复合体③。

1973年，本杰明·纳尔逊（Benjamin Nelson）发表《文明综合体与文明际相遇》一文，提出了"文明综合体"（civilizational complexes）和"文明际相遇"（intercivilizational encounters）两个重要概念。他将"文明际相遇"引入文明分析之中，把文明综合体的开放性和相互联系性看作文明变迁过程中固有的特性，进一步突破了将文明当作自给自足的单位来研究的做法④。麦克尼尔则在1974年出版的《欧洲历史的塑造》一书中进一步指出，历史变迁的主要驱动力是陌生人之间的接触——相遇的双方会对习以为常的行为方式加以重新思考甚至改变⑤。

曾任《世界历史杂志》主编和美国世界史协会会长的杰里·本特利（Jerry H. Bentley）也尝试构建以"跨文化互动"为核心的全球史框架。他在于2000年首次出版的《新全球史：文明的传承与交流》中探讨了跨文化互动

---

① 〔英〕阿诺德·汤因比著，D. C. 萨默维尔编，郭小凌等译. 历史研究[M]. 上海：上海人民出版社，2010.

② 〔美〕威廉·麦克尼尔著，孙岳等译. 西方的兴起：人类共同体史（第2版）[M]. 北京：中信出版集团，2018.

③ 马歇尔·G. S. 霍奇森. 历史上各社会之间的相互联系. 收于夏继果，〔美〕杰里·H. 本特利编. 全球史读本[M]. 北京：北京大学出版社，2010：22-43.

④ Nelson B. Civilizational complexes and intercivilizational encounters [J]. Sociological Analysis, 1973, 34 (2):79-105.

⑤ McNeill W H. The shape of European history [M]. New York: Oxford University Press, 1974: 42.

的内涵,将互动视为各文明之间的本质,把全球史从之前的宏大叙事发展成为以原始资料为基础的跨文化互动研究,从而真正突破了西方中心论陷阱,使全球史研究进入一个新的阶段[①][②]。而在由威廉·麦克尼尔与其子约翰·麦克尼尔(John McNeill)于2003年合著的《人类之网:鸟瞰世界历史》一书中,文明互动进一步发展成了文明之网。两位作者指出,相互交往和影响的人类网络的发展历程构成了人类历史的总体框架[③]。他们认为,文明之网包含了合作与竞争两方面的内容,正是在各种竞争的驱动下,人类历史朝着更大的社会合作方向发展。

(二)文明交往的主要形式

对于文明交往的具体形式,尤其是文明竞争与冲突的研究,影响最大的著作当属哈佛大学教授塞缪尔·亨廷顿(Samuel Huntington)于1996年出版的《文明的冲突与世界秩序的重建》一书。在书中他认为冷战后决定世界格局的根本因素将是文化的、文明的,世界政治的主要冲突将在不同文明的国家和集团之间进行。虽然学界普遍批评亨廷顿夸大了文明冲突在国际政治中的意义,但也需要看到,如亨氏在其著作开篇所说的,"我所期望的是,我唤起人们对文明冲突的危险性的注意,将有助于促进整个世界上'文明的对话'"[④]。因此,与其说他鼓吹"文明冲突",不如说是在发出时代预警,并提供文明对话的方式作为化解冲突的途径。亨氏在《文明的冲突?》一文的最后也再次强调了这一观点,"未来将不存在普世文明,而是一个由不同

---

① 〔美〕杰里·本特利,赫伯特·齐格勒著,魏凤莲译. 新全球史:文明的传承与交流[M]. 北京:北京大学出版社,2014.
② 刘文明. 杰里·本特利的"新世界史"和"跨文化互动"[N]. 光明日报. 2014-05-21(16).
③ 〔美〕约翰·R. 麦克尼尔,威廉·H. 麦克尼尔著,王晋新,宋保军译. 人类之网:鸟瞰世界历史[M]. 北京:北京大学出版社,2011:序言第3页.
④ 〔美〕塞缪尔·亨廷顿著,周琪,刘绯等译. 文明的冲突与世界秩序的重建(第二版)[M]. 北京:新华出版社,1999:中文版序言第3页.

文明组成的世界，所有文明都必须学习共存"①。

著名华裔学者杜维明教授等也主张文明交往应主要以平等对话的形式展开。杜氏指出，文明对话预设了人类文明的多元性，承认平等和差别②。作为当代新儒家学派的代表人物，他尤其主张从儒家传统中汲取智慧。他指出，儒家思想充满人文主义关怀，具有兼容并包的精神，是一个学习的、包容的、对话的、具有天下情怀的文明，是文明对话的基础③。

彭树智先生是国内学者中较早关注世界历史上的文明交往问题的。他在《文明交往论》一书中指出，文明的生命在交往，交往的价值在文明，文明交往是人类社会发展的动力，人类社会历史的本质是以人文价值关系为媒介的主客体辩证的文明交往过程④。首都师范大学的刘新成教授也在《互动：全球史观的核心理念》一文中讨论了传统世界史与文明史研究的局限以及新兴全球史对其的挑战，并总结了全球史学家表达"互动模式"的十种主要方式⑤。

（三）新时代的文明交往研究

自2012年以来，党和国家领导人在一系列国际场合中发表重要讲话，深刻阐述对文明交往的看法和主张。如习近平主席于2014年3月27日在联合国教科文组织总部发表演讲，强调应该推动不同文明间的相互尊重与和谐共处⑥。2019年5月15日，习主席在亚洲文明对话大会开幕式上发表主旨演讲，就如何加强各国交流互鉴，夯实共建人类命运共同体的人文基础，提出"中

---

① Huntington S P. The Clash of Civilizations? [J]. Foreign Affairs, 1993, 72 (3): 22-49.
② 〔美〕杜维明著，彭国翔编译．儒家传统与文明对话 [M]．石家庄：河北人民出版社，北京：人民出版社，2010：90．
③ 杜维明．儒家的恕道是文明对话的基础 [J]．人民论坛，2013 (36)：76-77．
④ 彭树智．文明交往论 [M]．西安：陕西人民出版社，2002：3．
⑤ 刘新成．互动：全球史观的核心理念 [J]．全球史评论（第二辑），2009：3-12．
⑥ 习近平在联合国教科文组织总部的演讲（全文）[EB/OL]．(2014-03-28) [2022-03-16]. http://www.xinhuanet.com//world/2014-03/28/c_119982831.htm.

国方案"①。

在此背景下，文明交往成为中国学界的"显学"，近年来有大量研究成果问世。具体来说，这些成果主要侧重于以下几个方面。第一是对中国特色文明交往理论的特征和意义等的研究。如任思奇的博士论文对中国特色社会主义文明交往理论的生成历程进行梳理，对其主要意蕴进行挖掘，并对当代中华文明与世界各文明交往的实践展开分析②。有众多学者提出人文交流与文明交往是构建人类命运共同体的重要支柱③-④，也有学者从中国当代外交思想中的文明观出发，对文化多样性与文明交往在当今国际政治中面临的张力进行探讨⑤。

第二个主要研究方向是在文明交往视野下对中华文明的特质进行阐述。如贾文山等提出中国的文化大融合是对话式文明的典型案例，对于当今文明间的对话与人类命运共同体的构建具有重要借鉴意义⑥，姚志文也指出中国的崛起是多元现代性成功的历史实证，认为文明对话是中国实现道德崛起的有效途径⑦。

第三是结合具体案例，就如何推动文明交往提出建议。如管世琳提出文明对话应在开放的语境下展开⑧，李丹提出在加强语言互通、拓展人文交流、培育文化共性、增进文明互鉴的基础上构建"一带一路"文化共同

---

① 习近平在亚洲文明对话大会开幕式上的主旨演讲（全文）[EB/OL]. (2019-05-15) [2022-03-16]. http://www.xinhuanet.com/politics/leaders/2019-05/15/c_1124497022.htm.
② 任思奇. 中国特色社会主义文明交往理论研究[D]. 电子科技大学, 2017.
③ 邢丽菊. 人文交流与人类命运共同体建设[J]. 国际问题研究, 2019 (06)：11-24.
④ 王宗礼. 论全球化背景下文明交流互鉴与人类命运共同体[J]. 西北民族大学学报（哲学社会科学版），2019 (06)：41-47.
⑤ 杨胜荣，郭强. 后冷战时代中国外交思想中的文明观刍论[J]. 当代世界社会主义问题，2017 (04)：12-19.
⑥ 贾文山，江灏锋，赵立敏. 跨文明交流、对话式文明与人类命运共同体的构建[J]. 中国人民大学学报，2017，31 (05)：100-111.
⑦ 姚志文. 中国崛起与文明对话：中华文化全球传播的历史意义[J]. 浙江社会科学，2020 (04)：13-17，36，155.
⑧ 管世琳. 文明对话应在开放的语境下展开——对"一带一路"沿线文化交流的反思[J]. 文化纵横，2020 (02)：132-138.

体^①。也有学者提出通过构建贯通理性认知和审美认知的言说语言推动东西方翻译的有效性，从而实现真正的文化交往与对话[②]。

（四）小结

通过以上梳理可见，文明交往已是国际上世界史研究的主流视角，在我国更由于大政方针的鼓励而成为学术热点。如有学者提出的，世界文明史的全球化经历了三个阶段：1500年之前东方文明导引的全球化；1500年以后以西方文明为主导的全球化；进入21世纪，以"一带一路"倡议为载体，以东西方文明交流互鉴，构建人类命运共同体为价值导引的新型全球化发展模式[③]。但也需要看到，目前国内的大多数研究还是以理论和宏观偏多，对于文明交往视野下中外人文交流，尤其是文化遗产国际合作领域的新要求、新路径等的研究还不多。

因此，目前非常有必要从国情出发，基于文明交往的视角，根据推动中外人文交流以及建设中国特色、中国风格、中国气派的考古学的要求，阐述中国的跨国考古理论，并在对比分析的视野下对他国开展跨国考古工作中的经验和成就加以学习借鉴，从而更好地推动我国跨国考古工作的开展。而这，也将成为本书的基本出发点。

第四节　研究思路与框架

本书从文明交往的视角出发对跨国考古加以研究，主要基于时代背景和

---

① 李丹. 构建"一带一路"文化共同体的基础条件与现实路径［J］. 中国人民大学学报，2021，35（06）：165-175.
② 吴子林. 文化交往或对话可能吗？——论东西方文化的和合创生［J］. 人文杂志，2021（08）：60-69.
③ 文明传播课题组. 从丝绸之路到"一带一路"文明交流互鉴的全球化认知与人类命运共同体的构建［J］. 文明，2017（Z1）：8-31.

现实需求的考量。自20世纪90年代冷战结束以来，人类文明的发展进入了新的历史时期，文明意识得到更强有力的表达，包括考古遗址在内的文化遗产日益成为构建国家形象的重要文化符号，对民族和国家的认同也具有越来越重要的战略性意义[1]。文明话语得到广泛传播，在我国的政治、文化和外交等各个领域也得到了迅速发展。"一带一路"倡议，人类命运共同体等国际发展的中国方案也在这一背景下先后被提出来。但近年来由美国等西方国家所主导的逆全球化又使我国面临十分复杂的国际环境。面对这样的局面，如何发挥好中国作为文明古国和文化认同型国家的优势，推动文明交往与民心相通，成为我国跨国考古工作不可回避的时代使命[2]。

通过上文的文献梳理可见，目前学界对于国际跨国考古的整体发展情况及我国跨国考古如何践行好时代赋予的使命还缺乏充分研究。鉴此，本书将主要试图围绕四个核心问题，即跨国考古在历史上是如何发展的，现在做得怎么样，为什么要开展跨国考古，如何做得更好，从文明交往的视角展开研究。

文明交往具有不同的实现形态，一般认为可以将旅游、文体、艺术、民俗等各种具体的文化交流视为文明交往的初级形态，而将基于普遍人性和全人类共同福祉，从各文明思想中汲取智慧的研究与对话，视为文明交往的高级形态[3]。冷战结束以来，中国领导人所阐述的文明观的核心内容包括倡导以平等、包容的精神促进文明交往，从各种古老文明中汲取当代智慧，以及倡导和谐共存的人类命运共同体意识[4]。如习近平总书记就在中共中央政治局第三十九次集体学习时指出，要坚持弘扬平等、互鉴、对话、包容的文明观……要立足中国大地，讲好中华文明故事，向世界展现可信、可爱、可敬

---

[1] 路璐, 吴昊. 多重张力中大运河文化遗产与国家形象话语建构研究［J］. 浙江社会科学, 2021 (02): 132-139, 159-160.

[2] 傅才武. 文化认同型国家属性与国家文化战略构架［J］. 人民论坛, 2021 (04): 101-103.

[3] 管世琳. 文明对话应在开放的语境下展开——对"一带一路"沿线文化交流的反思［J］. 文化纵横, 2020 (02): 132-138.

[4] 杨胜荣, 郭强. 后冷战时代中国外交思想中的文明观刍论［J］. 当代世界社会主义问题, 2017 (04): 12-19.

的中国形象①。

鉴此,本书从文明交往的视角对跨国考古所展开的研究,除了兼顾考古学自身的专业视野,主要将力图围绕作为交往主体的人,依托主客间的平等视角,以及在此基础上的中国立场,着重探讨跨国考古对于推动中外人文交流,树立良好国家形象,加强中外相互认同,提升共同福祉的潜力和实现路径。

从以上认识出发,本书将首先对与文明交往相关的代表性理论进行考察,通过对西方中心的文明交往理论发展历程的反思,结合文明交往理论与实践发展的新趋势,借鉴交往行动理论和记忆场所理论等理论中关于主客体平等和通过古迹遗址推动文化记忆构建等的内容,奠定本书研究的理论基础。在此基础上,通过广泛搜集国内外文献,对亚洲地区跨国考古的发展历程进行详细梳理,并基于文明交往的特征对每个阶段的时代特点予以总结,从时空两个方面阐明作为考古学发展及文明交往重要组成部分的跨国考古的历史、现状与发展趋势,从而回答亚洲范围内跨国考古的历史是什么,做得怎么样的问题。同时本书也将对跨国考古与中国这一专题展开研究,对他国来华与我国学者赴国外开展考古工作进行系统回顾,对所取得的成绩和存在的不足进行客观分析。

之后本书将借鉴群际接触理论,从前提、基础、关键、制度保障和实现这五个方面,基于国际案例,对跨国考古的意义与面临困难、跨国考古中的科学研究、跨国考古中的文化遗产保护、跨国考古与文化外交,以及跨国考古的组织实施这五个方面的内容展开深入研究,探讨跨国考古推动文明交往的发生机制,并在此基础上对我国今后开展跨国考古工作提出建议,从而回答为什么要开展跨国考古,以及如何使跨国考古做得更好的问题(图一)。

为了从整体上对亚洲地区跨国考古的发展脉络和时代特征予以分析,本书把中国以外亚洲开展跨国考古的主要区域分为以下四个地区:西亚地区,主要包括巴勒斯坦、土耳其、叙利亚、伊拉克、伊朗、以色列、约旦及沙特

---

① 把中国文明历史研究引向深入推动增强历史自觉坚定文化自信[N].人民日报,2022-05-29(001).

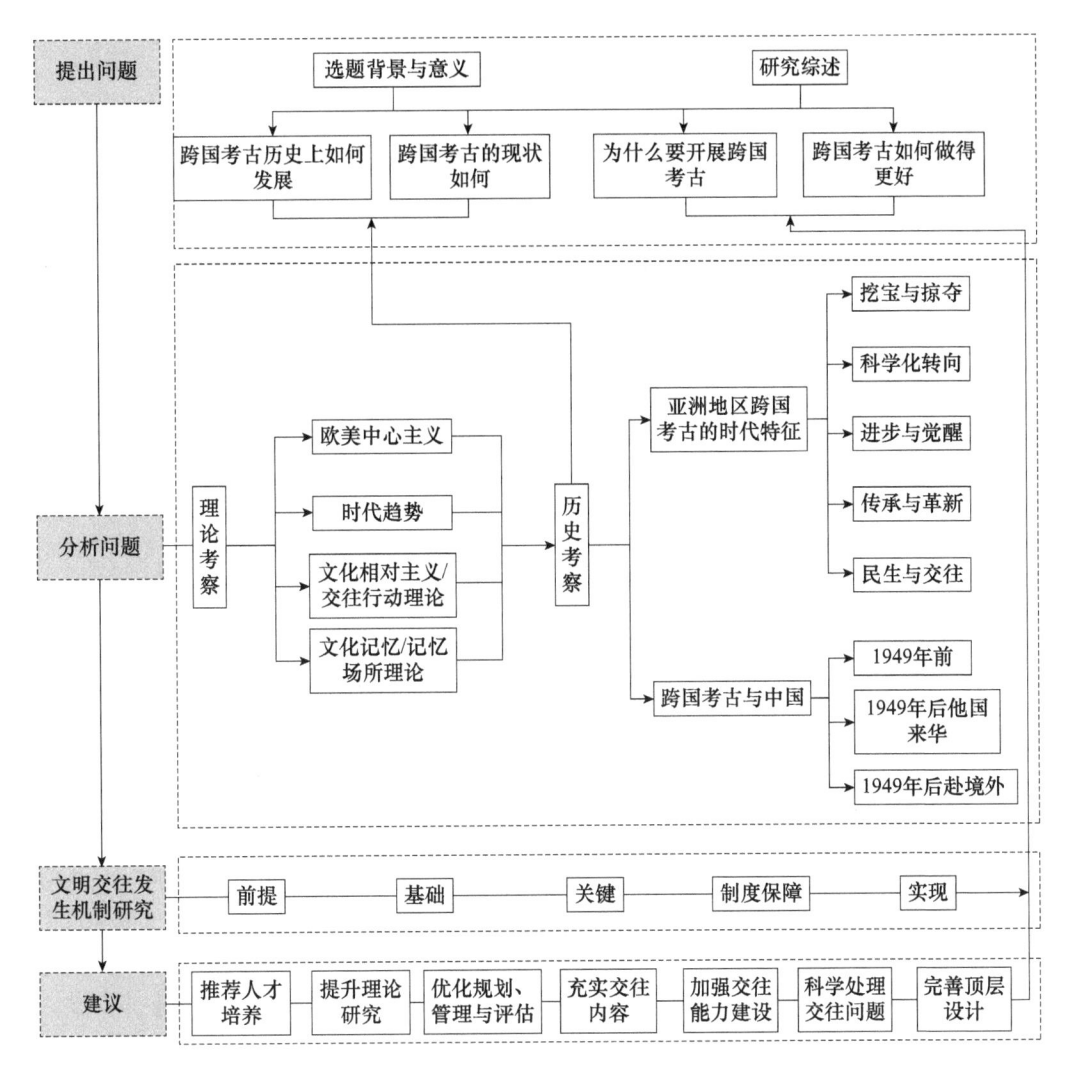

图一 论文框架

（图片来源：作者自绘）

阿拉伯等海湾国家；南亚地区，主要包括巴基斯坦、孟加拉国、尼泊尔、斯里兰卡和印度等国；东南亚地区，主要包括菲律宾、柬埔寨、马来西亚、泰国、印度尼西亚与越南等国；中北亚地区，主要包括中亚的阿富汗、哈萨克斯坦、吉尔吉斯斯坦、塔吉克斯坦、土库曼斯坦与乌兹别克斯坦，以及北亚的蒙古国和俄罗斯的亚洲地区。

第二章 从西方中心到对话交流：文明交往的理论考察

交往是人类文明发展史中的客观存在，由人群迁徙、货物贸易等推动的文明间交往成为推动人类历史发展的重要动力。文明交往也是对人类文明发展历程的一种认识态度。它与强调欧美优势的西方中心主义以及从中衍生出来的文明冲突论等观点不同，主张文明间的相互尊重和交流。文明交往还是国际社会对于全人类发展的美好愿景，谋求通过文明间的平等对话来化解冲突，共促发展，实现各美其美、美美与共的和谐状态。21世纪以来我国政府所主张的文明间相互交流与借鉴，正是这一时代主流趋势的产物，并于近年形成了以构建"人类命运共同体"为特征，具有中国特色的文明交往新模式。本章将对文明交往的以上内涵展开进一步的讨论，从而奠定本书研究的理论基础。

第一节 文明交往：人类历史发展的重要推动力

旧石器时代人类的远距离迁徙奠定了现代人类及其文化分布的基本格局，到了新石器时代，大规模的人类迁徙以及物资和文化交流得到进一步发展。在人类文明最早发源地之一的两河流域，早在公元前7千纪，产自安纳托利亚东部和高加索山脉的黑曜石就已经在两河流域被普遍使用[①]。到了公元前5千纪，源自两河地区的欧贝德文化陶器也在安纳托利亚南部和叙利亚北部被发现[②]。从公元前4千纪的乌鲁克文化期开始，随着苏美尔人逐步进入文明

---

① Düring B S, Gratuze B. Obsidian exchange networks in Prehistoric Anatolia: New data from the Black Sea region [J]. Paléorient, 2013: 173-182.
② Watson P. The chronology of north syria and north mesopotamia from 10,000 BC to 2,000 BC [A]. In R. W. Ehrich (Ed.). Chronologies in Old World Archaeology [C]. Chicago: University of Chicago Press, 1965: 69-73.

社会，由于缺乏金属、石材、大型木材等资源，他们更是建立起了以两河流域为中心，延续了数千年的海陆贸易网络，与今天的安纳托利亚、伊朗、阿富汗以及印度河流域等地区进行广泛的跨区域贸易。这一贸易体系不仅具有相对稳定的贸易路线，还确立了贸易管理体系，并且在进行物质交换的基础上在政治、文化等领域产生影响，不仅为后世丝绸之路在西亚的连通奠定了基础，也影响了周边地区的文明发展进程，被学者们称为乌鲁克世界体系或乌鲁克扩张[1]-[2]。

同样是在公元前4000年前后，在全新世大暖期刺激下农业发展所导致的人口压力的推动下，以及随着红铜时代的到来人类对铜、金等贵重金属需求的加大，来自中亚哈萨克斯坦南部和乌拉尔山西侧的部分印欧语系族群开始向西伯利亚一带迁徙移动，地处黄河流域的仰韶文化族群也开始向外扩散，并以向西北方向的迁徙规模最大，时间最久。这一大范围的族群迁徙对俄罗斯西伯利亚和我国西北地区的史前文化产生了深远影响。来自东方的红陶和彩陶文化以及粟和黍被从东向西传播到河西走廊、新疆乃至中亚，源自中亚和伏尔加河流域的暗色戳印压划陶文化在进入西伯利亚以后则分别向东、向南渗透，部分因素自北而南进入新疆，随之南下的还有羊、牛、马等家畜和乳制品等产业。公元前3千纪前后，东方西进、北方南下以及西方东进文化间的互动进程开始出现，并在公元前2千纪前后不断加快。一方面，它使我国西北各地陆续出现了山羊、绵羊、牛、马及大麦、小麦等外来物种，进而推动了这一地区混合经济模式的逐渐形成，并极大地推进了黄河流域的社会复杂化进程[3]。另一方面，也是在这一时期，小米向北进入欧亚草原，向西到达天山西段，之后继续向西传播，逐步成为分布在欧洲中部的史前文化的重要

---

[1] 刘昌玉. 丝绸之路开辟前以两河流域为中心的跨区域贸易探析[J]. 中南大学学报（社会科学版），2019，25(03)：176-183.
[2] 刘健. "世界体系理论"与古代两河流域早期文明研究[J]. 史学理论研究，2006(02)：62-70，159.
[3] 李水城. 前丝绸之路的诞生：欧亚草原与中国西北的族群迁徙与交互[A]. 收于北京论坛（2017）文明的和谐与共同繁荣——变化中的价值与秩序：文明传承与互动视角下的"一带一路"论文与摘要集[C]. 2017：213-221.

农作物之一①。

从对亚洲大陆两端人类早期交往历程的追溯中我们可以看到，即使是在文明形成的初期，人群间的交往就已经成为推动人类历史发展的重要动力。如彭树智先生所指出的，人类的交往是伴随着生产力同步发展的历史过程，是人类不同于动物的社会本性②。

美国学者戴蒙德（Jared Diamond）则在其名著《枪炮、细菌与钢铁》一书中，向我们展示了文明在失去交往后的情形：在西方殖民者登上位于澳大利亚南部的塔斯马尼亚岛时，发现岛上有4000名左右的居民，生活极端原始，连捕鱼的工具和技术都没有。考古发掘显示，在最后一次冰期结束前，该岛曾与澳洲相连，并从那里带来过捕鱼工具。但此后由于冰川融化、海平面上升，阻断了它与澳洲本土的联系，导致岛上剩下的人口连鱼钩这样简单的工具都无法保持和传承，更不用说新的发展③。而在更广阔的世界图景中，相对隔绝、位于欧亚大陆文明交往体系之外的美洲、澳洲等区域一直没有实现以文字、青铜、轮子/车子等为代表的文明跃迁，也更加有力地证明了交往对于推动人类文明发展的重要性④。

第二节　西方中心主义：
欧美文明认知与交往理论概述

从15世纪开始，新航路的开辟和地理大发现使得欧洲大批的旅行家、传教士和商人掌握了欧洲以外许多地方的信息。他们将自己的见闻以及与异域个体接触后的感触记录下来，开启了现代意义上文明交往的先声。欧洲的知

---

① 唐婷．小麦打西来，小米自东传——从农作物传播看古代文明交流印迹［J］．粮食科技与经济，2019，44 (06)：15-16．
② 彭树智．文明交往论［M］．西安：陕西人民出版社，2002：3．
③ Diamond J. Gun, Germs, and Steel [M]. New York: W. W. Norton & Company, 1999: 312-313.
④ 白彤东．文明的边缘——对华夏文明历史地位与人类文明进程的反思［J］．中国政治学，2021 (03)：3-18，160-161．

识分子根据这些往往带有自我优越感的记载,在想象甚至虚构的基础上,创造出许多关于欧洲以外世界的认识和解释,并根据这些人造的"知识",在对立认知的模式下不断丰富对自我的认识[1]。这种思潮为欧洲中心论思想的发展提供了条件。

经过18世纪西欧启蒙运动等各派思想家的研究和阐述,随着"文明""进步""东方专制主义"等名词的创造和流行,欧洲中心论初步成型,成为一个包括政治制度、社会经济形态等各方面内容的复杂概念。到19世纪,通过历史哲学、历史学、政治经济学、社会学、人类学等领域的"科学论证",欧洲中心论成为欧洲乃至全世界社会广泛使用的一种"科学"术语[2]。如著名哲学家黑格尔以其历史哲学观念建构了关于世界的普遍化历史。在他看来,亚洲是地球的东部,是创始和起点,欧洲则是世界的中央和终极,是历史的终点[3]。人类学之父爱德华·泰勒则把欧洲和美洲放在社会序列的顶端,通过逆推的方式对其他部落和民族进行分类[4]。就这样,欧洲成为了人类文明发展的标杆,欧洲的经验也成为具有普遍意义的真理。如安德烈·弗兰克所评价的,"到19世纪后半期,不仅世界历史被全盘改写,而且'普遍性的'社会'科学'也诞生了。这种社会'科学'不仅成为一种欧洲的学问,而且成为一种欧洲中心论的虚构"[5]。

东西方文明的对立和等级化认知一直伴随着欧洲中心论的发展,反映在与考古联系最为密切的古代文明起源和发展领域,主要体现为以欧洲为中心的文化传播论。如自19世纪以来,在关于希腊文明起源的争论中,起初流行的是文明来源于东方的古代模式,但随着东方的衰落和欧洲的崛起,古代模式逐渐被雅利安模式所取代。这种观念强调希腊文明起源中的雅利安因素,

---

[1] 〔美〕爱德华·W.萨义德著,王宇根译.东方学[M].北京:三联书店,1999:1-2.
[2] 潘娜娜."欧洲中心论"概念的历史考察[J].山东社会科学,2012(05):30-34.
[3] 〔德〕黑格尔著,王造时译.历史哲学[M].上海:上海书店出版社,2022.
[4] 〔英〕爱德华·泰勒著,连树声译.原始文化[M].桂林:广西师范大学出版社,2005.
[5] 〔德〕安德烈·贡德·弗兰克著,刘北成译.白银资本:重视经济全球化中的东方[M].北京:中央编译出版社,2000:39.

具有种族色彩[1]。同样，对于印度文明，以旧版《剑桥印度史》为代表，通过雅利安人迁徙和入侵的叙事，将其解释为是拥有较高文明的雅利安民族征服和同化"落后的"土著民族的结果[2]。而安特生的仰韶彩陶西来说，无疑也受到了这种文化传播论的影响。

随着时代的发展，欧洲中心论的内核也一直在发生变化。如在进入20世纪后，伴随美国的崛起，欧洲中心论得到进一步扩展，逐渐向包括欧美的西方中心论转化。在第二次世界大战以前，它主要表现为种族决定论，通过强调不同种族之间的差异为西方的帝国主义和殖民主义背书。在冷战时期，西方中心论主要体现为制度决定论，强调两大阵营间的对垒，在后冷战和全球化时代，则更多体现为文明决定论的形式[3]。

美国学者亨廷顿提出的文明冲突论是这种文明决定论最典型的代表。亨氏在其名著《文明的冲突与世界秩序的重建》中指出，"冷战"结束后，决定世界格局的根本因素将是文化的、文明的，全球政治的主要冲突将在不同文明的国家和集团之间进行，国际政治的核心部分将是西方文明和非西方文明及非西方文明之间的相互冲突[4]。

对于这种影响广泛的论调，有学者一针见血地指出，以"资本逻辑"为主导的资本主义交往方式以及其根深蒂固的优越感决定了西方文明的精神实质是一种冲突性和对抗性文明，"文明冲突论"本质上是一种以"西方中心论"的话语方式所提出的观点，从一个侧面对资本主义文明的"排他对抗性"进行了有力证明，并非所有文明都存在交流上的冲突对抗[5]。

---

[1] 〔美〕马丁·贝尔纳著，郝田虎，程英译. 黑色雅典娜：古典文明的亚非之根（第一卷 构造古希腊1785—1985）[M]. 长春：吉林出版集团有限责任公司，2011：253-365.
[2] Rapson E J. The Cambridge History of India [M]. Cambridge: Cambridge University Press, 1922.
[3] 李怀印. 现代中国的形成 [M]. 桂林：广西师范大学出版社，2022：372.
[4] 〔美〕塞缪尔·亨廷顿著，周琪，刘绯等译. 文明的冲突与世界秩序的重建（第二版）[M]. 北京：新华出版社，1999：5.
[5] 侯冬梅. 哲学思维方式变革下的人类文明新形态——从"西方中心论"到人类命运共同体 [J]. 河南师范大学学报（哲学社会科学版），2022，49 (02)：31-37.

第三节　对话交流：文明交往理论与实践发展的新趋势

作为特定人类群体共同拥有，与其他群体不同的物质成就和精神内涵，文明具有广泛性和多样性。在进行代际传承，具有稳定性的同时，各种文明又通过与变化中的自然环境以及外界其他文明的持续互动而不断地得到发展。如布罗代尔就曾指出文明的本质特征之一是相互传播和借用。而这种借用是有选择的行为——为了保持独特性和稳定性，对于不适用的东西，文明有拒绝借用的特性。世界文明的整体发展，在很大程度上依靠不同文明间的良性互动关系[①]。

正是随着国家和文明间交往程度的加深，从20世纪上半叶开始，同时叙述多种文明的多元文明史开始在世界文明史的叙述中占有一席之地，斯宾格勒的《西方的没落》和汤因比的《历史研究》是其中的重要代表。到20世纪下半叶，全球化的发展推动了全球文明史的兴起，出现了以威廉·麦克尼尔为代表的以文明互动为主题的新世界史写作，强调互动的世界文明史著作越来越多。也有越来越多的全球史学者注意到非洲—欧亚的历史统一性，如安德烈·弗兰克（Andre Frank）和巴里·吉尔斯（Barry Gills）就指出整个非洲—欧亚地区从公元前2000年开始都属于一个单一的世界体系[②]。

自20世纪90年代以来，随着苏联的解体和冷战的结束，人类文明进入了全球化加速发展的新阶段。从那时起，"文明"越来越成为一种看待世界性问题的重要视野[③]。虽然世界各地的地区性冲突仍然层出不穷，文明冲突论等鼓吹文明间冲突对抗的论调也流传甚广，但对文明和平交往可能性进行探

---

① 汝信. 经济全球化与不同文明间的对话 [N]. 人民日报，2003-10-24 (12).
② Frank A, Gills B. (Eds.). The world system: Five hundred years or five thousand? [C]. New York: Routledge, 1992.
③ 任思奇. 中国特色社会主义文明交往理论研究 [D]. 电子科技大学，2017：1.

讨成为了国际学术界的主流。如杜维明等学者就指出，对话作为人与人之间最普遍的沟通方式，也是消除文明间误解与隔阂，实现文明和谐共存的可能途径[1]。各国学者也对西方中心论和文明冲突论等加以认真反思，提出应正确认识和尊重不同文明的独特性，认识差异存在的意义与合理性[2]。到20世纪末至21世纪初，多元文明互动的历史在杰里·本特利等人的倡导下得到发展，文明互动也越来越成为世界历史书写的重要主题[3]。

在政界，以文明对话为标志的和平交往也得到越来越多国家的支持。1998年，在伊朗总统哈塔米的建议下，第53届联合国大会通过决议，宣布2001年为"联合国不同文明之间对话年"。决议指出，不同文明所取得的成果是人类共同的文化遗产，为全人类提供了进步的源泉，并强调应当把对话作为实现理解、加强交流、减少冲突的手段。在2001年"9·11"事件后，以承认并尊重文化多样性为目标的文明间对话更加频繁地进入了联合国的议事日程体系。当年11月，第56届联合国大会就促进不同文明间的对话问题举行全体会议。次年的第57届联合国大会又一致通过决议，宣布每年的5月21日为"世界文化多样性促进对话和发展日"（World Day for Cultural Diversity for Dialogue and Development）。

作为全球文化领域最重要的国际组织，联合国教科文组织（以下简称UNESCO）也为推动文明交往与对话做出了诸多努力。2001年，UNESCO通过了《世界文化多样性宣言》，此后又于2005年通过了《保护和促进文化表现形式多样性公约》，提出文化多样性是人类的一项基本特性，应当对其加以珍爱和维护。近年来，UNESCO又以"文化和睦"（rapprochement of cultures）这一口号为标志，致力于推动跨文化理解与合作。

在倡导文化和睦和推动跨文化对话的过程中，UNESCO始终都非常重视

---

[1] 杜维明. 从轴心文明到对话文明 [J]. 深圳大学学报（人文社会科学版），2014，31(03)：36-41.
[2] 曾金花. 对立认知模式下马克斯·韦伯的文明比较与"欧洲中心论" [J]. 全球史评论，2019 (02)：171-180，262-263.
[3] 刘文明. 全球史理论与文明互动研究 [M]. 北京：中国社会科学出版社，2015：115.

包括考古遗址在内的文化遗产所能发挥的作用。早在1988年，该组织就启动了"丝绸之路整体研究：对话之路"项目。如其在《世界文化多样性宣言》中指出的，文化遗产是创作的源泉，各种形式的文化遗产都应当得到保护、开发利用和传承，以建立各种文化之间的真正对话。今天，UNESCO更是将"通过弘扬文化遗产、倡导文化平等加强各国之间的联系"作为其愿景之一[①]。

除了推动对话，国际社会也越来越对文化遗产保护对改善民生、促进就业等所能发挥的积极作用予以肯定与重视。如国际古迹遗址理事会（ICOMOS）就于2021年3月发布了《遗产与可持续发展目标研究报告》（Heritage and the Sustainable Development Goals），展示了遗产保护项目对于所有17类可持续发展目标的贡献[②]。

自21世纪以来，文明话语也在我国的政治、思想和外交领域勃然兴起。2000年9月，江泽民主席在联合国千年首脑会议上讲话时就指出，世界是丰富多彩的，世界上不能只有一种文明。应本着平等、民主的精神，推动各种文明相互交流，相互借鉴，以求共同进步[③]。2005年9月，胡锦涛主席在联合国成立60周年首脑会议上也发表讲话指出，应该以平等开放的精神，维护文明的多样性，加强不同文明的对话和交流，协力构建各种文明兼容并蓄的和谐世界[④]。习近平主席更是多次在国际演讲中强调中国悠久的历史和文明，并越来越多地使用文明间关系的状态、发展、变化来表述全球性的重要议题[⑤]。与此同时，我国的思想界学术界也积极围绕文明概念发展出各种中国

---

① 联合国教科文组织. 联合国教科文组织简介，"使命与任务" [EB/OL]. [2021-04-15]. https://zh.unesco.org/about-us/introducing-unesco.

② ICOMOS. Heritage and the Sustainable Development Goals: Policy Guidance for Heritage and Development Actors [EB/OL]. [2021-11-08]. https://www.icomos.org/images/DOCUMENTS/Secretariat/2021/SDG/ICOMOS_SDGs_Policy_Guidance_2021.pdf.

③ 江泽民. 在联合国千年首脑会议上的讲话 [J]. 中华人民共和国国务院公报，2000 (32)：6-8.

④ 吴绮敏，何洪泽. 胡锦涛主席在联合国首脑会议上发表重要讲话 [N]. 人民日报，2005-09-16 (001).

⑤ 任思奇. 中国特色社会主义文明交往理论研究 [D]. 电子科技大学，2017：2.

叙述，文明已成为当下中国主体认同的首要基础和社会批评的基本尺度[①]。

2018年以来，党和国家领导人还在不同场合多次强调了考古与文化遗产保护工作在"一带一路"中的重要地位和作用。作为一个历史悠久和文化遗产资源极其丰富的国家，通过包括跨国考古在内的文化遗产国际合作项目推动文明交往与传承，也已经成为新时代中国特色国际人文交流的重要组成部分，以及我国对于国际社会的庄严承诺。在这一时代背景下，理应对跨国考古的文明交往功能加以重视并使其得到充分发挥。

第四节 文明交往的前提与方式：
从文化相对主义到交往行动理论

19世纪末，德裔美国人类学家弗兰兹·博厄斯（Franz Boas）指出，人们的信仰和行为准则来自特定的社会环境，每一种文化都会产生自己的价值体系[②]。以他为代表，认为每种文化都具有特殊性、没有绝对评判标准的观点被称为文化相对主义。博厄斯的学生、美国文化人类学家梅尔维尔·赫斯科维奇（Melville Herskovits）曾对这一学派的观点加以总结："文化相对主义的核心是尊重差别并要求互相尊重。它强调多种生活方式的价值——这种强调以寻求理解与和谐共处为目的，而不去评判甚至摧毁那些不与自己原有文化相吻合的东西"[③]。美国著名文化人类学家露丝·本尼迪克特（Ruth Benedict）继承并进一步发扬了博厄斯的理论，十分注重研究同一种文化中人们行为与思维方式的内在联系。她认为，每一个民族的文化模式都具有自己独特、与众不同的结构，因此在不同文化模式中成长的民族都会形成一套

---

① 梁治平．"文明"面临考验——当代中国文明话语流变[J]．浙江社会科学，2020 (04)：4-12, 155．
② 〔美〕弗兰兹·博厄斯著，项龙等译．原始人的心智[M]．北京：国际文化出版社，1989：9．
③ 乐黛云．文化相对主义与跨文化文学研究[J]．文学评论，1997 (04)：61-71．

独有的价值观念与思维方式[1]。

文化相对主义理论承认异质文化存在的合理性，主张从自我的文化体系中解放出来，学会尊重不同于自身的文化形态，对于文明交往有积极的启示作用。但也需要看到，文化相对主义忽略了文化普遍性的一面。如果过分强调各种文化的差异性，从而否定人类文化发展的普遍规律，忽略文化之间存在的共性，也将使文明的交往走向另外一个极端。在对这一问题进行深入思考的基础上，德国著名哲学家哈贝马斯提出了交往行动理论（theory of communicative action）。

哈贝马斯认为，现代性危机出现的原因在于多元的价值观体系中缺乏统一的社会理性规范。为此，他运用"主体间性"（intersubjectivity）的概念，提倡用人的交往理性取代工具理性，即以主体间的理解交流来代替理性权威对人的操纵和控制，进而确立现代社会的统一规范基础，最终实现社会的和谐[2]。所谓"间性"就是你中有我、我中有你的关系，"主体间性"指的是社会交往主体间不是主客对立的关系，而是平等、相互理解的关系。哈贝马斯所主张建立的交往理性就是一种以主体间性、非强制的平等对话为基础的规范，并把人与人的交往看作现代人的基本存在方式和社会发展的基本动力[3]。

对于哈贝马斯来说，交往行为实现了沟通，增进了主体间的理解，有助于共识的达成，进而终止主体间的对立状态，最终找到"一条对所有人都同样有益的、规范我们共同生活的途径"[4]。他还将主体间性运用于国家主体和文明主体的交往中，强调当今世界"你中有我、我中有你"的多元文化格局，提倡运用"间性视域"和跨国、跨文化、跨民族、跨学科、跨语言、跨性别等跨界思维来研究问题，并通过"互为主观"的平等对话，进行现代世界全球性的物质和精神交往[5]。

---

① 〔美〕露丝·本尼迪克特著，何锡章，黄欢译. 文化模式[M]. 北京：华夏出版社，1987：36.
② 宋晓丹. 命运共同体的理性观基础——哈贝马斯交往理性范式的中国启示[J]. 湖北社会科学，2018（02）：19-25.
③ 孙英春. 跨文化传播学[M]. 北京：北京大学出版社，2015：57-58.
④ 〔美〕莱斯利·豪著，陈志刚等译. 哈贝马斯[M]. 北京：中华书局，2002：56.
⑤ 潘一禾. 文化与国际关系[M]. 杭州：浙江大学出版社，2005：96.

在此基础上，国内外学者对于如何有效推动跨文化传播和文明交往提出了多种很具启发意义的理论观点，美国社会心理学家奥尔波特（G. Allport）所提出的群际接触理论是其中较有代表性的一种。他认为群际接触是一个变化的现象，分为积极接触和消极接触，并归纳出促成积极接触的四个最优条件，包括平等地位、共同目标、群际合作和制度支持[1]。

与此同时，虽然文明主体可能跨越国境，但主权国家仍然是当今国际关系中最重要的行为主体，因此传统国际关系理论对于文明交往也仍然具有十分重要的指导作用。建构主义理论是与文明交往关系最为密切的国际关系理论之一。这一理论是20世纪80年代后期在对现实主义和自由主义理论的反思和批判中发展起来的。如果说现实主义主要关注的是权力，自由主义强调的是国际制度，那么建构主义则将文化作为其主要研究对象[2]。建构主义的代表人物，俄亥俄州立大学政治学教授亚历山大·温特（Alexander Wendt）指出，建构主义的各种流派都遵循两条基本原则，即人类关系的结构主要由共有观念（shared ideas），而非物质力量决定；以及有目的行为体的身份和利益不是天然固有，而是由这些共有观念建构而成的[3]。也就是说，建构主义认为，一个国家的形象不是固有或单方面设计、定位出来的，而是通过该国在国际社会中与他国的互动，依靠观念共享，凭借观念结构建构起来的，相关国家之间的共有知识界定了国家的彼此身份，也决定了彼此的形象认知。

第五节 跨国考古推动文明交往的可能性：文化记忆与记忆场所理论

20世纪20年代，法国社会学家莫里斯·哈布瓦赫（Maurice Halbwachs）

---

[1] 郝亚明. 西方群际接触理论研究及启示［J］. 民族研究，2015 (03)：13-24，123.
[2] 吴献举. 国家形象跨文化生成与建构研究［M］. 武汉：华中科技大学出版社，2020：8.
[3] ［美］亚历山大·温特著，秦亚青译. 国际政治的社会理论［M］. 上海：上海人民出版社，2008：1，140-158.

提出了"集体记忆"的概念，认为个体记忆由个体通过参与交往的过程而形成，受到社会因素的制约①。德国学者扬·阿斯曼（Jan Assmann）进一步指出，每种文化都会形成一种"凝聚性结构"，在社会和时间层面把人们连接到一起，并构造出一个"象征意义体系"。这种凝聚性结构同时也将历史经验和回忆以一定形式固定下来并且使其保持现实意义。阿斯曼认为，正是共同遵守的规范和共同认可的价值，以及对共同历史的回忆这两点支撑了共同的知识和自我认知，由其形成的凝聚性结构将每个个体和一个相应的"我们"连接到一起②。

由此可见，文化记忆理论将记忆作为人类生活的社会功能和属性之一而提升到文化的高度上来，记忆成为一种有着身份指向的知识。正如有学者指出的，在后现代理论语境中，文化记忆的主要功能就是为身份"定位"。一方面，文化记忆通过保存代代相传的集体知识来保证文化的连续性，并以此建构后人的文化身份；另一方面，通过创造一个共享的过去，文化记忆在时间和空间上向社会成员提供整体意识和历史意识③。

对于记忆的传承，哈布瓦赫曾指出，真理如果要被保留在群体的记忆中，必须具有一个具体的形式——具体的人，具体的事或具体的地点④。法国历史学家皮埃尔·诺哈（Pierre Nora）在此基础上进一步提出了"记忆场所"（sites of memory/ lieux de mémoire）的概念。他指出，记忆场所是"由于人类的意志或时间的作用，已经变成社群纪念性遗产象征性元素的任何物质或非物质的重要实体"⑤。在他看来，记忆场所可以包括博物馆、大教堂、清真寺、庙宇、宫殿、墓地、档案馆和纪念馆等场所，以及继承财产、

---

① 〔法〕莫里斯·哈布瓦赫著，毕然，郭金华译. 论集体记忆［M］. 上海：上海人民出版社，2002：44-45.
② 〔德〕扬·阿斯曼著，金寿福，黄晓晨译. 文化记忆：早期高级文化中的文字、回忆和政治身份［M］. 北京：北京大学出版社，2015：6.
③ 赵静蓉. 文化记忆与身份认同［M］. 北京：生活·读书·新知三联书店，2015：3-4.
④ 〔德〕扬·阿斯曼著，金寿福，黄晓晨译. 文化记忆：早期高级文化中的文字、回忆和政治身份［M］. 北京：北京大学出版社，2015：30.
⑤ Nora P. Between memory and history: Les lieux de mémoire [J]. representations, 1989, 26: 7-24.

手册、徽章、文本和符号等物品。

第六节 小 结

通过本章考察可见，文明交往首先是人类历史进程中的客观存在，人类文明史的发展为我们勾勒出文明交往与相互影响对于推动人类社会发展的重要性。文明交往的形式主要可分为冲突式和对话式两种。欧美国家的一些学者和政客基于自我中心的文明优越感，主张文明间矛盾与冲突的不可调和，而国际学术界的主流则主张基于对话与相互尊重和平地开展文明交往。在这之中，新时代的中国正积极地参与全球治理体系的完善，提出了尊重世界文明多样性，以文明交流超越文明隔阂、文明互鉴超越文明冲突、文明共存超越文明优越的人类文明交往新观念，和以构建"人类命运共同体"为特征的文明交往新模式。

这样一种文明交往之所以是可能的，正是因为如文化相对主义所指出的，每一种文明都是独特的，需要对文明间的差别予以尊重。文明交往的方式，则需要借鉴哈贝马斯"主体间性"的理念，以互为主体的平等方式进行，并根据群际接触等文化人类学和跨文化传播学理论的成果，力争为文明间的积极交往提供必要的条件。而文明交往的目标，如建构主义研究范式提示我们的，是要形成共同观念和相互认同。简言之，积极的文明交往是通过平等协商、互利共赢的对话机制来寻求某种共同价值。

文化记忆和记忆场所理论则为考古，尤其是跨国考古推动文明交往提供了重要的理论指导。这些理论提示我们，集体记忆立足于现在对过去的重构，而记忆的存在依托于场所。由此可见，以考古遗址为代表的文化遗产不仅与过去有关，与现在和未来也有密切的联系。我们应重视文化遗产的这种活态属性，对其塑造共同记忆，推动相互认同的功能予以重视和发挥。

根据以上分析和认识，本书基于文明交往所开展的跨国考古研究，主要有以下三方面的含义：首先是秉承文明交往的史观，深刻认识文明交往在人类发展中的重要作用；其次是采用文明交往的视角，着眼于跨国考古实施国和项目所在国主客双方的相互关系，对跨国考古的历史与现状展开研究；最后是设立文明交往的目标，根据当今国际、国内局势的新趋势、新要求，本着相互平等和共同发展的原则，探讨跨国考古推动文明交往的发生机制，并对我国今后跨国考古的实施提出建议。

第三章　文明的初识与碰撞：亚洲地区跨国考古的形成与发展（二战以前）

从文明交往的视角对跨国考古展开研究，首先有必要对跨国考古的历史展开系统的回顾，审视其在发展过程中对于文明交往所产生的影响与作用。由于学界尚未对跨国考古的整体发展情况展开过充分研究，本书将以此为出发点，对亚洲地区跨国考古的发展历程进行梳理。

一般来说，中外考古学史的书写和阶段划分基于考古发现、考古研究、考古技术、考古理论、考古学家这五方面的内容[1]。如丹尼尔在《考古学一百五十年》中主要以1870年、1900年和1945年为界，将1970年前的世界考古学发展分为诞生、成熟、发展和新发展四个阶段[2]，王巍先生则以1949年和1978年为界，将中国现代考古学分为起步期、初步发展期和快速发展期[3]。

作为考古学的组成部分，跨国考古的发展历程既符合考古学发展的整体特征，又具有自身特色。尤其是基于文明交往的视角，除了关注上述考古学发展的几个主要方面，本书更加关注不同历史时期各国基于跨国考古对异域文明的认识与阐释，实施国与东道国之间的主客关系，以及跨国考古对于东道国的影响等内容。基于这一标准，本书以第二次世界大战为界，把亚洲地区的跨国考古分为两个大的历史时期。本章和下一章将对这两大时期内各个阶段跨国考古的主要事件与时代特征加以探讨，第五章则将对我国跨国考古的发展历史与现状进行专题研究。

亚洲地区有意识的古迹发掘主要始于19世纪中期，当时英法两国开始在

---

[1] 王建华. 考古学史的阅读与写作范式刍议［J］. 才智，2022 (28)：66-68.
[2] 〔英〕格林·丹尼尔著，黄其煦译. 考古学一百五十年［M］. 北京：文物出版社，2009.
[3] 王巍. 中国考古学百年历史回眸. 收于王巍主编. 中国考古学百年史（1921—2021）［C］. 北京：中国社会科学出版社，2021：1-27.

两河地区对大量遗址和文物进行发掘。从那时起到第二次世界大战前的一个世纪里，亚洲地区的跨国考古在经历了早期的野蛮和无序后，于世纪之交开启了逐步科学化的进程，并在两次世界大战之间从技术方法和伦理上都得到了进一步发展，从而奠定了延续至今的基本面貌。从文明交往的角度考察，虽然早期的跨国发掘以寻宝为主要目的，但也开启了人们认识亚洲地区古代文明的新时代。最早的文明认知带着鲜明的欧洲中心特征，成为替殖民主义背书的理论工具，但随着考古范围的扩大、考古理论方法的进步以及研究成果的积累，跨国考古也在推动亚洲地区考古研究与管理机构的建设，以及各国民族意识的觉醒等方面起到了积极作用。

第一节　挖宝与掠夺：早期的跨国考古（19世纪90年代以前）

随着英法等资本主义国家的扩张，他们对于世界其他地区，尤其是希腊、埃及和两河流域等与古代欧洲有密切联系地区的古迹兴趣日渐浓厚，越来越多的人前往这些地方游历，试图寻找西方文明的根源。这种兴趣在1798年拿破仑出征埃及时达到了第一次顶峰——为了对埃及的地理与古物展开调查，随军出征的还有大量的法国科学家和绘图员（图二）。虽然后来法国在军事上被英国击败，在埃及搜集的文物也落入英国人囊中，但调查团仍然获得了大量的研究成果。这种随军开展科学调查的模式也在19世纪的军事远征中被沿用[1]。

进入19世纪中期，考古学逐渐从古物学、地质学和历史学中脱胎，成为一门独立的学科，系统的考古发掘技术、田野调查和文物保护工作等也缓慢而艰难地逐步打开局面[2]。这一时期，英法等国先后在意大利和希腊境内开

---

[1] Van der Linde S J, et al. (Eds.). European archaeology abroad: global settings, comparative perspectives [C]. Leiden: Sidestone Press, 2013: 55.
[2] 〔英〕格林·丹尼尔著，黄其煦译. 考古学一百五十年 [M]. 北京：文物出版社，2009：147.

图二　法国随军科考人员绘制的埃及古迹
（图片来源：《埃及：法老的世界》，2020年，497页）

展较为稳定的考古工作，并在罗马和雅典设立了科研办事机构。如在普鲁士王储（即后来的威廉四世）的支持下，普鲁士学者早在1829年就在罗马成立了考古通讯研究所。该机构的总部于1832年迁至柏林，成为德国考古研究所的前身。法国则于1873年和1876年分别在罗马和雅典开设办事处，并定期发布工作通讯[①]。西欧列强在亚洲地区的跨国考古工作正是在这样的时代背景下起步和发展起来。

---

① Díaz-Andreu M. A world history of nineteenth-century archaeology: nationalism, colonialism, and the past [M]. Oxford: Oxford University Press, 2007: 109.

一、失落文明的重见天日

这一时期，随着英法等国在亚洲各地区所开展的调查和发掘，特洛伊遗址、吴哥古迹等此前只在神话中流传，甚至绝大多数欧洲人闻所未闻的古代文明遗迹得以重见天日。其中，美索不达米亚地区大量遗址和文物的发现尤其令世人震惊，并改变了人们对人类文明发展史的认知。

美索不达米亚是古希腊对中东幼发拉底河与底格里斯河流域的统称，范围包括今伊拉克全境以及伊朗、土耳其、叙利亚和科威特的部分地区（以下简称"两河地区"，图三）。欧洲人对两河地区的兴趣源于将圣经记载确认为信史的愿望。早在公元12世纪，就有西方旅行者试图识别《旧约》中提到的伊拉克北部摩苏尔市周围地区的城市遗迹。但直到17世纪，才有一些欧洲旅行者开始用图文记录他们的考察[1]。最初的游历完全是个人行为，来自欧洲各国的神职人员、商人、画家和建筑师等不仅将所见写成游记，还对楔形文字进行临摹，并不断将搜集到的古物带回欧洲，引起了人们的极大兴趣。渐渐地，欧洲到访者们不再满足于地面上的收获，将目光转向地下。1784年，法国的博尚（Pierre-Joseph de Beauchamp）在当地雇工的帮助下对巴比伦遗址进行发掘，英国驻巴格达总领事里奇（Claudius Rich）则于1811年开展了规模更大的发掘工作。这些发掘活动带来的出土文物和报告在欧洲引起巨大影响，促成法国政府将保罗·博塔（Paul Botta）指定为驻摩苏尔的副领事，专门负责为国家搜集古物。博塔走马上任的1842年5月25日被人们称为亚述研究史上"具有历史意义的一天"[2]。

博塔在豪尔萨巴德（Khorsabad，即亚述国王萨尔贡二世的都城杜尔-沙鲁金）的发现在法国引起轰动，并进一步获得了法国政府的资金援助。接任

---

[1] Bahrani Z. Conjuring Mesopotamia: Imaginative geography and a world past. In Meskell L. (Ed.). Archaeology under fire: nationalism, politics and heritage in the Eastern Mediterranean and Middle East [C]. London: Routledge, 2002: 159-174.

[2] 拱玉书. 西亚考古史：1842—1939 [M]. 北京：文物出版社，2002：68-69.

图三 两河流域地图

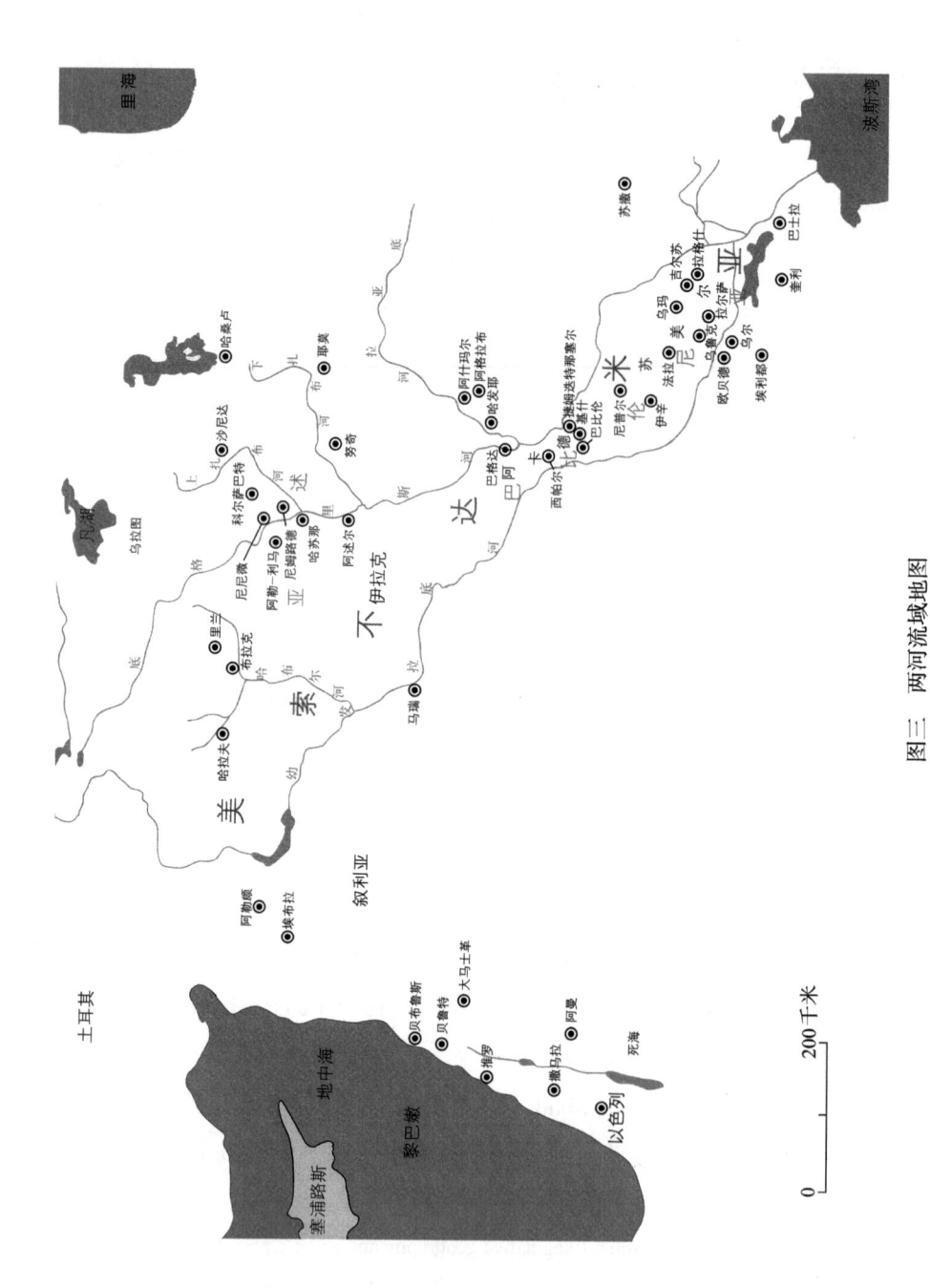

(图片来源：《伟大的世界文明——美索不达米亚文明》，2007年，17页)

其职位的维克多·普拉斯（Victor Place）先后对库雍基克（Kuyunjik，即亚述帝国的重要都城尼尼微）和豪尔萨巴德进行发掘。1851年，法国还以曾在约旦做过领事的福尔根斯·福莱斯内尔（Fulgence Fresnel）为队长，成立了另一支西亚考古队，对巴比伦和尼姆鲁德（Nimrud，即亚述国王亚述纳齐尔帕二世的都城卡尔胡）进行了发掘。

同一时期，英国在这一地区的发掘也如火如荼地进行。代表人物奥斯汀·莱亚德（Austen Layard）曾与法国的普拉斯同时在库雍基克展开发掘，此后转而发掘尼姆鲁德，其发现影响巨大。

1851年，亨利·罗林森（Henry Rawlinson）被英国政府任命为驻巴格达总领事。在其任职期间，主持发掘了库雍基克、尼姆鲁德、卡拉特-舍加特（Qal'at Sherqat，即亚述帝国的首个都城亚述）、瓦尔卡（Warka，即公认世界上最早的城市乌鲁克）、穆克吉尔（Muqejjir，即苏美尔人的重要城市乌尔）、努法尔（Nuffar，即苏美尔的最古老城邦之一尼普尔）等重要遗址。1855年2月，罗林森辞去总领事职务，回到伦敦专心投入出土楔形文字材料的研究中。这一时期克里米亚战争的爆发也影响了地区局势，两河地区的第一个考古高潮告一段落。

本地区第二个考古高潮的序幕由英国人乔治·史密斯（George Smith）拉开。1872年，他对楔形文字中关于大洪水记载的研究推动大英博物馆做出了恢复发掘尼尼微遗址的决定，并且将寻找刻有楔形文字的泥板作为主要发掘目标。在史密斯于1876年因病英年早逝后，之前曾作为莱亚德助手的当地人霍姆茨德·拉萨姆（Hormuzd Rassam）接手他的工作。拉萨姆的足迹遍布整个美索不达米亚平原，发现了著名的巴拉瓦特青铜大门等重要文物（图四）。

这一时期，法国人也重新开启了两河地区的考古工作。但与英国人有相对明确的研究目标不同，法国人的发掘仍然以文物为主要目标。法国驻巴士拉领事欧内斯特·德·萨尔泽克（Ernest de Sarzec）是其中的代表人物。他从1878年开始对铁罗（Tello，即苏美尔城邦吉尔苏）进行了长达十几年的发掘。虽然他的发掘方法毫无科学性可言，但铁罗地区出土的大批苏美尔文献和艺术品使得古老的苏美尔文明重现在人们眼前，被誉为"揭开了人类历史

图四　巴拉瓦特大门复原及上面的青铜装饰

（图片来源：大英博物馆网站）

的一个新时代"[①]。

二、掠夺与竞争

帝国主义在世界范围内扩张的时代背景决定了当时的跨国考古是西方列强帝国权力的自然延伸，因此，本阶段包括亚洲地区在内全球跨国考古的主要特征就是列强的霸道掠夺和相互竞争。这一时期，各地发掘项目的资助方，不论是政府还是博物馆，其最重要的目标就是获取异域文物。列强利用

---

① 拱玉书．西亚考古史：1842—1939［M］．北京：文物出版社，2002：93-95．

殖民特权或者当地统治者的无知和贪婪，巧取豪夺，各地重见天日的珍贵文物有很大一部分都被直接运回了欧洲各国的博物馆（图五）。如在1827年希腊政府颁布法令禁止古物出口后，处于奥斯曼帝国统治下的安纳托利亚地区便成为欧洲博物馆获取希腊古典文物的唯一来源。从19世纪到20世纪初，英法德等国的发掘队伍在本国政府和博物馆的支持下，陆续将古代哈利卡纳苏斯（Halicarnassus，今博德鲁姆）、以佛所（Ephesus，今埃菲斯）等古城以及罗得岛和萨莫色雷斯等岛屿上古典时期最好的文物带走，从19世纪后期还开始带走当地的伊斯兰文物。其中，依托英国政府与奥斯曼政府的密切关系，大英博物馆成为最大受益者。奥斯曼政府试图通过严格的立法来加以控制，但收效甚微[1]。

图五　大英博物馆两河文物展厅（左）与集美博物馆吴哥文物展厅（右）

（图片来源：作者自摄）

---

[1] Díaz-Andreu M. A world history of nineteenth-century archaeology: nationalism, colonialism, and the past [M]. Oxford: Oxford University Press, 2007: 112.

1870年，德国商人海因里希·谢里曼（Heinrich Schliemann）开始在特洛伊遗址所在的希沙利克（Hissarlik）进行发掘。他的行动未得到当地政府允许，从而招致了土耳其人的愤怒。次年，以将一半的出土文物上交奥斯曼政府为条件，谢里曼得到了正式的发掘许可。但他并没有遵守这一约定，而是在1873年将特洛伊发掘中最珍贵的普里阿摩斯宝藏偷运回德国（图六）。

图六　摄于谢里曼雅典宅邸的普里阿摩斯宝藏

（图片来源：《发现特洛伊——寻金者谢里曼的故事》，2006年，图版）

此后为了缓和与奥斯曼政府的关系，他不得不向奥斯曼帝国的文化部支付了五万法郎用于改善位于伊斯坦布尔的帝国博物馆[①]。同样地，当1882年法国获得波斯政府对名城苏萨（Susa）的发掘许可后，考古学家迪拉菲夫妇（Marcel-Auguste Dieulafoy& Jane Dieulafoy）在1884年至1886年对苏萨进行发掘后，也没有遵守先前与波斯政府的文物划分约定，而是将大量精美文物运回卢浮宫，引起了波斯王国对法国政府的抗议。在东南亚，除了出土文物，法国还将吴哥地区古代寺庙中的大量雕像和建筑构件拆除运回国。当1851年坎宁汉在印度桑吉打开3号佛塔并在地宫发现了装有舍利弗和目犍连舍利的宝函后，也将众多佛教圣物一起运回伦敦[②]。

面对西方强权，当时在亚洲各地开展的发掘工作对于当地民众来说也没有什么公平可言。不仅报酬低廉，甚至他们的生存环境都会受到影响。如博塔在库雍基克发掘期间就破坏了当地的大片耕地和牧场。即使主人提出抗议，他也依靠当地官员的撑腰而不予理睬[③]。

正是因为西方发掘者理所当然地认为自己具有对出土文物的所有权和处置权，这一阶段各国的发掘工作充满了相互竞争，其中以英法两国在库雍基克的针锋相对最为典型——1845年10月，英国的莱亚德和法国的普拉斯就曾在遗址的两侧同时展开发掘工作，到了1853年12月，为了抢在法国人之前挖到文物，英国的拉萨姆还曾秘密地在夜间展开发掘[④]。德国于19世纪晚期加入亚洲跨国考古的行列，很大程度上也是由于1871年在普鲁士统一德国成立德意志第二帝国后，柏林博物馆中数量少于英法的重量级古代文物被德国民众认为是不可接受的，而开展跨国考古则被视为补偿国家利益以及与英法展开竞争的手段[⑤]。

---

① Marchand S L. Down from Olympus: archaeology and philhellenism in Germany, 1750-1970 [M]. Princeton: Princeton University Press, 2003: 119-121.

② Ray H P. Archaeology and empire: Buddhist monuments in monsoon Asia [J]. The Indian Economic & Social History Review, 2008, 45 (3): 417-449.

③ 拱玉书. 西亚考古史：1842—1939 [M]. 北京：文物出版社，2002：76.

④ 拱玉书. 西亚考古史：1842—1939 [M]. 北京：文物出版社，2002：77.

⑤ Van der Linde S J, et al. (Eds.). European archaeology abroad: global settings, comparative perspectives [C]. Leiden: Sidestone Press, 2013: 163.

基于同一逻辑，各国发掘者还会对所发掘的文物进行交换，如法国用豪尔萨巴德出土的文物与英国人交换库雍基克的出土文物。

出于追逐实物的贪婪目的，这一阶段的发掘工作普遍急功近利，加上当时考古学的理论和方法尚不完善，对文物和遗址都造成了不可估量的重大破坏和损失。首先，发掘过程缺乏科学性、系统性，次要的文物往往被一弃了之，如在尼姆鲁德就有大量的书写泥板被当作无用的陶片扔掉，发掘后的遗址也会被弃如敝屣。其次，出土的文物在运输过程中还面临重大的安全风险，如法国从两河地区运载文物回国的过程中曾多次发生翻船事故，印度的文物在经孟买转运的漫长过程中也遭遇过严重的偷盗。

此外，虽然文物古迹的保护对于当时亚洲地区绝大多数的民众来说仍是闻所未闻的天方夜谭，如两河地区的居民对于楔形文字砖和刻有浮雕的石板等早就司空见惯，祖祖辈辈都把它们用作建筑材料，但还不至于主动盗取地下文物。而蜂拥而至的西方发掘者却激发并且纵容了当地民众的盗宝热情，进一步加剧了古迹的破坏和文物的流失。例如英法德美等国的博物馆为了得到泥板，高价进行收购，严重助长了当地的盗掘和非法文物交易行为。

除了掠夺文物资源，当时的跨国考古工作还会服务于列强的军事意图。一方面，有大量的考古项目由英法等国的职业军人主持开展；另一方面，一些以考古调查名义进行的地图测绘等工作更是直接具有备战意味。如巴勒斯坦探索基金会于19世纪60年代至80年代组织了对巴勒斯坦地区的调查和测绘。参与测绘的查尔斯·威尔逊上尉（Charles Wilson）就在一份备忘录中指出，"一旦巴勒斯坦发生军事行动……这些地图将具有军事地图的重要性"[①]。

三、科学考古调查的萌芽

虽然主要是为了寻找宝物以及加强对殖民地区的了解与控制，这一时期英法美等国在亚洲各地所开展的范围广泛的历史与考古调查也有部分是出于

---

① Díaz-Andreu M. A world history of nineteenth-century archaeology: nationalism, colonialism, and the past [M]. Oxford: Oxford University Press, 2007: 150.

历史与科学研究的目的，客观上也为后来的进一步发掘和研究积累了宝贵的资料。

（一）西亚地区

在西亚，美国圣经学者爱德华·罗宾逊（Edward Robinson）早在1838年和1852年就曾两次游历被称为"圣地"的巴勒斯坦地区（范围主要包括今天的约旦、黎巴嫩、以色列和巴勒斯坦），并在地图上对数十个圣经遗址进行标注，从而拉开了对这一地区考古研究的序幕。当时这里仍在奥斯曼帝国治下，但英国在当地具有重要影响力。1865年，在维多利亚女王和坎特伯雷大主教的赞助下，巴勒斯坦探索基金会（Palestine Exploration Fund）在威斯敏斯特教堂举行了成立仪式。该基金会是世界上最古老的专门从事黎凡特地区（西亚地中海东岸地区的统称）研究的学术组织，旨在对圣地的考古、地形、地质和自然地理、历史、礼仪和风俗习惯等进行准确和系统的调查，以便更好地对圣经进行解释，至今仍然十分活跃。当时，除了制作区域地图外，基金会还组织对包括耶路撒冷在内的巴勒斯坦地区展开调查和发掘[1]。由于缺乏适当的技术，人们对基金会发掘项目的结论存在争议，但由其出版的研究报告和地图为巴勒斯坦地区的考古研究提供了重要资料。

这一时期，法国也在圣地开展了一些考古工作。19世纪五六十年代，法国考古学家费利西安·代·索西（Félicien de Saulcy）曾三次游历巴勒斯坦地区。他将萨尔坦土丘（Tell es-Sultan）确认为圣经中的名城耶利哥，并于1863年在耶路撒冷北部的国王陵墓地区进行了发掘。

19世纪中后叶，波斯境内（今伊朗）的考古调查也取得了一些进展。虽然当时的波斯王国仍保持独立，但已转变为英俄两国在亚洲的缓冲地带。早在19世纪40年代初期，英国的莱亚德和俄罗斯男爵德·博德（De Bode）

---

[1] Díaz-Andreu M. A world history of nineteenth-century archaeology: nationalism, colonialism, and the past [M]. Oxford: Oxford University Press, 2007: 150.

就曾游历伊朗西部靠近两河流域的地区,并对一些考古遗址进行了记录。罗林森也于1836年至1841年间通过抄录由大流士一世下令雕刻在贝希斯敦（Behistun）的三语铭文,在破译楔形文字方面取得了重大突破[①]（图七）。

图七　贝希斯敦浮雕[②]

（二）南亚地区

南亚地区的考古调查始于东印度公司医生、同时也是地理学家的弗朗西斯·布坎南-汉密尔顿（Francis Buchanan-Hamilton）从1800年开始对东印度公司势力范围的综合调查。除了各地的人口、信仰、地形、自然资源等,他还调查了一些重要的历史古迹。如他于1811年至1812年对重要的宗教圣地格

---

① Abdi K. Nationalism, politics, and the development of archaeology in Iran [J]. American journal of archaeology, 2001, 105 (1): 51-76.
② 图片来源：https://isaw.nyu.edu/publications/newsletters/019/images/faculty-bisotun.

雅（Gaya）地区的遗址、寺庙和村庄进行了调查①。

1827年，东印度公司的士兵詹姆斯·刘易斯（James Lewis）从军队中开小差，以查尔斯·梅森（Charles Masson）的化名先后在英属印度西北部和阿富汗地区进行考察。期间他到访了多个古遗址，并于1829年成为首位发现哈拉帕遗址的欧洲人。虽然他的考察和发掘缺少科学方法，但他的记录成为19世纪印度河文明早期调查与研究的起点②。此后，东印度公司的军官亚历山大·伯恩斯（Alexander Burnes）于1831年至1833年对英属印度西北部和中亚部分地区进行了考察，其调查记录也为后世的进一步研究提供了参考③。

1829年至1847年间，苏格兰的蓼蓝种植商詹姆斯·弗格森（James Fergusson）在印度进行了广泛而细致的建筑调查，并对其时代和风格进行划分，为科学研究古代印度建筑奠定了基础。他曾在调查报告中自豪地宣称，"别人给我看印度任何古建筑的照片，我都能说出它的位置，误差在50英里以内，并且判断其建造时间，误差不超过50年"④。

1861年，在退役军队工程师亚历山大·坎宁汉（Alexander Cunningham）的推动下，英国殖民当局成立了印度考古调查局（Archaeological Survey of India），旨在对重要历史古迹进行准确记录。在最初的几年，被任命为调查局考古调查员的坎宁汉作为唯一的职员，是名副其实的光杆司令。1866年，调查局曾一度被撤销，后于1871年重建，成为英属印度政府的一个部门，坎宁汉被正式任命为首任局长。在考古调查局成立前，他就已经开始在印度进行大量的田野调查，如他于1853年和1856年对哈拉帕遗址进行了调查。在出任考古局局长后，他更是依靠玄奘的游记，几乎每年都会在印度北部展开调查，确认了那烂陀等重要遗址。

---

① Amar A S. Heritage Preservation in the Gaya Region. In Sharma A. (Ed.). Records, recoveries, remnants and inter-Asian interconnections: decoding cultural heritage [C]. Singapore: ISEAS-Yusof Ishak Institute, 2018: 86-104.

② Masson C. Narrative of various journeys in Balochistan, Afghanistan, the Panjab & Kalât [M]. London: Richard Bentley, 1844.

③ Burnes A. A Voyage on the Indus [M]. London: Oxford University Press, 1973.

④ Fergusson J. Archaeology in India [M]. New Delhi: K. B. Publications, 1974: 2.

隶属于印度地质调查局的罗伯特·佛特（Robert Foote）则是印度早期考古的另一位重要人物。受法国索姆河谷发现史前石器的影响，他于1863年开始在印度南部展开对印度史前人类遗址的首次系统调查，并很快首次在印度发现手斧。在长达近30年的调查生涯中，佛特在印度南部地区以及西部的古吉拉特邦共发现了450多个史前遗址。通过对遗址现场的考察和地表遗存的采集，他基于当时欧洲的史前考古理论，对印度史前时代作出了较为准确的划分，被认为是印度史前研究的奠基人。

此外，英国外交官爱德华·莫克勒（Edward Mockler）在俾路支斯坦（主要位于今巴基斯坦俾路支省）工作期间，也对当地的古迹遗址进行了详细记录，引起包括斯坦因在内的后人重视，斯坦因本人就曾多次到该地区展开调查。

（三）东南亚地区

当时的东南亚各国基本都处于西方国家的殖民统治下，中南半岛主要是法国的势力范围，马来西亚和缅甸属于英国，印尼和菲律宾则分别属于荷兰和西班牙，唯一保持独立地位的是泰国。

早期的法国殖民活动主要集中在今天的柬埔寨以及越南的南部地区。以了解该地区地形和历史为目标的探险活动主要从19世纪60年代初开始，其中最具代表性的事件就是1860年法国自然学家亨利·穆霍（Henri Mouhot）"发现"了吴哥古迹。此外，从顺化延伸到西贡（今胡志明市）的占族人遗迹也引起了法国人的兴趣。

这一时期东南亚其他地区的考古调查则主要在民族志和博物学的框架下进行。如英国在缅甸的殖民地官员，同时也是业余人类学者的理查德·坦普尔（Richard Temple）对缅甸的历史和宗教展开调查，并在著作《拉曼人的古物》中对缅甸毛淡棉和达通地区的洞穴遗址进行了记录[1]。而同为英国人统治的马来半岛上的考古调查主要由英国的业余爱好者展开，他们调查的主要

---

[1] Temple R C. Notes on Antiquities in Ramannadesa (the Talaing Country of Burma) [M]. Printed at the Education society's steam Press, 1894.

目标是史前遗址，但大多数调查记录都没有出版。现在马来半岛上已知最早的考古记录是领航员出身的乔治·厄尔（George Earl）于1860年对威斯利省一处贝丘遗址的发掘[①]。1873年至1878年间，著名生物学家查尔斯·达尔文（Charles Darwin）、阿尔弗雷德·华莱士（Alfred Wallace）和托马斯·赫胥黎（Thomas H. Huxley）发起了对半岛上早期人类化石的寻找。调查队由英国博物学家阿尔弗雷德·埃弗雷特（Alfred Everett）率领，对尼亚（Niah）和石隆门（Bau）地区的洞窟展开调查，试图寻找人类进化中的缺失环节[②]。当地其他重要的考古工作包括1886年至1891年间英国植物学家莱昂纳德·乌瑞（Leonard Wray）对霹雳州众多石灰岩洞穴的调查和发掘[③]，以及亚伯拉罕·哈尔（Abraham Hale）的石器时代发现[④]。

在西属菲律宾，虽然也有西班牙学者投身对当地的人类学研究，但最重要的史前考古调查是在法国博物学家安托万-阿尔弗雷德·马歇（Antoine-Alfred Marche）领导下展开的。他的工作区域主要在吕宋岛南部、马林杜克岛和巴拉望群岛，他在那里详细记录了数个出土有瓮棺和雕刻精美树棺的洞穴遗址，并为巴黎的民族志博物馆等收藏机构搜集了包括尼格利陀人骨骸在内的大量藏品[⑤]。

四、进步意义

虽然这一时期的跨国考古工作有着巨大的时代局限性，但大量失落文

[①] Earl G W. On the shell-mounds of Province Wellesley in the Malay Peninsula [J]. Transactions of the Ethnographical Society (New Series), 1861 (11): 119-124.

[②] Habu J, Lape P V, Olsen J W. (Eds.). Handbook of East and Southeast Asian Archaeology (Vol. 728) [C]. New York: Springer, 2017: 125-126.

[③] Wray L. The cave dwellers of Perak [J]. Journal of the Anthropological Institute of Great Britain & Ireland AI, 1897 (26): 36-47. Reprinted in Perak Museum Notes, 2, 17-18.

[④] Hale A. The stone age in Perak [J]. Journal Straits Branch Royal Society 1885 (16), notes & queries No. 3: 62. Reprinted in Journal of the Malaysian Branch Royal Asiatic Society, 1997. Reprint No. 15: 75.

[⑤] Marche A. Luzon and Palawan [M]. Manila: The Filipiniana Book Guild, 1970.

明的重见天日极大地拓宽了学者和民众的视野，促使人们对人类文明的进程加以更加深刻全面的思考。如1857年英国皇家亚洲学会对楔形文字解读结果的验收，标志着通过楔形文字和文献研究古代两河流域历史与文化的亚述学的诞生[①]。古代两河文明的发现和研究对于研究人类文明形态、欧洲文明起源、圣经记载等都起到了巨大的推动作用。

此外，1842年至1853年，米多斯·泰勒（Meadows Taylor）在担任英国驻印度北卡纳塔克邦肖拉普尔公国的政治代表期间，注意到所发现的当地铁器时代墓葬遗址与西欧巨石遗址间的广泛相似性。他就此发表了数篇论文，对这些遗址加以详细记录，并提出它们源于外来的德鲁伊人或斯基泰人[②]。由于研究资料和技术的局限性，此类研究的结论不一定准确，但跨国考古的大量新发现对于人们更宏观、更深入、更科学地认识人类文明的起源、交往与传播，无疑发挥了积极作用。

各地大量的调查与考古实践也客观上推动了考古学科的发展。虽然谢里曼在特洛伊遗址的发掘中对遗存的年代判断不准确，对于晚期的文物也不珍惜，但从考古学的发展来看，他在发掘中剖开土丘的剖面，共分出七层人类活动的层位，并详细记录每件器物的发现地层，是地层学发掘在考古学上的首次大规模应用[③]。正如丹尼尔在《考古学一百五十年》中所评价的，谢里曼的发掘把史前考古学真正提高到一个"显要的地位"，并且向世界表明，用考古发掘工作和对非文字性材料的研究也可以建立起现代的古代史体系[④]。

在谢里曼之后，各国政府也开始对私人组织的跨国考古项目加以劝阻，以避免后者影响政府间的发掘许可和文物划分协议。从此，考古学家在计划开展跨国考古前都会寻求本国政府或者学术团体的支持，很少有人再像谢里曼那样自己出资，单枪匹马地投入跨国考古。这也客观上推动了亚洲地区的

---

① 拱玉书. 西亚考古史：1842—1939 [M]. 北京：文物出版社，2002：85.
② Ucko P J. (Ed.). Theory in Archaeology: A World Perspective [C]. London: Routledge, 1995: 121.
③ 杨建华. 外国考古学史 [M]. 长春：吉林大学出版社，1999：49.
④ 〔英〕格林·丹尼尔著，黄其煦译. 考古学一百五十年 [M]. 北京：文物出版社，2009：135.

跨国考古向更加科学的方向发展。如在1882年至1894年间，德国考古学家卡尔·胡曼（Carl Humann）和建筑师罗伯特·科尔德威（Robert Koldewey）主持了对土耳其中南部津奇尔里（Zincirli）遗址的发掘，被认为是当时"相对讲究方法"的一次发掘①。

与此同时，本阶段所积累的一些调查和研究资料也为之后进一步的研究打下基础。当时虽然在世界范围内考古学都尚未形成系统科学的记录方法，但米多斯·泰勒却已经能够绘制出准确的遗迹地图，并利用分层原则记录土壤沉积（图八），还为各类出土文物，包括人骨绘制线图。这些远远领先于时代的做法让后人感到钦佩，他也被此后印度考古的另一位重要人物莫蒂默·惠勒（Mortimer Wheeler）称赞为"考古学史上的一个里程碑"②。

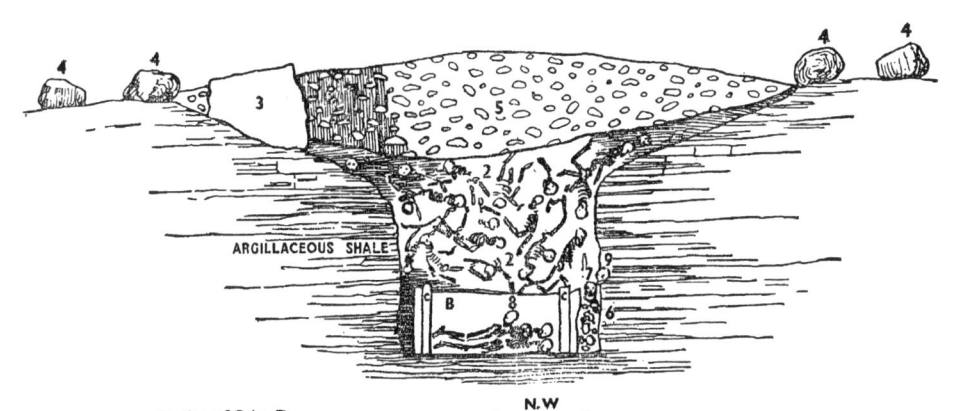

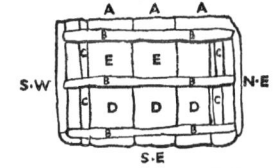

图八　泰勒对德干Jewargi遗址的地层记录

（图片来源：《Theory in Archaeology: A World Perspective》，1995年，125页）

---

① 拱玉书. 西亚考古史：1842—1939 [M]. 北京：文物出版社，2002：98.
② Wheeler R E M. Archaeology from the Earth [M]. Harmondsworth: Penguin Books, 1961: 23.

坎宁汉在调查中更是综合采用精细绘图、现场拍摄，对与古迹相关的传说、习俗加以记录，对钱币、图像和铭文等进行研究等方法，并在必要时在现场开挖探沟。他和法朗西斯·布坎南（Francis Buchanan）、亚历山大·布罗德利（Alexander Broadly）等人留下的大量调查记录为印度考古调查局此后超过一个世纪的分期发掘提供了翔实的资料①。此外，他还推出了工作年报《印度考古调查》系列，被后来的印度总督寇松称赞为"一个高贵的信息宝库"。坎宁汉的工作为印度现代考古学奠定了基础，被誉为"印度考古学之父"②。

这一时期，外国外交官和传教士等在我国西北、西南等地区开展的地理和古迹遗址调查也取得了一定的收获。如俄国军官尼古拉·普尔热瓦尔斯基（Nikolai Przhevalsky）是西方人中到达罗布泊和塔里木河下游地区并进行全面考察的第一人。他在准噶尔盆地捕捉到了世界上最后一种野马，这种野马也根据他的名字被命名为"普氏野马"③。此外，英国外交官贝德禄（E. Baber）1877年在对西南地区进行调查的过程中留意到当地的崖墓。他不仅亲身进入部分墓室，绘制了准确的现场平面图，还在调查报告中辟出一节对崖墓进行专门介绍④。

大量的考古项目也客观上推动了各地文物管理部门和文博机构的建立。如印度考古调查局的成立（1861年）甚至要早于英国本土建立考古管理委员会。需要承认，此类机构的建立以维护殖民统治为根本目的。如迪亚茨-安德罗就指出，印度考古调查局的工作既强化了民众对印度历史上接受外族统治的记忆，也证明了婆罗门教（印度教）只是印度历史上众多宗教中的一种，

---

① Amar A S. Heritage Preservation in the Gaya Region. In Sharma A. (Ed.). Records, recoveries, remnants and inter-Asian interconnections: decoding cultural heritage [C]. Singapore: ISEAS-Yusof Ishak Institute, 2018: 86-104.
② Ucko P J. (Ed.). Theory in Archaeology: A World Perspective [C]. London: Routledge, 1995: 126-128.
③ 伍光和，唐少卿. 论普尔热瓦尔斯基在亚洲中部地理研究中的地位和作用 [J]. 兰州大学学报，1986 (01)：69-75.
④ 徐坚. 暗流：1949年之前安阳之外的中国考古学传统 [M]. 北京：科学出版社，2012：350-352.

从而有利于基督教的传播[①]。但在坎宁汉的推动下，印度考古调查局还是为印度考古学的发展奠定了坚实的基础。如惠勒所评价的，"坎宁汉的调查工作……从范围到质量都非常优秀。今天要开展类似的调查可以利用飞机、火车和汽车。但在坎宁汉的时代，除了罕见的火车，他能依靠的就是他的靴子，偶尔还有马鞍和牛车。因此，他不是透过云层的隙缝或引擎的烟雾来见识乡村，而是脚踏实地，还时常会因为受到感动而停下脚步与人交流……他是发现者群体中的佼佼者"[②]。

此外，位于伊斯坦布尔的奥斯曼帝国博物馆与位于印尼的雅加达博物馆也于1868年同年落成。1884年，在帝国博物馆馆长，土耳其本土考古学之父哈姆迪·贝（Hamdi Bey）的推动下，奥斯曼政府出台了第一部文物管理法。这部法律引入了两个重要概念，一是将出土文物视为国家财产，另一个是禁止文物出口。虽然它遭到西方人的强烈反对，在土耳其共和国成立前也没有得到彻底执行，但由于它的科学性，一直被沿用到1972年[③]。

第二节　科学化转向：跨国考古的初步发展（19世纪末至一战之前）

19世纪80年代晚期，德美两国先后加入到亚洲地区的发掘中来。1887年，科尔德威为柏林的普鲁士皇家博物馆主持了对阿尔-希巴（al-Hiba，即苏美尔城邦拉伽什）的发掘。次年，美国宾夕法尼亚大学组成了考古队，对苏美尔最古老城邦之一的尼普尔进行发掘。两国自此成为亚洲地区跨国考古的

---

① Díaz-Andreu M. A world history of nineteenth-century archaeology: nationalism, colonialism, and the past [M]. Oxford: Oxford University Press, 2007: 227.
② Wheeler R E M. Still Digging: interleaves from an antiquary's book [M]. London: Michael Joseph, 1955: 180.
③ Mehmet Özdogan. Ideology and archaeology in Turkey. In Meskell L. (Ed.). Archaeology under fire: nationalism, politics and heritage in the Eastern Mediterranean and Middle East [C]. London: Routledge, 2002: 111-123.

重要力量，也为亚洲跨国考古的新阶段拉开了序幕。

经过亚历山大·孔泽（Alexander Conze）、皮特·里弗斯（Pitt Rivers）及弗林德斯·皮特里（Flinders Petrie）等学者的不懈努力，到19世纪与20世纪之交，考古学的技术与方法得以逐渐成型。在这一大背景下，各国在亚洲地区考古项目的科学性得到提高。从19世纪末到第一次世界大战前，亚洲各地区的考古调查与发掘均收获了重大成果，亚洲各国的考古与文物管理水平也有所提高，为战后亚洲跨国考古的进一步发展奠定了基础。

一、科学发掘的起步

随着长期发掘实践的经验积累以及研究的深入，本阶段各国在亚洲地区所开展的考古工作总体来说在发掘技术上得到长足进步，工作目标和方法也变得更加科学。由皮特里和科尔德威为代表的各国考古工作者将地层学和大面积发掘技术加以示范和推广，推动考古学从一种器物科学向建筑和遗址科学转变[1]。从此，考古发掘的目的不再局限于找到震撼人心的宝藏，而是也试图通过建筑遗迹、文字记录等获取更多的历史信息。

这一转变以新加入的德国和美国在西亚开展的工作最为典型。从19世纪晚期开始，统一后的德国开始在亚洲地区的考古中扮演重要角色。谢里曼在希沙利克以及胡曼在别迦摩的成功使得德国学者的最初兴趣主要集中在地中海东部的爱奥尼亚地区。进入19世纪90年代，随着考古经费由于国家的重视得到保障，德国在小亚细亚地区的考古发掘迅速扩大，对普里埃内（Priene）、巴勒贝克（Baalbek）和米利都（Miletus）等遗址展开了调查和发掘，特洛伊的发掘也于1893年重启。渐渐地，德国考古学家不再满足于沿海的古希腊殖民地，他们决心要在发掘数量、规模和"科学性"上超过其他国家。德国科学院在争取政府对于发掘乌鲁克的支持时，就曾在给教育部长的信中指出乌鲁克的发掘"对于普遍意义上的科学，尤其是德国科学，以及

---

[1] 〔加〕布鲁斯·G.特里格著，陈淳译.考古学思想史[M]. 北京：中国人民大学出版社，2010：222.

我们的公共藏品，都会产生巨大收益"①。而德国与奥斯曼帝国的友好关系以及德皇威廉二世与土耳其苏丹良好的个人友谊也为实现这一目标提供了良好的外部环境。

1899年，于一年前成立的德国东方学会（Deutsche Orient-Gesellschaft）组织考古队，在建筑师出身的罗伯特·科尔德威（Robert Koldewey）的带领下抵达巴比伦遗址展开发掘（图九）。这支由建筑师、艺术史学家、考古学

图九　巴比伦遗址发掘现场

（图片来源：《西亚考古史：1842—1939》，2002年，109页）

---

① Marchand S L. Down from Olympus: archaeology and philhellenism in Germany, 1750-1970 [M]. Princeton: Princeton University Press, 2003: 193-194.

家和亚述学家组成的队伍被认为是当时西亚考古史上水平最高的考古队伍。作为两河地区首次完整而具有科学指导的大型遗址发掘，此次发掘不但规模大，发现的建筑遗址和文物数量多，其创立的"土砖解剖法"以及重视观察建筑层的做法也被此后的西亚考古学家所共同遵循，成为西亚考古史上的重要里程碑，也由此开启了德国西亚考古史的黄金时代[①]。

1903年，在沃尔特·安德雷（Walter Andrae）的带领下，德国东方学会又启动了对亚述王国第一座都城亚述城的发掘。发掘一直持续到一战爆发，每个开工季平均都要雇佣180至200名工人[②]。这次发掘是地层分析法在两河地区的首次应用，并通过伊什塔尔神庙的发掘提供了苏美尔人宗教礼仪方面的详细证据[③]。

这一时期，西亚地区由德国主导开展的考古工作还包括1902年至1903年安德雷主持对法拉（Fara）遗址的发掘，1906年至1912年温克勒（H. Winckler）等对博阿兹柯伊（Boghazkoy）的发掘，以及1911年至1913年冯·奥本海姆（M. F. von Oppenheim）对距今约7000年的哈拉夫遗址（Tell Halai）的发掘——这里出土的彩陶是西亚地区最精美的古代陶器之一。此外，1908年至1909年间，德国东方学会还资助维也纳大学神学教授塞林（E. Sellin）带领德奥联合考古队对耶利哥遗址进行发掘。虽然受技术所限，他们对于各地层的年代判断还不准确，但考古资料严谨而迅速地得到出版，为巴勒斯坦地区的考古树立了又一个里程碑[④]。

和德国一样，美国也在这一时期的西亚考古中表现突出。1884年，美国东方学会在其会议上通过决议指出，"英国和法国在亚述和巴比伦的工作成果显著，现在是美国崭露头角的时候了。让我们派出一支美国考察

---

① 拱玉书. 西亚考古史：1842—1939 [M]. 北京：文物出版社，2002：111-114.
② Marchand S L. Down from Olympus: archaeology and philhellenism in Germany, 1750-1970 [M]. Princeton: Princeton University Press, 2003: 212.
③ 〔英〕格林·丹尼尔著，黄其煦译. 考古学一百五十年 [M]. 北京：文物出版社，2009：197.
④ Wagemakers B, Finlayson B, Sparks R T. (Eds.). Digging Up Jericho: Past, Present and Future [C]. Oxford: Archaeopress Publishing Ltd, 2020: 177.

队"①。在牧师兼东方学家威廉·沃德（William Ward）的带领下，第一支考察队当年就被派往两河地区，并取得了丰硕的成果。1888年，由沃德等人组成的宾夕法尼亚大学团队开始在尼普尔展开发掘，持续几个年度的发掘工作出土了泥板等大量文物。1903年，由大富豪约翰·洛克菲勒（John Rockefeller）资助，芝加哥大学考古队在埃德加·班克斯（Edgar Banks）的带领下开始发掘比斯马亚（Bismya），所发现的石雕和大量泥板证明这里就是古代苏美尔重镇阿达布（Adab）②。

此外，美国对圣地考古也给予了高度重视。1900年，为了满足民众和学界对西亚地区圣经研究及文明起源的兴趣，在21所美国大学、学院和神学院的支持下，美国东方研究学院（American School of Oriental Research）在耶路撒冷成立。该机构的建立被认为给20世纪圣经考古学和相关学术领域内的"美国统治"铺平了道路③。

这一时期英国在西亚的代表性项目是1911年起，由西亚考古史上的重要人物查尔斯·伍莱（Charles Woolley）主持的对位于土耳其叙利亚边境卡赫美什遗址的发掘，从神庙和宫殿遗址中发现了大量赫梯时代的浮雕和铭文。与此同时，在巴勒斯坦探索基金会等机构的支持下，这一时期英国的圣经考古也有了很大发展。1890年，皮特里受该基金会的委托对位于今以色列中部的赫西土丘（Tell el-Hesi）进行发掘。通过应用从里弗斯那里学到的地层学和类型学技术，他对土丘的地层进行了划分，并采用埃及的器物来对他的发现物进行断代，由此奠定了后人在当地开展工作的基础。这次发掘也被认为是巴勒斯坦考古学的一个转折点④。

---

① Cooper J S. From Mosul to Manila: early approaches to funding Ancient Near Eastern studies research in the United States [J]. Culture and History, 1992, 11: 133-164.

② Díaz-Andreu M. A world history of nineteenth-century archaeology: nationalism, colonialism, and the past [M]. Oxford: Oxford University Press, 2007: 146-147.

③ Hallote R. Before Albright: Charles Torrey, James Montgomery, and American Biblical Archaeology 1907-1922 [J]. Near Eastern Archaeology, 2011, 74 (3): 156-169.

④ Díaz-Andreu M. A world history of nineteenth-century archaeology: nationalism, colonialism, and the past [M]. Oxford: Oxford University Press, 2007: 152.

在皮特里之后，弗里德里克·布里斯（Frederick Bliss）和罗伯特·玛卡列斯特（Robert Macalister）分别于1890年至1900年及1900年至1909年成为探索基金会的首席考古学家。他们在巴勒斯坦地区，包括耶路撒冷开展了一系列发掘，为当地建立起了一个从前以色列时期到古罗马时期的完整考古序列[1]。此外，探索基金会还资助了伍莱等对津荒野（Wilderness of Zin）的调查。该调查记录了内格布沙漠和阿拉巴谷的众多遗址，是当时关于这一地区最为翔实的资料，同时也为一战前英国在巴勒斯坦南部的军事测绘行动提供了掩护。

本阶段法国考古的主要重心在今天的伊朗境内。1895年，波斯国王纳赛尔丁·沙（Naser al-Din Shah）授权法国在波斯全境开展考古发掘。1897年，法国政府成立了法国驻波斯科学代表团，在曾出任过埃及古物局局长的德·摩尔根（J. de Morgan）的带领下，继续在苏萨进行发掘。除了发现纳拉姆辛石柱和汉谟拉比法典石碑等名垂青史的文物，摩尔根在发掘中采用铲除耕土、全面揭露直至生土的方法，在西亚考古史上具有划时代的意义[2]。

在南亚，自坎宁汉于1885年退休后，他的接任者詹姆斯·伯吉斯（James Burgess）的主要兴趣在古建筑和铭文上，印度的田野考古工作一度陷入停滞，直到伯吉斯于1889年退休。新的印度总督寇松于这一年上任，并把开展考古发掘和文化遗产保护看作自己的重要职责。在他的邀请下，受过现代田野考古学的训练，并曾参加过在希腊、土耳其南部和克里特岛大规模发掘工作的约翰·马歇尔（John Marshall）从1902年起出任考古调查局局长一职。上任后，马歇尔对调查局进行重组。他将整个南亚次大陆划分成若干个考古区，对每个区都给予相应的人员编制。从他担任局长直到1928年退休，马歇尔开启了印度考古为期二十多年的"马歇尔时代"。

即使是在盗宝式发掘仍然盛行的我国，鸟居龙藏对于蒙古草原和辽南地区的调查也体现出中国考古学萌芽时期由日本传入的考古学研究的人类学倾

---

[1] Moorey P R S. A Century of Biblical Archaeology [M]. Cambridge: The Lutterworth Press, 1991: 30-32.

[2] 拱玉书. 西亚考古史：1842—1939 [M]. 北京：文物出版社，2002：107.

向[1]，而沙畹在华北的调查也依托考古学方法，不仅对文物本身做详细的测量和记录，还对其所在的祠堂、墓地和周边环境等做仔细的考察和分析，加上西方的照相技术和资金支持，其《华北考古记》也成为了跨时代的学术丰碑[2]。

当然，由于时代和技术的局限，这一时期的考古学仍然有不少欠合理的地方。如在巴勒斯坦地区从事考古工作的有不少是语言学家和神学家，他们对于各个遗址的推测年代彼此间完全对不上[3]。而在越来越多以科尔德威为代表的建筑师开始主导考古发掘后，对于遗址尺寸和结构的重视导致了对于器物风格的忽视。正如柴尔德所指出的，连科尔德威本人都应该受到谴责——因为他忽略了陶器、工具、墓葬，更不要说人骨了[4]。

二、观念的转变与机构的发展

除了技术与方法的发展，这一时期各国在亚洲地区开展跨国考古的观念和准则也逐步发生了历史性的转变。如丹尼尔观察到的，到19世纪末，考古发掘的某些准则已逐渐明确，并极为缓慢地建立起来。人们开始认真地思考，把近东的古代珍宝运到欧洲博物馆来这种事是否得体[5]。

在西亚地区，奥斯曼政府的文物禁令开始得到越来越多有良知的考古学家和各国团队的遵守。如新进入的美国宾夕法尼亚大学考古队将持续几个年度在尼普尔发掘的泥板等大量文物都送到位于君士坦丁堡的帝国博物馆，还

---

[1] 陈星灿. 中国史前考古学史研究：1895—1949 [M]. 北京：社会科学文献出版社，2007：44.
[2] 荣新江序，[法]埃玛纽埃尔-爱德华·沙畹著，袁俊生译. 华北考古记 [M]. 北京：中国画报出版社，2020.
[3] Moorey P R S. A Century of Biblical Archaeology [M]. Cambridge: The Lutterworth Press, 1991: 37.
[4] [英]格林·丹尼尔著，黄其煦译. 考古学一百五十年 [M]. 北京：文物出版社，2009：291.
[5] [英]格林·丹尼尔著，黄其煦译. 考古学一百五十年 [M]. 北京：文物出版社，2009：155.

派亚述学家希普莱西特到博物馆为这些泥板做索引。这一行为赢得了奥斯曼方面的尊重和感激。为了报答希普莱西特的工作，苏丹以其个人名义将其中一部分文物作为赠礼送给宾夕法尼亚大学博物馆[①]。

同样，在东南亚地区，在远东学院成立过程中起到重要作用的法国印度学家奥古斯特·巴尔特（Auguste Barth）在给学院首任院长路易·菲诺（Louis Finot）的一封信中也指出，"我们将不再看到文物残片被带入住宅或送往集美博物馆，从而失去它们的价值。印度支那将保持其财富。至于您自己的藏品，如果是原物，只有在面临破坏危险的前提下才能加以收藏。它们不能通过掠夺或破坏古迹获得。您不仅不能拆除它们，还要保存和保护它们。但是您不能重建，因为这通常是最严重的破坏行为"[②]。

在这种思想的影响下，一些重要的学术和研究组织，如美国东方研究学院和德国东方协会等得以建立。它们与更早成立的英国巴勒斯坦探索基金会等一起，资助了更多的考古调查与发掘，对于本阶段亚洲考古的发展起到了积极的推动作用。值得一提的是，在这一各国考古仍然存在激烈竞争的时代，这些机构的资助对于跨国合作也开始持支持态度，如德国东方协会于1902年至1914年间对奥地利学者塞林在巴勒斯坦地区工作的长期资助，以及巴勒斯坦探索基金会对美国人布里斯的任用。此外，以远东文物为主要收藏对象的集美博物馆也于1889年在巴黎向公众开放。

除了本土机构，英法等国也加大了对于各自殖民地考古研究与管理机构的建设力度。在印度，马歇尔从上任的次年（1903年）起就确立每年发布上一年工作年报的制度。他还于1904年推动殖民政府颁布了《古迹法》，并且任命数位本土印度人在局内担任高级职务。在马歇尔的领导下，印度考古调查局成为史上规模最大的政府专职考古管理机构[③]。

---

① 拱玉书. 西亚考古史：1842—1939 [M]. 北京：文物出版社，2002：130.
② Ray H P. Archaeology and empire: Buddhist monuments in monsoon Asia [J]. The Indian Economic & Social History Review, 2008, 45 (3): 417-449.
③ Chakrabarti D K. The development of archaeology in the Indian subcontinent [J]. World Archaeology, 1982, 13 (3): 326-344.

1898年，法属印度支那当局在西贡成立了印度支那考古团（Mission archeó-logique d'Indochine），并于1900年将其改名为远东学院（École française d'Extrême-Orient，简称EFEO）。这是世界上首个在古典文明所在地之外开设的驻外考古机构，致力于"印度支那考古与文献学的探索，确保历史古迹的保护，并为对邻国的博学研究作出贡献"[1]。1902年，随着法属印度支那当局将首府搬到河内，学院也将总部搬至河内。

1908年，法国殖民当局又成立了名为"吴哥保护办事处"（Conservation d'Angkor）的新机构，负责监督吴哥古迹的清理和修复工作。办事处的首任主任是艺术家让·科马耶勒（Jean Commaille），他担任该职直到1916年。在任期间，他组织对吴哥古迹中最重要的吴哥窟（Angkor Wat）、吴哥通王城（Angkor Thom）、巴戎寺（Bayon）、斗象台（Elephant Terraces）、癞王台（Leper King Terraces）等古迹进行清理和修复，还开展发掘和记录工作，并对现场加以保护，避免偷盗[2]。

也是在这一时期，荷兰殖民当局于1901年在荷属印度群岛成立了爪哇和马都拉考古研究委员会，并于1913年将该委员会改组为荷属印度群岛考古局，旨在对印尼群岛的古迹进行调查、记录和保护[3]。殖民当局还于1907年至1911年期间对位于中爪哇省的8世纪佛教寺庙婆罗浮屠和9世纪的普兰巴南印度教神庙展开修复工作[4]。

在马来半岛和英属婆罗洲，一系列博物馆的陆续落成，如沙捞越博物

---

[1] Wright G. The Politics of Design in French Colonial Urbanism [M]. Chicago: Chicago University Press, 1991: 194.

[2] Chapman W. Angkor on the world stage: Conservation in the colonial and postcolonial eras. In Asian Heritage Management. Contexts, Concerns, and Prospects [M]. Florence: Taylor and Francis, 2013: 215-235.

[3] Ray H P. Archaeology and empire: Buddhist monuments in monsoon Asia [J]. The Indian Economic & Social History Review, 2008, 45 (3): 417-449.

[4] Bloembergen M, Eickhoff M. Conserving the past, mobilizing the Indonesian future: Archaeological sites, regime change and heritage politics in Indonesia in the 1950s [J]. Bijdragen tot de taal-, land-en volkenkunde/Journal of the Humanities and Social Sciences of Southeast Asia, 2011, 167 (4): 405-436.

馆（1886年）、新加坡莱佛士博物馆（1887年）以及霹雳州博物馆（1903年），也推动了当地考古学与民族学的调查和研究。这一时期在这里从事考古工作的主要是民族学家，所进行的现场工作主要是调查和收集偶然发现的文物，而非专业发掘，因此其著作和报告总体比较简单，也缺乏遗址平、剖面图等重要基础数据[①]。除此之外，英殖民地当局还于1902年在缅甸曼德勒成立了缅甸考古调查局，推动了缅甸地区考古学的发展。

在外国考古机构和学者的推动下，在奥斯曼帝国和伊朗等具有独立主权的国家，文物与考古事业也得到了发展。如1894年，在哈姆迪·贝的游说下，土耳其苏丹以个人名义出资对其考古发掘进行资助。哈姆迪还聘请法国著名亚述学家、多明我会神父舍尔（Father Jean-Vincent Scheil）主持阿布-哈巴（即古代的希帕尔）的发掘工作，发现了大量古巴比伦时期的泥板书信和契约等文物。伊朗的国家博物馆也于1910年落成。

三、难以消除的不平等

虽然本阶段出现了上述考古技术和观念进步，以及考古管理与收藏机构纷纷成立的积极局面，但各国在亚洲地区开展考古发掘的主要目的还是在于获取珍贵文物，并进而证明欧洲文明的优越性，这一时期在亚洲殖民地设立的考古管理机构也仍然带着浓厚的殖民主义特征。

首先，各国在亚洲各地区考古工作的重点深受欧洲文明观的支配——在欧洲列强对于古代文明的等级划分中，希腊古典文明处于顶峰。如迪亚茨-安德罗指出的，在亚洲越是接近古典模式的古代文明地区，其史前考古就越不受西方学者的重视[②]。受此影响，本阶段在小亚细亚和美索不达米亚地区几乎没有学者关注当地的石器时代，在巴勒斯坦地区，除了热衷于圣经考古，

---

① Habu J, Lape P V, Olsen J W. (Eds.). Handbook of East and Southeast Asian Archaeology (Vol. 728) [C]. New York: Springer, 2017: 126.
② Díaz-Andreu M. A world history of nineteenth-century archaeology: nationalism, colonialism, and the past [M]. Oxford: Oxford University Press, 2007: 202.

人们对于更早期的历史也是完全无视。

与之形成对比的是，在文明形态离古典模式更远的东南亚地区，史前考古得到了开展，虽然主要在地理学和民族志框架内进行，而未纳入殖民当局考古管理机构的正式工作职责。这一时期，为这些机构服务的亚洲本土考古学家仍然十分稀少，对于考古发现的阐释采用的主要也是西方中心的视角和论点。以英属印度为例，1911年，荷兰梵文学家让·沃格尔（Jean Vogel）在为印度考古调查局工作期间，就曾评价印度考古学"绝对是一门由欧洲学者开创的欧洲科学"[1]。

本阶段殖民地考古管理机构的设立在很大程度上也要放在殖民列强相互竞争的语境中来审视和理解，如荷兰于1901年成立爪哇和马都拉考古研究委员会，以及英国殖民当局于1902年成立缅甸考古调查局，就很大程度上受到1900年法国成立远东学院的影响。

而这一时期以印度考古调查局和远东学院为代表的西方文物考古管理与研究机构对于印度和吴哥等古迹的研究和修复，一方面无疑对于古迹的保护产生了积极的作用，但另一方面，修复工作也将这些古迹从承载着当地人信仰的宗教神性建筑，变成了雄伟但不再具有生命力的文物建筑。学者因德拉·森古普塔（Indra Sengupta）就曾对此评价指出，对古代宗教建筑加以修复并将其变成古迹的做法建立在一些对殖民权力关系至关重要的假设之上，即将印度历史解释为由于腐败的政治宗教体系所导致的堕落和衰落的叙事，英国对印度的统治则象征了进步和团结，考古学和古迹保护推动了这种进步和文化启蒙[2]。

这种欧洲中心的文明模式又通过欧美国家的权力和教育得到进一步的巩固和传播。这一时期在国际考古界影响最大的是法国。它不仅是各国留学生学习考古选择最多的国家，如果欧洲以外独立国家的考古学家决定在欧洲出

---

[1] Chakrabarti D K. A History of Indian Archaeology from the Beginning to 1947 [M]. New Delhi: Munshiram Manoharlal, 1988: 115.
[2] Sengupta I. Sacred space and the making of monuments In colonial Orissa. In Ray H P. (Ed.). Archaeology and Text: The Temple in South Asia [M]. 2009: 168-188.

版其著作，通常也会选择法语。此外英国的影响也依然强大，如大多数中国和日本留学生就选择去英国学习考古。以法英为代表的欧洲学界所倡导的关于文明和历史的阐述方式很自然地被大多数国家所接受。

在具体的考古发掘中，以西亚地区为例，虽然明目张胆违背禁令运回文物的现象有所缓和，但文物走私仍然屡禁不止。如著名考古学家伍莱一面将出土文物上缴土耳其政府，但他同时也为大英博物馆购买一些文物走私到英国。而当1900年巴勒斯坦探索基金会以健康原因不再委任布里斯作为其考古学家时，背后的真实原因是布里斯工作过于细致，阻碍了基金会捐款人所需要的层出不穷的新发现[1]。

德国更是凭借德土两国尤其是德皇威廉二世与土耳其苏丹的良好个人关系，签订了平分发掘文物的密约[2]。即使对于这样的优厚待遇，德国考古学家也并不满足，如科尔德威就违反禁令将整座伊什塔尔门运回柏林（图一〇）。当安德烈拒绝将亚述文物转交给土耳其政府时，连德国驻土耳其大使在给德外交部的信中都忍不住抱怨他的行为好像亚述是一个被德国征服的国家[3]。

正是出于获取更多出土文物的目的，英法德等国对于彼此在亚洲地区的发掘工作也还是抱有提防和相互竞争的态度，如德国驻君士但丁堡大使就曾以法国也可能获得米利都遗址的发掘许可为由，提醒德外交部为该遗址的发掘提供充分经费[4]。而法国更是于1900年从波斯国王穆扎法尔丁·沙（Mozaffar ad-Din Shah）那里得到了在波斯境内独家开展考古发掘的垄断权力。在法国垄断波斯考古期间，只有少数其他国家的考古学者得以在此开展工作，如赫兹菲尔德于1905年对波斯帝国首都帕萨尔加德

---

[1] Díaz-Andreu M. A world history of nineteenth-century archaeology: nationalism, colonialism, and the past [M]. Oxford: Oxford University Press, 2007: 153.
[2] Marchand S L. Down from Olympus: archaeology and philhellenism in Germany, 1750-1970 [M]. Princeton: Princeton University Press, 2003: 195.
[3] Marchand S L. Down from Olympus: archaeology and philhellenism in Germany, 1750-1970 [M]. Princeton: Princeton University Press, 2003: 212.
[4] Marchand S L. Down from Olympus: archaeology and philhellenism in Germany, 1750-1970 [M]. Princeton: Princeton University Press, 2003: 193-194.

第三章　文明的初识与碰撞：亚洲地区跨国考古的形成与发展（二战以前）·65·

图一〇　现藏于德国柏林佩加蒙博物馆的伊什塔尔门
（图片来源：作者自摄）

（Pasargadae）进行了调查，斯坦因则于1915年至1916年在伊朗东南部进行了一些调查和发掘[1]。

此外也需要看到，这一时期也不是所有的发掘工作都呈现出科学化的面貌。如同样受德国东方学会委托，在位于土耳其中部的赫梯帝国都城博阿兹柯伊进行发掘的温克勒在发掘时就只对较大的泥板感兴趣。他不仅未对泥板的出土位置进行记录，小的泥板也一概扔掉。这种倒退行为与同时期其他德国考古学家的做法形成鲜明对比，令人费解[2]。

各国探险家对于我国遗址和文物的破坏就更是罄竹难书，仅克孜尔石窟被揭取壁画的面积就达近500平方米，出自近50个洞窟[3]。但也需要看到，随

---

[1] Abdi K. Nationalism, politics, and the development of archaeology in Iran [J]. American journal of archaeology, 2001, 105 (1): 51-76.
[2] 拱玉书. 西亚考古史：1842—1939 [M]. 北京：文物出版社，2002：136-140.
[3] 赵莉等. 德国柏林亚洲艺术博物馆藏克孜尔石窟壁画 [J]. 文物，2015 (06): 1，55-96.

着民族意识的觉醒，尤其是自辛亥革命之后，国人对于外国人的文物掠夺有了更多的警惕和反对意识。如1914年在斯坦因第三次来华考察期间，就曾感受到"官方对我越来越注意，而且中国革命[①]后知识界的态度有了变化"[②]。

四、其他调查与发掘

本阶段各国在中亚地区也开展了规模不一的考古调查工作。其中，沙俄从18世纪30年代开始就向中亚腹地进行大举扩张。到19世纪中期，在基本控制哈萨克草原后，沙俄开始向浩罕、布哈拉和希瓦三大汗国发起侵略，并于1884年控制了涵盖今哈萨克斯坦、乌兹别克斯坦、吉尔吉斯斯坦、塔吉克斯坦和土库曼斯坦的中亚大部分地区。在此期间，以谢苗诺夫（P. P. Semenov）为代表的俄国人在中亚地区，包括我国新疆地区的探险考察也空前活跃。与此同时，英国作为沙俄在中亚地区的直接竞争对手，依托英属印度，也对这片土地表现出巨大兴趣，以托马斯·阿特金逊（Thomas Atkinson）为代表的英国探险家前往中亚的热度不亚于俄国。此外，在中亚没有直接地缘利益的法国，也有加布里埃尔·邦瓦洛（Gabriel Bonvalot）等探险家先后踏足本地区[③]。

随着中亚和我国新疆地区探险的拓展，塔克拉玛干沙漠中古城传闻的流传以及鲍尔文书等古代文书的出现，各国中亚探险的兴趣逐渐从地理发现向考古转移。为了协调彼此的探险考察活动，1902年，在汉堡举行的第十三届国际东方学家代表大会上，"中亚和远东国际考察协会"宣告成立，总部设在俄国圣彼得堡[④]。但由于各国探险家的利益难以协调，该组织一直没有发挥过大的作用。

---

① 指辛亥革命.
② 〔英〕奥雷尔·斯坦因著，巫新华，秦立彦译. 寻访天山古遗址［M］. 桂林：广西师范大学出版社，2020：130.
③ 丁笃本. 中亚探险史［M］. 乌鲁木齐：新疆人民出版社，2009：297-308，345-349，365-372.
④ 贾建飞. 文明之劫：近代中国西北文物的外流［M］. 北京：人民美术出版社，2004：28-29.

第三章　文明的初识与碰撞：亚洲地区跨国考古的形成与发展（二战以前）· 67 ·

这一时期中亚地区较为系统的考古发掘主要在今天的土库曼斯坦境内开展。当时，跨里海铁路的修建使位于今土库曼斯坦的丝路古城梅尔夫地区（Merv，即中国古代文献中的木鹿）的遗址引起了学者的注意。1890年，著名的东方学家祖科斯基（V. A. Zhukhosky）代表沙俄帝国考古委员会对其进行发掘，并于1894年用俄文出版了《老梅尔夫遗址》一书。此后，美国地质学家拉斐尔·庞皮利（Raphael Pumpelly）也曾在此寻找史前遗址。

1904年，在庞皮利的组织下，德国考古学家赫伯特·施密特（Hubert Schmidt）发掘了位于里海东部今土库曼斯坦首都阿什哈巴德附近安诺村（Anau）的两座土冢遗址。在发掘过程中施密特对土壤进行筛查，以免小件文物的遗漏，同时邀请科学家对人骨、兽骨和谷物残迹等进行科学分析，这使得安诺遗址的发掘以其精细和科学研究在考古技术发展史上占据重要位置[1]。

十月革命前中亚地区被发掘的另一处重要遗址是位于今天乌兹别克斯坦的撒马尔罕。业余考古学家维亚特金（Vladimir Vyatkin）根据文献记载找到了兀鲁伯天文台遗址（图一一），并发掘出了六分仪残件[2]。

图一一　兀鲁伯天文台遗址
（图片来源：作者自摄）

---

[1] 〔英〕格林·丹尼尔著，黄其煦译. 考古学一百五十年 [M]. 北京：文物出版社，2009：289.

[2] Díaz-Andreu M. A world history of nineteenth-century archaeology: nationalism, colonialism, and the past [M]. Oxford: Oxford University Press, 2007: 262.

在东南亚，远东学院的建筑师亨利·帕门蒂埃（Henri Parmentier）、雕塑家查尔斯·卡波（Charles Carpeaux）和建筑师亨利·杜福尔（Henri Dufour）等人在今天的越南境内对美山（Mi Son）、东阳（Dong Duong）和昌洛（Chanh-lo）的占族遗址进行了发掘。此外，学院还组织对吴哥古迹展开进一步的考察，军队工程师艾多华·德拉·琼基耶尔（Edouard de La Jonquière）于1907年发表了对今天柬埔寨和泰国境内九百余处古迹的调查记录[1]。

这一时期，东南亚地区的史前考古也得到了重大进展。1891年，荷兰医生欧金·杜布瓦（Eugéne Dubois）在东爪哇梭罗河流域的特立尼尔遗址（Trinil）发现了被命名为"爪哇猿人"的古代人类化石，成为人类最早发现的直立人化石。1902年，法国古生物学家亨利·曼苏伊（Henri Mansuy）对位于柬埔寨磅清扬省Stueng Chinit河东岸的贝丘遗址Somrong Sen进行发掘，在深达4.5米的文化层中划分了考古序列[2]。

第三节　进步与觉醒：跨国考古的进一步发展（两次世界大战之间）

1914年，第一次世界大战的爆发使得欧洲国家无暇他顾，中断了在亚洲地区所开展的大部分考古项目，只有个别项目勉强得到维系，如德国在巴比伦的发掘一直延续到1917年。此外，1916年，受德战争部和教育部的资助，借助与土耳其的同盟关系，德国著名西亚考古学家特奥多尔·维甘德（Theodor Wiegand）以保护文物的名义广泛考察了叙利亚、约旦和西奈半岛地区。他走访的古迹包括帕尔米拉、佩特拉、耶路撒冷和大马士革等，并将

---

[1] Díaz-Andreu M. A world history of nineteenth-century archaeology: nationalism, colonialism, and the past [M]. Oxford: Oxford University Press, 2007: 236.

[2] Higham C F W. The Archaeology of Mainland Southeast Asia: From 10,000 BC to the Fall of Angkor [M]. Cambridge: Cambridge University Press, 1989: 21.

大量考察资料和照片加以出版[1]。

从一战结束到二战爆发的近二十年间，和全球其他地方一样，亚洲地区的局势也发生了巨大变化。以西亚为例，一战后，作为战败国的奥斯曼帝国分崩离析，英法以托管的名义在西亚划定了各自的势力范围，其中黎巴嫩和叙利亚由法国托管，巴勒斯坦和伊拉克属于英国管辖，德国学者则由于战败暂时退出了此前非常活跃的西亚考古舞台。

在考古学领域，著名考古学家戈登·柴尔德（Gordon Childe）对源自德国学术传统的文化历史考古学加以完善。这种以类型学来处理考古材料，并用考古学文化加以组织，从而构建起区域文化发展年表为主要特征的研究方法成为20世纪上半叶国际考古学界普遍采用的方法[2]。与此同时，在一战中航拍技术得到发展，其在考古研究上的价值得到各国学者的肯定[3]。在这样一个国际局势巨变，考古方法和技术得到大发展的时代背景下，亚洲地区的跨国考古工作也进入了新的阶段。

一、考古技术方法和理念的新进步

在考古学理论、技术与方法发展的大背景下，结合长期的田野实践，本阶段各国在亚洲地区开展的考古工作水平整体来说也有较大提高。地层学方法得到不断完善，遗址绘图等逐渐规范，航拍等新技术也被积极地应用到考古发掘中。与此同时，随着对遗址的认识和研究变得更加全面，考古学也逐渐从功利的挖宝走向更为纯粹的学术研究。这一时期亚洲地区史前考古领域的全面发展就是这种变化的最大体现。如在印度，1930年，殖民地官员路易斯·卡米阿德（Louis Cammiade）和英国史前考古学家迈尔斯·伯

---

[1] Marchand S L. Down from Olympus: archaeology and philhellenism in Germany, 1750-1970 [M]. Princeton: Princeton University Press, 2003: 254.
[2] 韦伯斯特著，陈淳译. 文化历史考古学述评 [J]. 南方文物, 2012 (02): 53-61.
[3] 〔英〕格林·丹尼尔著，黄其煦译. 考古学一百五十年 [M]. 北京：文物出版社，2009: 295.

基特（Miles Burkitt）对位于印度东南部安得拉邦沿海东高止山脉（Eastern Ghats）一带发现的史前人类工具进行研究，根据地层学、类型学及工具的保存状况将其分为始于旧石器早期的四个不同时期的史前文化，并试图通过对这些文化所在地质环境的分析，研究当时的气候情况。

1935年，耶鲁大学的德国考古学家赫尔穆特·代·泰拉（Helmut de Terra）和剑桥大学的托马斯·帕特森（Thomas Paterson）带队对位于今巴基斯坦北部旁遮普省的博德瓦尔高原（Potwar Plateau）进行考察，发现了一系列旧石器文化，并将其纳入索安河（Soan River）流域的整体年代序列中。此外，他们还对印度中部的讷尔默达河（Narmada River）和东南部沿海城市马德拉斯（Madras，今钦奈）周围进行了简单调查，试图在索安河流域和讷尔默达河流域的旧石器文化间建立联系，从而为更新世时期的英属印度中部建立时间框架。由于采用了地质年代学的方法，他们的成果在后来印度其他地方的调查中被大量借鉴[①]。

即使是在目标相对明确的巴勒斯坦地区的圣经考古中，史前考古也逐渐占有了一席之地。如在英国考古学家约翰·加斯唐（John Garstang）担任巴勒斯坦古物局局长期间（1920—1926年），他组织了对位于今以色列中部古代海港阿什凯隆（Ashkelon）等的发掘。1930年至1936年间，加斯唐还作为利物浦大学教授主持了对耶利哥遗址的发掘。他不仅确定了各文化层的年代关系，首次揭开了中石器和新石器时代的地层，还留下详尽的发掘档案，包括照片、记录、文物清单、遗址平面图和剖面图等等。虽然加斯唐的一些结论已被推翻，但这些档案对后期的发掘起到了重要作用[②]。

在发掘过程中，各国考古学家也注意组建科学化与正规化的考古队伍，从而最大限度保护和提取遗址中的历史信息，并强调通过多学科合作对遗址展开综合研究。在位于耶路撒冷的美国东方研究学院主任威廉·奥尔布赖特

[①] Chakrabarti D K. The development of archaeology in the Indian subcontinent [J]. World Archaeology, 1982, 13 (3): 326-344.

[②] Wagemakers B, Finlayson B, Sparks R T. (Eds.). Digging Up Jericho: Past, Present and Future [C]. Oxford: Archaeopress Publishing Ltd, 2020: 3-17, 177.

（William Albright）的带领下，于1926年至1932年间进行的贝特米西姆遗址（Tell Beit Mirsim）发掘除了以其对陶器的精确断代著称，也以参与成员的广泛性而独树一帜。在发掘进行过程中，奥尔布赖特不仅向美国国内的神职人员和学生提供参与现场发掘的奖学金，还鼓励当地的阿拉伯学者进一步研究当地的民俗和民间传说，以期为洞察圣经文字的细节提供灵感，并邀请美国和当地的犹太学者加入发掘[①]。

为了使发掘更加科学、获得更多的学术成果，一些优秀的考古学家和机构也愿意为前期的调查和筹备投入更多的精力。如伍莱为了在技术上和人员上做更周全的准备，顶着赞助受到影响的压力，主动将乌尔王陵的发掘从1922年推迟到1926年[②]。

在洛克菲勒家族的资助下，已成为西亚考古领域首屈一指专业队伍的美国芝加哥大学东方研究所，除了开展大量现场发掘，也基于科学研究的需要，组织了一些影响深远的系统考古调查，为考古的科学化发展作出重要贡献。如该所先后于1926年和1929年启动了"安纳托利亚—赫梯考察"项目和伊拉克考古计划。前者在冯·德·奥斯坦（H. H. von der Osten）的主持下，对哈里斯河流域的克泽尔-伊尔马克（Kizil Irmak）盆地进行了考察，发现几百个古代遗址。通过对其中较大的阿利撒尔遗址（Alisar Hüyük）为期六年的发掘，首次在安纳托利亚地区确立了考古文化序列。伊拉克考古计划则由研究所聘用的荷兰考古学家亨利·法兰克福（Henri Frankfort）领衔，从1929年到1936年期间对迪亚拉（Diyala）下游地区的遗址进行考察和发掘，取得重大收获。此外，在罗伯特·布雷德伍德（Robert Braidwood）的主持下，该所还对位于叙利亚土耳其边境的阿穆克平原（Amuq Plain）展开考古调查。由于细致的绘图、记录和断代，它被认为是最早的科学考古调查之一[③]。

---

① Neil Asher Silberman. Whose game is it anyway? In Meskell L. (Ed.). Archaeology under fire: nationalism, politics and heritage in the Eastern Mediterranean and Middle East [C]. London: Routledge, 2002: 175-188.
② 拱玉书. 西亚考古史：1842—1939 [M]. 北京：文物出版社，2002：142-144.
③ Wikipedia. Robert John Braidwood [EB/OL]. [2022-09-05]. https://en-academic.com/dic.nsf/enwiki/1874653.

同样，在于1904年至1928年执掌印度考古局的二十多年里，马歇尔也组织对印度各地的古迹遗址展开广泛的调查，并在年报中发表相关资料。在此基础上，他着力推进对重要遗址的发掘，其中对摩亨佐-达罗和哈拉帕遗址的大规模发掘逐渐揭开了印度河文明的面纱。他还组织对历史时期的重要遗址，如塔克西拉、维萨里（Vaisali）、那烂陀、拉贾格里哈（Rajagriha）和鹿野苑等进行发掘，为此前基于文献的印度历史研究提供了重要的考古证据，彻底改变了印度历史的研究面貌。

为了实现优势互补，并基于经费等实际原因，各国考古队伍也从早年你追我赶的竞争状态，变得更加强调交流合作。英美考古机构就联合在西亚开展了多个考古项目。1922年，在伍莱的主持下，由大英博物馆和美国宾夕法尼亚大学共同参与的英美联合发掘乌尔项目正式启动，并一直持续到1934年。作为一名经验丰富的"一流发掘者"，伍莱在乌尔的发掘非常成功，不仅极大地丰富了英、美以及伊拉克博物馆的藏品，还进一步继承和发扬了科学的考古发掘方法（图一二）。如丹尼尔所评价的，由伍莱领导的英美乌尔联合发掘揭开了美索不达米亚再度发掘的辉煌序幕，而且使人们对两河文明起源问题的兴趣广泛地普及开来[1]。

1923年，由牛津大学亚述学教授斯蒂芬·兰登（Stephen Langdon）任总负责人，牛津大学与芝加哥菲尔德自然史博物馆合作在基什（Kish）展开发掘。前期的现场发掘负责人是英国考古学家欧内斯特·麦凯（Ernest Mackay），在他于1926年前往印度主持摩亨佐-达罗遗址的发掘后，法国考古学家路易斯·沃特林（Louis Watelin）被聘为现场负责人。这里的发掘一直开展到1933年才宣告结束。

1925年，芝加哥大学东方研究所在地中海沿岸的麦吉多（Megiddo）展开发掘工作。20世纪初，德国建筑师舒马赫（G. Schumacher）曾在此打过一些探沟。前两季的发掘负责人是美国考古学家克拉伦斯·费舍尔（Clarence

---

[1] 〔英〕格林·丹尼尔著，黄其煦译. 考古学一百五十年［M］. 北京：文物出版社，2009：198.

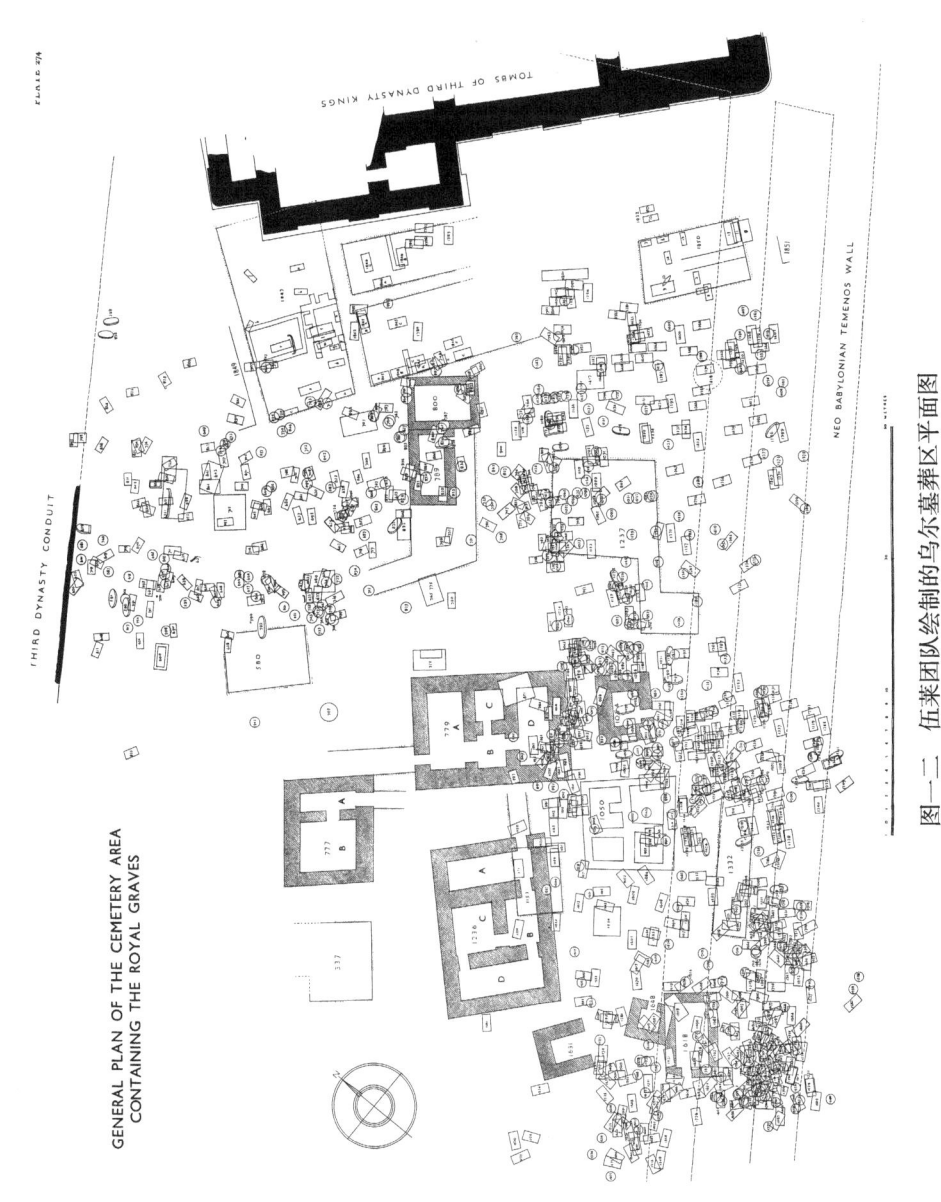

第三章　文明的初识与碰撞：亚洲地区跨国考古的形成与发展（二战以前） ·73·

图一二　伍莱团队绘制的乌尔墓葬区平面图

（图片来源：《伟大的世界文明——美索不达米亚文明》，2007年，143页）

Fisher），在他因病退出后，时任巴勒斯坦文物局局长的英国考古学家菲利普·盖伊（Philip Guy）接替了他的岗位，并主持发掘直至1935年。

随着考古资料的积累，各国考古学者也逐渐开始跳出具体的考古遗址，从更广泛的区域对古代人类的迁徙等展开研究。如法国东方学家、远东学院主任乔治·塞德斯（George Cœdès）于1926年被任命为泰国皇家学院秘书长。他和英国学者夸里奇·威尔斯（Quaritch Wales）先后主持了对泰国西部北碧府Pong Tuk遗址的发掘。虽然塞德斯1929年就辞去秘书长的职位，回到河内继续担任远东学院主任，他在泰国的工作对于把泰国考古与更广阔的中南半岛联系起来发挥了至关重要的作用，由他们加以完善的泰国历史年表被沿用至今。

荷兰考古学家范·斯特恩·卡伦菲尔（Van Stein Callenfels）则于20世纪20年代至30年代间在印尼各地开展了广泛的调查，包括南苏拉威西的卡伦庞遗址（Kalumpang）和史前洞穴、北苏门答腊的贝丘遗址、东爪哇的拉瓦洞穴（Lawa）和巴厘岛的石棺等。他还对中国、印度支那、缅甸、马来西亚和日本的史前遗址进行综合研究，在此基础上将泰国的新石器时代划分为四个阶段[①]。卡伦菲尔还于1932年在越南河内组织了第一届远东史前大会，由塞德斯出任会议主席。大会后来演变为远东史前协会，并于1976年更名为印度—太平洋史前协会。

二、考古调查与发掘的新收获

（一）西亚地区

本阶段，随着一战后西亚政治版图的重新划分，英法都在各自势力范围内积极展开发掘活动。这一时期法国在西亚的考古工作有两大重点，首先

---

① Habu J, Lape P V, Olsen J W. (Eds.). Handbook of East and Southeast Asian Archaeology (Vol. 728) [C]. New York: Springer, 2017: 144.

是延续传统的两河地区考古。法国考古学家于1928年至1933年期间重新对吉尔苏进行发掘，而于1933年启动的对位于伊拉克叙利亚交界处的哈里里遗址（Tell Hariri）的发掘，则成为这一时期法国最重要的发现。数以万计的出土文字泥板表明这里是曾强盛一时，最终被汉谟拉比摧毁的城邦国家马里。此外，1928年至1931年间，考古学家图罗-当让（F. Thureau-Dangin）先后对位于今土耳其东南部和叙利亚西北部的重要遗址阿尔斯兰-塔什（Arslan Tash）和阿赫玛尔（Tell Ahmar）进行发掘，揭示了亚述艺术在这一地区的传播。

与此同时，这一时期法国也十分重视在地中海东岸开展对于古代政权间交流的研究。如为了了解公元前1000年前后腓尼基世界的历史，法国考古学家于1920年至1922年期间在今黎巴嫩地中海沿岸地区对一系列遗址进行发掘，找到了腓尼基与古埃及存在密切联系的大量证据。此外，1929年，在克劳德·谢弗（Claude Schaeffer）的带领下，法国对位于叙利亚北部的古代重要海港城市乌加里特（Ugarit）展开发掘，发现了用各种古代文字写成的泥板文书。

同样，本阶段英国考古队伍在伊拉克境内的尼尼微、扎尔基（Zarzi）以及叙利亚西北部靠近地中海的阿贾纳遗址（Tell Acana）等也都有重要发现。而除了上述芝加哥大学东方研究所在西亚广大地区开展的发掘和调查，以及东方研究学院在巴勒斯坦地区卓有成效的考古工作，美国的其他机构也多有收获。如除了在伍莱的带领下参与乌尔发掘，宾夕法尼亚大学博物馆亦投身到法拉、尼普尔等地的发掘，同时还于1921年至1933年间对位于今以色列东北部的伯珊古城（Beth Shean）展开发掘。作为古代巴勒斯坦地区最强大的城市之一，伯珊的人类活动史从新石器时代直至阿拉伯时期，对其的发掘使得整个巴勒斯坦地区的考古学序列得以确立。1932年至1938年间，辛辛那提大学的考古学教授卡尔·布莱根（Carl Blegen）还重新在特洛伊地区展开发掘。

作为战败国，并受经费的影响，德国的考古学家先是零星参与他国的发掘项目，如美国在特洛伊和阿利萨（Alisar），以及奥地利在以弗所的发掘，或者负责一些小型的发掘项目[1]。1927年，德国考古学家恢复了对叙利亚境

---

[1] Marchand S L. Down from Olympus: archaeology and philhellenism in Germany, 1750-1970 [M]. Princeton: Princeton University Press, 2003: 277.

内的哈拉夫的发掘，并于次年开始继续发掘乌鲁克。在朱利叶斯·约尔丹（Julius Jordan）和他的继任者阿诺德·诺尔德克（Arnold Nöldeke）的带领下，乌鲁克的发掘一直延续到1939年，成为这一时期德国在西亚最重要的发掘项目。在发掘过程中德国考古学家延续了上一时期注重建筑遗址和考古地层的科学传统。乌鲁克的文化层从史前的欧贝德时期完整延续到公元前后的帕提亚时期，德国学者根据陶器风格和地层命名的"欧贝德文化""乌鲁克文化"等被沿用至今[1]。

在伊朗，议会于1927年废除了此前授予法国的考古特权，但此后法国仍然在伊朗考古中发挥着重要作用。如1933年至1937年间，乌克兰裔的法国考古学家罗曼·格什曼（Roman Ghirshman）对位于伊朗西北部的锡亚尔克土墩遗址（Sialk Teppe）进行了三次发掘，共发掘两座土墩，划分出四个连续的文化期。他还于1935年至1941年间发掘了伊朗西南部的古代要冲毕沙普（Bishapur）。

另外，其他国家，尤其是美国，也纷纷在伊朗展开考古工作。如德裔美国考古学家埃里希·施密特（Erich Schmid）受宾夕法尼亚大学博物馆赞助，于1931年至1936年间发掘了伊朗北部的史前遗址希萨尔（Tepe Hissar）和重要城市雷伊（Ray）。与此同时，受芝加哥大学东方研究所的赞助，他于1934年至1939年发掘了伊朗南部古城伊斯塔赫尔（Estakhr），于1935年至1937年在伊朗西部进行了第一次空中考察，并在1934年至1938年间两次带队考察了卢雷斯坦（Lurestan）地区。大都会博物馆也于1932年至1935年组织了对位于伊朗西南部萨珊时期重要城市卡斯尔-阿布纳斯尔（Qasr-e Abu Nasr）的发掘。

这一时期伊朗影响最大的考古项目，当属1931年至1939年间芝加哥大学东方研究所组织的对于阿契美尼德王朝都城波斯波利斯的发掘。早在1924年，德国考古学家恩斯特·赫兹菲尔德（Ernst Herzfeld）就应波斯波利斯所在的法尔斯（Fars）省政府的邀请，对古城进行了初步的考察，并促成东方研

---

[1] 拱玉书. 西亚考古史：1842—1939 [M]. 北京：文物出版社，2002：157.

究所资助他开展正式发掘。1934年，施密特接替了他的工作，直到二战爆发。

值得一提的是，斯坦因也曾于1931年至1936年期间对伊朗各个时期的遗址进行了四次广泛考察。他以地表采集、建筑测绘和简单试掘为主，收集了大量文物。随着新技术的发展，斯坦因的伊朗考古调查成为旧时探险考察的绝响[1]。

（二）中亚地区

1922年苏联成立后，中亚的绝大部分地区和部分西亚地区都成为其有机组成部分。这一时期外国考古学家在中亚的活动主要集中在阿富汗。早在1833年至1838年间，发现了哈拉帕遗址的查尔斯·梅森就曾在阿富汗东部的喀布尔和贾拉拉巴德（Jalalabad）周围发掘了50多个佛教遗址，发现了大量的钱币和小型文物。1919年，阿富汗在第三次抗英战争中取得胜利，两国于1921年正式签订的《拉瓦尔品第条约》宣告阿富汗获得独立。为了抵消英国人的影响，阿富汗政府将橄榄枝投向法国。在这一背景下，1922年9月，阿法两国签订协议，规定此后30年中法国享有在阿富汗境内独自调查发掘历史遗迹并平分考古发现的权利。

为此，法国佛教艺术专家阿尔弗雷德·福舍（Alfred Foucher）牵头组建了法国驻阿富汗考古工作队（Délégation Archéologique Française en Afghanistan，简称DAFA），福舍本人出任工作队首任负责人，并带队于1922年当年就开始对阿富汗全境展开考古调查。出于他个人的兴趣，考察的重点是法显和玄奘在游记中提到过的佛教遗址，包括巴米扬地区。

在1923年至1926年间，福舍与当时集美博物馆的馆长约瑟夫·哈金（Joseph Hackin）在巴米扬山谷开展了三季田野调查。他们着重对大佛和其他前伊斯兰时期的遗迹进行了记录，并对部分壁画实施了初步的保护措

---

[1] 邵学成. 斯坦因在伊朗（上）：涉险西亚考古的"空白"[EB/OL]. (2020-05-31) [2022-04-06]. http://m.thepaper.cn/renmin_prom.jsp?contid=7108449.

施，也有大量壁画被取下并分给阿法两国博物馆①。震惊世界的贝格拉姆（Begram）遗址也于这一时期被发现。

此后，锐意实施西化改革的阿曼努拉国王（Amanullah）于1929年被赶下台，他的继任者纳迪尔沙（Nadir Shah）也于1933年被刺杀。在这段政局动荡的岁月里，法国人艰难地将考古工作维持下去。除了于1930年和1933年在巴米扬进行了两次发掘，DAFA还在哈金的带领下从1936年开始对位于喀布尔以北约80千米的贝格拉姆遗址进行发掘。他们于1937年在10号房间内发现了包括印度象牙制品和罗马玻璃器物在内的大量珍宝，并于1939年在13号房间内发现了中国漆器。1943年至1945年间，发掘因受二战影响而停歇，并最终于1946年重启和完成（图一三）②。

图一三　贝格拉姆遗址出土文物

（图片来源：湖南省博物馆《来自阿富汗的国宝》展，作者自摄）

---

① Peycam P, Wang S L, Yew-Foong H, Hsiao H H M. (Eds.). Heritage as aid and diplomacy in Asia [C]. Singapore: ISEAS-Yusof Ishak Institute, 2020: 228-230.
② 〔英〕保罗·巴恩编著，杨佳慧译. 考古通史［M］. 天津：天津人民出版社，2021：272.

（三）南亚和东南亚地区

除了马歇尔组织的广泛调查与发掘以及前述对旧石器时代遗址的考察，斯坦因也于这一时期在英属印度地区进行了广泛的考察。他曾于1926年走访了位于今巴基斯坦西北部边境的斯瓦特河谷地区，发现了"佛足迹石"。1941年他再次前往当地，发现了一些未被记录的岩画作品。此外他还于1940年对加格加尔-哈克拉（Ghaggar-Hakra）河流域进行调查，发现了十余处哈拉帕文化遗址，并认为该河就是《梨俱吠陀》中记载的圣河萨拉斯瓦蒂（Sarasvati）[1]。斯坦因在印度的足迹还包括位于今伊朗与巴基斯坦南部接壤临海的俾路支斯坦地区。

在法属印支，1938年，法国考古学家路易·马勒雷（Louis Malleret）和保罗·勒维（Paul Levy）首次发现了越南南部的史前遗址安森（An Son）。他们在现场采集了一些石锛，并发掘了一个2米深的探坑，在其中发现一些陶器和动物骨骸[2]。此外，马勒雷还对越南南部的沃奥（Oc Eo）港口遗址进行发掘，发现了一系列与这个地区常见形制完全不同的砖砌和石砌建筑古迹，各种材质的首饰，以及数枚罗马与波斯钱币。马勒雷认为它是扶南国的遗迹[3]。在很长一段时间里，该遗址成为人们对于湄公河三角洲地带仅知的考古信息[4]。

---

[1] Stein A. A Survey of Ancient Sites along the "Lost" Sarasvati River [J]. the Geographical Journal, 1942 (99): 173-182.

[2] Bellwood P, Oxenham M, Hoang B C, et al. An Son and the Neolithic of southern Vietnam [J]. Asian Perspectives, 2011: 144-175.

[3] Pierre-Yves Manguin. 关于扶南国的考古新研究. 收于陈星灿，米盖拉主编. 考古发掘与历史复原（法国汉学第十一辑）[C]. 北京：中华书局，2006：247-266.

[4] Stark M T. New Perspectives on Early Cambodia from the Lower Mekong Archaeological Project [EB/OL]. [2022-04-15]. http://angkordatabase.asia/libs/docs/publications/new-perspectives-on-early-cambodia-from-the-lower-mekong-archaeological-project/New_Perspectives_on_Early_Cambodia_from.pdf.

也有一些外国学者在独立的泰国开展史前考古研究，如法国军官、探险家拉容奎埃（Lunet de Lajonquière）曾于1912年对位于泰国南部甲米（Krabi）的岩画遗址进行过调查，在泰国军队中任职的丹麦军官埃里克·塞登法登（Eric Seidenfaden）也对泰国南部的洞穴遗址展开过调查[1]。

从1898年开始，菲律宾成为美国的殖民地。1926年，为配合诺瓦利切斯（Novaliches）地区拉梅萨大坝（La Mesa）的建造，美国人类学家亨利·贝尔（Henry Beyer）在当地进行发掘，出土的陶器和金属器成为后来学者分类的标准器，并开启了菲律宾本土考古正规化的进程[2]。

三、民族意识与本土考古力量的新成长

作为人类文明的重要发源地，亚洲各地区都有着人类活动的悠久历史。随着一战后民族独立思潮的传播以及亚洲各地新国家、新政权的出现，考古学在从外国人主导逐渐向本国人主导的转变过程中，对许多国家的历史复兴、民族身份认同等都发挥了重要作用。而随着考古学的科学化和规范化，不论是在西方国家的殖民地、半殖民地，还是独立国家，亚洲各地的考古发掘、研究和管理水平也都在外国力量的推动下，得到了显著的发展。

在印度，当马歇尔于20世纪初开始掌管考古工作时，印度的历史研究已经进入了成熟期，关于古代印度政治历史、宗教、经济和文化等的详细认知已经通过对文字、碑文、钱币、建筑、雕塑和其他资料的研究得以确立。但与此同时，由于与古印度历史进程密切相关的重要遗址基本上都还没有被发掘出来，古印度的历史形象仍显得模糊不清。马歇尔在塔克西拉、比塔（Bhita）、舍卫城（Sravasti）、王舍城（Rajagriha）和那烂陀等遗址开展的发掘工作则为这一形象，尤其是佛教盛行时期的印度变得清晰提供了重要的

---

[1] Habu J, Lape P V, Olsen J W. (Eds.). Handbook of East and Southeast Asian Archaeology (Vol. 728) [C]. New York: Springer, 2017: 98-100.

[2] Habu J, Lape P V, Olsen J W. (Eds.). Handbook of East and Southeast Asian Archaeology (Vol. 728) [C]. New York: Springer, 2017: 152.

物质实证。他的工作使佛教时代在印度的文化意识中活跃起来，并在古代印度民族形象的认知中发挥了重要作用①。

此外，马歇尔和恩内斯特·麦凯（Ernest Mackay）等人还用他们在希腊、埃及和两河地区接受的考古训练和积累的经验，推动印度本土考古人才的培养，并将他们提拔到考古局的高级职位。如马歇尔安排助手达亚·拉姆·萨尼（Daya Ram Sahni）对哈拉帕和摩亨佐-达罗遗址进行发掘，取得了印章等重要发现，萨尼本人也于1931年成为考古局首位印度本土局长。马歇尔对印度历史的贡献使得尼赫鲁等民族主义者也对其工作表示支持②。

在伊朗，当礼萨汗（Reza Khan）于1921年发动政变，成为新的伊朗国王并开创了巴列维王朝后，考古成为他宣扬伊朗民族自信和自主，恢复古波斯辉煌的重要手段。在他的推动下，议会于1927年废除了此前授予法国的考古特权，并在三年后批准了《古物法》。根据新规定，伊朗政府将委派本国代表对外国考古队的工作加以监督。伊朗政府还于1928年组建了伊朗考古局，推出了伊朗第一份考古学杂志《Athar-e-Iran》，并设计和建造了新的国家博物馆。

出于对古代波斯历史，尤其是阿契美尼德王朝的浓厚兴趣，礼萨汗本人还是阿契美尼德王朝都城波斯波利斯发掘和保护的坚定支持者③。他共四次到访该遗址。在他于上台次年首次访问波斯波利斯期间就曾提出，"我们应该在波斯波利斯周围建一堵墙，这样我们就可以防止这里发生更多的破坏"。1928年，在他第二次访问遗址后，曾在德黑兰的一次发言中指出，"当我看到波斯波利斯的建筑时，我被那些巨大的古迹所感动，但看到它们受损的状态又让我深感沮丧。尽管如此，我还是很高兴如此伟大的国王统治

---

① Chakrabarti D K. The development of archaeology in the Indian subcontinent [J]. World Archaeology, 1982, 13 (3): 326-344.
② Ucko P J. (Ed.). Theory in Archaeology: A World Perspective [C]. London: Routledge, 1995: 131.
③ Abdi K. Nationalism, politics, and the development of archaeology in Iran [J]. American journal of archaeology, 2001, 105 (1): 51-76.

过伊朗并留下了这些宏伟的遗迹。爱国主义和民族自豪感应该植根于每个伊朗人的灵魂中"。在赫茨菲尔德开始波斯波利斯的发掘后，礼萨汗对项目给予了充分的重视。在他于1932年再次访问遗址时，曾对赫茨菲尔德说，"你在这里做的是文明的工作，我要为此感谢你"。

同样，在一战后被肢解的土耳其，随着政局逐渐稳定，国父凯末尔也对考古学表现出兴趣。他将学生派到欧洲，主要是法国、德国和匈牙利学习考古，并成立了土耳其历史学会。在二战爆发前几年，他还邀请逃离纳粹政权的德国教授来土耳其各高校承担考古教学。这些举措显著提高了土耳其的考古水平，培养出来的学生成为土耳其的第二代考古学家[①]。

在一战以后的中国，学术界和全社会对待外国人来华探险考古的态度也发生了天翻地覆的变化。随着五四运动带来的民族觉醒，对外国人的来华考察抱警惕态度，并对不公平的合作建议予以抵制，已成为学术界反帝排外、维护国家主权的重要体现。这种新面貌得到了斯文·赫定等进步学者的积极响应，赫定本人也曾因为对中国学术界采取的合作态度遭到一些外国考察者的抱怨。赫定对此的反驳是，"那不是我的过错，而是标志新时代开始的、从南方起席卷整个中国的民族主义潮流的结果……我对接受中国人所提出的条件从未感到后悔过"[②]。

1928年，南京国民政府成立了古物保管委员会，行使全国最高文物古迹保护职能，并致力于阻止外国人单独在华进行考古和文物外流。1931年1月26日的《世界日报》上发表了徐炳昶、傅斯年对于抵制斯坦因第四次来华考察经过的介绍，他们既对斯坦因盗取文物的行径予以指责，"其如何骗取敦煌卷子，及如何匆匆忙忙乱掘古物，彼自言之犹觉津津有味，以如此为人，实已不便许其再入国境"，又提出应开展自主考古，"且此时吾国考古学已甚发达，古迹应尽国人先作，尤不便任外人匆忙掘取，致损古迹，且该氏发掘

---

① Mehmet Özdogan. Ideology and archaeology in Turkey. In Meskell L. (Ed.). Archaeology under fire: nationalism, politics and heritage in the Eastern Mediterranean and Middle East [C]. London: Routledge, 2002: 111-123.
② 贾建飞. 文明之劫：近代中国西北文物的外流 [M]. 北京：人民美术出版社，2004：100.

之方法，在今日已无科学的价值"①。

1931年7月，英国驻华公使蓝普森在给斯坦因的信中既对他考察受阻表示同情，但也反对他对此进行公开批评。蓝普森写道，"时代变了，在诸如此类的事情上，中国人现在是他们自家的主人……我尽了最大的努力……但是我们失败了"。斯坦因也接受了蓝普森的劝告，从未在公共场合再提起过他的第四次来华考察②。自此之后，正如英国人彼得·霍普科克所说，"从那时起，如果再有人去发掘，那就是为中国而发掘"③。

本阶段，在英法托管的伊拉克和叙利亚，也都建立了各自的文物局，并且出台了文物法。尤其是在叙利亚，还先后成立了伊斯兰艺术考古研究所（Institut d'Art et d'Archéologie islamique）、常设考古委员会（Mission archéologique permanente）等机构。虽然这一时期的文物法律仍然赋予英法以出口特权，但对当地整体的考古保护还是起到了积极作用。进入20世纪30年代，随着托管期的结束，这些国家的考古管理变得更加独立，本国的考古力量也纷纷得到成长。如在伊拉克，以塔哈·巴基尔（Taha Baqir）与付亚德·萨法尔（Fuad Safar）为代表的本土考古学家从欧美学成归来，同时伊拉克政府派驻到各支外国考古队的监察员也在实践中得到锻炼，伊拉克自己的考古力量逐渐形成④。此外，继1913年成立考古局后，荷兰殖民当局也于1931年在荷属印尼颁布了古迹法，在荷兰本土首部古迹法的出台则要等到1961年。

四、问题犹存

虽然本阶段各国在亚洲地区的考古工作取得了以上成就和进步，但在技

---

① 肖伊绯. 斯坦因第四次中亚"探险"计划破产始末［J］. 炎黄春秋，2017 (03)：75-79.
② 王冀青. 奥莱尔·斯坦因的第四次中央亚细亚考察［J］. 敦煌学辑刊，1993 (01)：98-110.
③ Hopkirk P. Foreign devils on the Silk Road: The search for the lost cities and treasures of Chinese Central Asia [M]. London: John Murray Press, 1980: 221.
④ 拱玉书. 西亚考古史：1842—1939［M］. 北京：文物出版社，2002：186-187.

术方法和研究目标等方面还存在着一些不足。如法国考古学家在两河地区选择发掘地点时仍然主要依靠偶然的发现或建立在文献基础上的假说，而不是系统的前期调查。由牛津大学与芝加哥菲尔德自然史博物馆合作开展的基什发掘，由于总负责人兰格顿长期远离发掘现场，又过早地忙于整理文献，也暴露出很多问题[1]。马歇尔对印度河文明的地层划分也没有依据人类活动，而是基于出土文物的发现位置和海拔高度，被惠勒评价为"令人难以置信"[2]。

总体来说，这一阶段各国考古学家对于亚洲大部分地区的考古研究仍然处于起步阶段。以东南亚的史前研究为例，由于开展的工作有限，学者们仅能通过缅甸、马来西亚、印度尼西亚和越南等国少数几个遗址获取的考古资料排列初步的文化序列，然后再推断到整个地区[3]。与此同时，虽然这一时期各国考古学家的研究视野已经大大拓宽，但西方中心的观点仍然在无意中影响着他们的研究。如傅斯年先生1930年在题为《考古学的新方法》的演讲中所抱怨的，"在华的外国考古学家并不关注代表中国本土文化的材料，而只对表明中西文化联系的遗迹感兴趣"[4]。

此外，受英法等西方国家影响所出台的考古法律，也常常体现出对其利益的保护。如1924年，由受英国托管的伊拉克政府所颁布的文物法就通过许可证制度来规范文物的合法交易和出口，并对大型的外国考古团队加以鼓励，从而导致托管时期大部分的新出土文物都离开了伊拉克。与之类似，托管时期在叙利亚出土的新文物也有许多被送往卢浮宫[5]。1934年，伊拉克在结束英国托管的两年后，颁布了新的文物法，规定外国团队发掘的"孤品"

---

[1] 拱玉书. 西亚考古史：1842—1939 [M]. 北京：文物出版社，2002：158, 163.
[2] 〔英〕格林·丹尼尔著, 黄其煦译. 考古学一百五十年 [M]. 北京：文物出版社，2009：291.
[3] Habu J, Lape P V, Olsen J W. (Eds.). Handbook of East and Southeast Asian Archaeology (Vol. 728) [C]. New York: Springer, 2017: 112.
[4] 欧阳哲生. 中国近代思想家文库（傅斯年卷）[M]. 北京：中国人民大学出版社，2015：160-161.
[5] Sargent M, Marrone J V, Evans A, et al. Tracking and Disrupting the Illicit Antiquities Trade with Open Source Data [M]. Santa Monica: Rand Corporation, 2020: 100.

文物归伊拉克所有，其他的文物则由伊拉克和外国考古队平分。在新法规颁布后，大英博物馆和卢浮宫等博物馆派出的考古团队立即停止了在伊拉克境内的发掘，该举动清晰地体现出他们的发掘很大程度上仍然以收集文物为目标[1]。

在独立的伊朗，虽然法国的垄断性考古被议会于1927年废除，但作为补偿，伊朗政府于1928年委任法国建筑师安德烈·高达尔（André Godard）出任新组建的伊朗考古局的首任局长。由此也可看出欧洲国家对于亚洲考古影响之深。

还值得一提的是，对于历史上宗教和文化传统曾经发生过转变的国家来说，通过考古来复兴历史的努力也并非是理所当然和一帆风顺的。如在阿富汗，当国王阿曼努拉（Amanullah）于1919年即位后，也将考古学放在优先考虑的位置，用来支撑政权的合法性，以及在国际舞台上增强国家威望，并把巴米扬大佛作为历史上阿富汗富强的标志加以广泛宣传。但他的改革遭到了保守穆斯林派的抵制。1924年，在阿富汗东部爆发了反对改革的穆斯林起义。当地的一位毛拉带领村民袭击了法国人在阿东南边境哈达（Hadda）的一处希腊化时期遗址，打碎了刚出土的佛教文物，这也成为阿富汗近代以来第一次出于政治原因的破坏文物行为[2]。

---

[1] 拱玉书. 西亚考古史：1842—1939 [M]. 北京：文物出版社，2002：189.
[2] Peycam P, Wang S L, Yew-Foong H, Hsiao H H M. (Eds.). Heritage as aid and diplomacy in Asia [C]. Singapore: ISEAS-Yusof Ishak Institute, 2020: 230-231.

第四章　文明的交往与共生：亚洲地区跨国考古的成熟与转型（二战后至今）

二战后，国际格局的变化、科学技术的进步与考古理论的发展推动亚洲地区的跨国考古逐渐走向成熟，开展跨国考古不再仅仅被作为深化考古研究的必要途径，也成为树立良好国家形象、推动跨国交往的重要方式。自冷战结束以来，随着公共考古与社区考古的兴起，各国纷纷在开展跨国考古的过程中加大了与项目东道国，尤其是考古遗址当地各界民众的沟通与交流，并尝试通过遗址的发掘与利用为提升当地的教育和生活水平作出贡献。跨国考古为加强民心相通，造福当地民众发挥了越来越重要的作用。

第一节　传承与革新：跨国考古的成熟（二战后至20世纪80年代）

二战期间，许多欧美考古学家都不同程度地被卷入战争，如惠勒、伍莱等著名英国考古学家都深入参与了英军在各地的战时工作。根据英国科学院的档案，大量英国考古学家在考古工作的掩护下，积极参与测绘和摄影监视等情报搜集活动[1]。曾先后担任集美博物馆馆长及法国驻阿富汗考古工作队队长，并主持贝格拉姆遗址发掘的约瑟夫·哈金也于1940年10月加入自由法国抵抗组织。他出任了戴高乐负责印度和周边国家事务的特使，并于1941年2月在法罗群岛附近因所乘船只遭到德国鱼雷的攻击而不幸离世。此外，英美都成立了战时保护古迹的专门机构，也有不少考古学家参与其中。

---

[1] Meskell L. Imperialism, internationalism, and archaeology in the un/making of the Middle East [J]. American anthropologist, 2020, 122 (3): 554-567.

第四章　文明的交往与共生：亚洲地区跨国考古的
成熟与转型（二战后至今）

战后，英法美各国陆续重新开启了被战争打断的发掘项目，如英国的马洛温（M. Mallowan）从1951年起在尼姆鲁德进行了一系列重要发掘，法国的谢弗继续开展在乌加里特的发掘，于1958年出任卢浮宫馆长的安德烈·帕罗（André Parrot）则在马里发掘了一座公元前两千纪的宫殿[①]。

在延续和进一步推动此前工作的同时，二战后国际关系格局的大变化也对亚洲地区跨国考古的面貌造成了深远的影响。许多国家都颁布法律强化了对于文物出口的管控，国与国之间的平等地位基本终结了此前他国考古工作导致本国文物大规模外流的现象。与此同时，以碳十四测年法为代表的新方法大量涌现，并在考古工作中得到广泛应用。从20世纪60年代开始，过程考古学（又称"新考古学"）和各种后过程考古学理论先后发展起来，推动考古学理论进一步走向完善。在这些因素的共同作用下，亚洲地区的跨国考古工作逐渐走向成熟。

一、技术方法与理论的大发展

二战后，在欧美考古学家的积极推广下，以碳十四测年法为代表的新技术在亚洲地区的考古项目中得到广泛应用，极大地推动了各地考古水平的提升。在考古发掘与研究的过程中，人们也逐渐将地质学、植物学、动物学、民族学等各学科的研究方法融入进来，研究领域进一步拓展，研究成果也更为丰富。如布雷德伍德于1948年带领芝加哥大学东方研究所的队伍深入伊拉克和伊朗的库尔德地区，并于1948年至1955年间发掘了位于伊拉克北部基尔库克以东的贾莫（Jarmo）遗址。他的发掘团队由考古学家、生物学家和地质学家组成，旨在探索早期的粮食生产方法及其生态影响。该项目于1954年获得了美国国家自然科学基金对人类学及相关学科的首笔资助，金额达到23500美元[②]。

---

① 〔英〕格林·丹尼尔著，黄其煦译.考古学一百五十年［M］.北京：文物出版社，2009：334.
② Yellen J E, Greene M W. Archaeology and the National Science Foundation [J]. American Antiquity, 1985, 50 (2): 332-341.

这一时期，作为马来亚联邦原住民部顾问的退役英国军官威廉姆斯·亨特（Williams Hunt）进行了一系列航空调查，以定位和估算马来亚原住民的总数。他拍摄的5000多张关于今天马来西亚、新加坡、缅甸、泰国、柬埔寨和越南各国的航拍照片已成为重要的研究资料[1]。1951年，他也成为马来亚第一个应用放射性碳测年技术对人类遗骸进行测年的人[2]。

与此同时，考古学理论也在蓬勃进行的考古实践中向前发展。20世纪60年代，以宾福德为代表的过程考古学在美国兴起，主张采用实证方法为考古材料提供客观和科学的阐释，同时认为考古学应当探究社会文化变迁的动力和原因。从20世纪70年代中期开始，以认知考古学、性别考古学、批判考古学等为代表的后过程考古学理论纷纷兴起，又对过程考古学的主张提出挑战，认为即使实证研究也无法完全做到理性和客观[3]。这些考古学思想流派丰富了考古学的研究方法，促进了考古学理论的进一步完善，也推动了亚洲地区跨国考古的新发展。

而随着跨国考古项目的时空范围由点向面扩展，关于人类文明的一些共性问题，如人类起源、农业起源和文明起源等，也不约而同地成为各地考古的主要研究课题[4]。亚洲作为人类文明的重要摇篮，各国在这里开展的考古工作极大地推动了这些课题的研究。以印度河文明的考古研究为例，虽然印巴分治分散了研究区域和力量，影响了科学研究的开展，但独立后的印巴两国还是在外国团队的协助下，在印度河文明的兴衰研究中取得了重要成果。

1958年，为进一步研究印度河文明的起源，借助当时巴基斯坦考古调查局负责人由法国考古学家劳尔·库里尔（Raoul Curiel）担任的便利，法国

---

[1] Moore E. The Williams-Hunt collection, aerial photographs and cultural landscapes in Malaysia and Southeast Asia [J]. Sari: International Journal of Malay World Studies, 2010, 27 (2): 265-284.

[2] Williams-Hunt P D R. Recent archaeological discoveries in Malaya (1951) [J]. Journal of the Malayan Branch of the Royal Asiatic Society, 1952, 25 (1): 181-190.

[3] 陈淳. 考古研究的经验主义与理性主义 [J]. 南方文物, 2010 (01): 13-18.

[4] 杨建华. 外国考古学史 [M]. 长春: 吉林大学出版社, 1999: 183.

第四章　文明的交往与共生：亚洲地区跨国考古的成熟与转型（二战后至今）

成立了印度河考古工作队。在负责人让-马里·卡萨尔（Jean-Marie Casal）的带领下，工作队于1959年至1962年发掘了位于信德省印度河西岸的阿姆里（Amri）遗址。此后法国团队集中在俾路支省开展工作，并于1974年发现了著名的梅尔伽赫（Mehrgarh）遗址。该遗址是南亚最早的农业定居遗址之一，文化内涵丰富，对研究印度河文明的起源意义重大。法国考古学家贾里奇夫妇在这里主持发掘直至1985年[①]。

这一时期，意大利中东及远东研究所（Italian Institute for the Middle and Far East，ISMEO）和德国亚琛技术大学（Technical University of Aachen）的考古学家、建筑学家和地质学家还与巴基斯坦文物局合作，通过搜集历史资料和遥感资料等方式，从建筑和规划角度对摩亨佐-达罗的城市形态和社会生活加以系统研究，并对哈拉帕和摩亨佐-达罗遗址的不同进行比较[②]。

在印度，在考古学家格里高利·波赛尔（Gregory Possehl）的带领下，宾夕法尼亚大学博物馆也于1982年起与印度古吉拉特邦考古部合作，对罗迪遗址（Rojdi）展开发掘。1971年至1972年，在波赛尔还在攻读博士学位期间，他就曾随印度同行在当地开展过考古调查[③]。该发掘项目一直进行到1995年，主要取得了三方面的成果：发现了当地的Sorath型哈拉帕文化；获取了丰富的古植物和动物骨头标本；发现了大型的建筑基址。根据测年，罗迪遗址晚期的年代是公元前2000年至前1700年，这正是摩亨佐-达罗等北部遗址被遗弃的时期，从而为研究印度河文明的衰落提供了新的资料[④]。

各国在东南亚地区开展的古人类学研究也极大推动了人们对早期人类迁徙的认识。如1987年至1989年，来自美国爱荷华大学和亚利桑那大学的史前人类学者与越南考古研究所合作，对越南北部更新世人类遗址进行了广泛

---

① Jarrige C, Jarrige J F, Meadow R, et al. Mehrgarh: Field Reports 1974-1985 from Neolithic Times to the Indus Civilization [M]. Pakistan: the department of Culture and Tourism, 1995.
② Jansen M. Mohenjo-Daro, city of the Indus valley [J]. Endeavour, 1985, 9 (4): 161-169.
③ Deshpande M N. (Ed.). Indian Archaeology 1971-72: a Review [R]. New Delhi: Archaeological Survey of India, 1975: 9.
④ Possehl G L, Raval M H. Harappan civilization and Rojdi [M]. New Delhi: Oxford & IBH Publ., 1989: 1.

的调查，并在美国国家地理学会的资助下，选择了清化省的Lang Trang洞穴进行合作发掘，发现了更新世中期的人类牙齿遗骸和大量动物化石。这次考察和发掘也成为近半个世纪以来印度支那地区的首个古人类学田野研究项目[1]。1988年至1991年间，保加利亚科学院考古研究所在尼古拉·希拉克夫博士（Nikolay Sirakov）的带领下，与越南考古研究所合作，对位于清化省百鹊县（Ba Thuoc）Muong Ai河流域的Dieu岩厦展开发掘，发现了大量史前石器和动物遗骸，为研究越南北部从更新世到全新世，以及旧石器向新石器时期的发展提供了丰富的资料[2]。

各国在亚洲各地区考古发现与研究的大发展，也使得对世界范围内的考古成果开展综合研究成为可能。1979年，哈佛大学人类学系教授兰伯格-卡洛夫斯基（C. C. Lamberg-Karlovsky）与新墨西哥大学教授杰里米·萨布罗夫（Jeremy Arac Sabloff）合作出版了《古代文明：近东与中美洲》一书，对两地从农业起源到文明形成的发展过程展开对比[3]。出于对包括亚洲在内世界各地考古的重视，也是在1979年，德国考古研究所在成立150周年之际，成立了"一般与比较考古委员会"，后更名为"欧洲以外与比较考古学委员会"，致力于提升面向亚非拉地区考古的研究力量。在其成立声明中提到："西方文化建立在对地中海地区古典文化的继承之上，因此，对于思想史来说，优先研究这些文化是可以理解的，甚至是必要的。然而，随着奥斯瓦尔德·斯宾格勒消极地称为西方衰落的过程——在积极的意义上，这可以被视为向一种世界文化的扩展和演进——帮助塑造美洲、亚洲和非洲国家的各种古老文

---

[1] Ciochon R L, Olsen J W. Paleoanthropological and archaeological discoveries from Lang Trang caves: a new Middle Pleistocene hominid site from northern Vietnam [J]. Indo-Pacific Prehistory Association Bulletin, 1991, 10: 59-73.

[2] Popov V. Preliminary notes on the mammals from the prehistoric deposits of Dieu Rockshelter (North Vietnam) with descriptions of Aeromys sp. (Rodentia: Petauristinae) and Nesolagus cf. timminsi (Lagomorpha: Leporidae) and their importance for historical biogeography of SE Asia [A]. In Gatsov I. (Ed.). Saxa loquuntur: In honorem Nikolai Sirakov, 2009: 203-213.

[3] Lamberg-Karlovsky C C, Sabloff J A. Ancient civilizations: the Near East and Mesoamerica [M]. Menlo Park: Cummings, 1979.

化，现在可以将现代世界的学术兴趣推向新的方向"[①]。

二、工作区域的拓展和变化

二战后，亚洲出现了大量的新生国家。东南亚诸国与蒙古国等国的独立、印巴分治、海湾国家的兴起等也使亚洲跨国考古的工作区域得到进一步拓展。

（一）海湾地区

从19世纪到20世纪初，海湾地区并没有受到考古学家的重视，直到20世纪20年代，石油的发现引来大量外国劳工的涌入，才使这一地区的遗址开始得到外界注意。沙特阿拉伯东部首次较系统的遗址调查就由阿美石油公司组织展开。在迪拜的阿布扎比，也是BP石油公司的代表坦普尔·希尔亚德（Temple Hillyard）率先将乌姆纳尔岛（Umm an-Nar）上的史前聚落和墓葬带入外国考古学家的视野。在巴林，虽然二战前英国军官和外交官陆续对岛上数以万计的墓葬进行过调查，但最终还是伊拉克石油公司的雇员，英国考古学家毕比（T. G. Bibby）提出要对该岛进行科学的考古调查。

在毕比的推动下，从1953年开始，他和丹麦奥胡斯大学（University of Aarhus）的史前史教授格罗布（P. V. Glob）合作带领丹麦团队从巴林开始，对海湾地区展开了第一次现代意义上的考古调查。在项目启动之初，由于丹麦方面难以承担全部费用，他们尝试着与巴林国王进行了联系——在此之前，西亚地区所有的考古经费都由外国机构自行承担。巴林的萨勒曼国王出人意料地对此予以了积极回应，巴林的主要石油公司也自愿承担部分费用，再加上丹麦人文研究理事会的拨款，项目得以顺利展开。这种由考古遗址东

[①] Marchand S L. Down from Olympus: archaeology and philhellenism in Germany, 1750-1970 [M]. Princeton: Princeton University Press, 2003: 371.

道国政府、石油公司和外国机构共同出资的模式也成为此后各国考古队伍在海湾地区开展工作的固定经费来源。

在此后近20年的时间里，丹麦调查团还在卡塔尔、科威特、沙特阿拉伯和阿联酋开展了广泛的调查和发掘。如丹尼尔所评价的，他们的工作"向中东考古学提供了新的内容，对波斯湾现代阿拉伯国家的历史也给予新的内容"[1]。

由于自身专业力量的不足，此后海湾国家的文物考古部门也在工作中频繁雇用外籍专家。如沙特文物局在七八十年代聘用了大量的埃及专家，阿联酋则用短期合同的方式聘请来自伊拉克、苏丹、印度和约旦等国的考古学家。这些海湾国家也会聘请西方专家开展某些专项任务，如在1976年，沙特阿拉伯文物局短期聘用了来自美国和英国的考古学家开展考古调查。

（二）蒙古国

二战后，蒙古国独立并进而成为跨国考古的重要区域。苏联考古学家继续在蒙古国境内积极开展考古工作。1948年至1949年，苏联著名考古学家吉谢列夫（S. Kiselev）就曾带领队伍在哈拉和林进行考察，发掘了古城内的建筑遗址和手工作坊区，以及附近回鹘汗国的第一个都城窝鲁朵八里（Ordu-Baliq）[2]。也是在1949年，由奥克拉德尼科夫（Alexey Okladnikov）带领的苏蒙联合考察队在鄂尔浑河（Orkhon River）左岸发现了蒙古国首个旧石器时代的人类遗址Molty-nam，并在此基础上确定了蒙古国境内有人类居住的准确时间[3]。这支考察队还在调查中发现了众多的史前聚落、鹿石和岩画遗址。

此后，除了以佩尔烈（Kh. Perlee）为代表的蒙古国考古学家所独立开

---

[1] 〔英〕格林·丹尼尔著，黄其煦译. 考古学一百五十年 [M]. 北京：文物出版社，2009：335.

[2] 愚. 蒙苏考古学者的合作 [J]. 蒙古学信息，1982（04）：28.

[3] Okladnikov A P. The Paleolithic of Mongolia. In Ikawa-Smith F. (Ed.). Early Paleolithic in South and East Asia [C]. Hague: Mouton, 1978: 317-325.

展的考古项目，蒙古国学者也与以苏联为主的社会主义国家考古团队开展了广泛合作，其中影响最大的是蒙苏联合历史文化调查队所展开的为期二十年（1967年至1987年）的广泛调查、发掘和研究。该项目的成果主要可分为史前遗址、岩画遗址和历史时期遗址三大部分。由奥克拉德尼科夫和蒙古国考古学家多瑞（D. Dorj）带领的石器时代研究小组发现了从旧石器到新石器时期的众多遗址。其中，他们于1969年在位于邓戈壁省（Dundgobi）Gurvansaikhan县的雅克山（Mount Yarkh）附近发现的早期旧石器遗址对于研究蒙古国最早的人类活动有重要意义。从1983年到1987年，在多瑞和苏联考古学家杰列维扬科（A. P. Derevyanko）的带领下，蒙苏调查队又在蒙古国各地发现了百余处史前遗址，并采集了数以万计的文物。

两国考古学家也在长年的调查中发现了大量的岩画遗址，其中最有代表性的是苏联女考古学家诺夫格洛多娃（E. A. Novgorodova）的工作。此外，奥克拉德尼科夫也基于常年的调查，于1981年出版了专著《蒙古国岩画》，通过画面内容和刻划技术，对分布在11个省的46个岩画地点进行了分类。

蒙苏联合调查队在历史时期考古中也收获颇多。1971年，沃尔科夫与蒙古国考古学家D. Navaan在前杭爱省（Uvurkhangai）的特夫什山（Tevsh Mountain）发掘了21座匈奴墓葬。同年，蒙苏考察团的一个小分队在前杭爱省的Temeen Chuluu和后杭爱省的Shivertiin Am发掘了数座青铜和铁器时代的石板墓。此后，他们又于1976年至1983年间在前杭爱省、多尔诺戈维省（Dornogovi）、乌姆努戈维省和后杭爱省等地发掘了五十多座石板墓，发现大量的陶片和装饰品。此外，蒙苏两国考古学家也发掘了众多的突厥时期墓葬，并发现了大量石人。基于这些发现，苏联考古学家沃伊托夫（V. Voitov）和胡佳科夫（Uy. S. Khudyakov）等先后对其进行了类型和特征研究[1]。

出于对匈奴考古的兴趣，这一时期匈牙利考古界也积极地在蒙古国开展工作。1961年，匈牙利考古学家I. Erdélyi在诺彦乌拉墓地发掘了两座墓葬。

---

[1] Habu J, Lape P V, Olsen J W. (Eds.). Handbook of East and Southeast Asian Archaeology (Vol. 728) [C]. New York: Springer, 2017: 60-61.

同年，蒙匈联合考古队在乌兰巴托色勒博河（Selbe River）附近发现了11座匈奴墓葬，并对其中的两座进行发掘。1974年，由I. Erdélyi和蒙古国考古学家Tseveendorj带领的蒙匈联合调查队仅在后杭爱省就发现十多个鹿石遗址，还陆续在Naimaa Tolgoi地区发掘了26座匈奴墓葬[1]。蒙匈间的考古合作一直延续到80年代末。

这一时期，蒙古国还与其他社会主义国家的考古学者进行合作。如1958年至1959年，在蒙古国考古学家N. Ser-Odjav的带领下，蒙古国-捷克斯洛伐克联合考察队对位于鄂尔浑河流域和硕柴达木（Khushuu Tsaidam）地区的阙特勤碑和一座宗教建筑遗址进行了调查，收集了大量6至8世纪的考古资料[2]。

（三）独立后的印度和巴基斯坦

1939年，受英国政府的委托，著名考古学家伍莱针对印度考古学自马歇尔退休后所陷入的低谷状态展开调查。他在调查报告中对印度考古局提出了多方面的批评，将其称为"盲人导盲"（the blind leads the blind）[3]。这份报告促成了另一位对印度考古产生巨大影响的英国人——莫蒂默·惠勒（Mortimer Wheeler）的到来。受战争影响，惠勒直到1944年才正式上任，成为最后一任英属印度考古局局长。如丹尼尔所评价的，二战在两方面对印度考古产生了巨大的推动作用——斯图尔特·皮戈特（Stuart Piggott）教授在服兵役期间所完成的印度考古研究，以及惠勒的到任[4]。

二三十年代，惠勒在英国对皮特里、皮特·里弗斯等人开创的早期发

---

[1] Erdélyi I. Archaeological expeditions in Mongolia [M]. Mundus Novus Kft., 2017.
[2] H. 塞尔·奥查夫，柯宁. 蒙古人民共和国和硕柴达木地方的考古工作 [J]. 考古，1959 (12)：684.
[3] Woolley L. A Report on the Work of the Archaeology Survey of India [J]. Harappan Studies, 1993 [1939], (1): 17-56.
[4] 〔英〕格林·丹尼尔著，黄其煦译. 考古学一百五十年 [M]. 北京：文物出版社，2009：263-264.

第四章 文明的交往与共生：亚洲地区跨国考古的成熟与转型（二战后至今）

掘技术加以改良，开创了探方发掘法[①]。上任后，他把这套技术带到印度，通过组织对哈拉帕、摩亨佐-达罗、塔克西拉等遗址的发掘，以及在遗址现场开办的田野考古培训班，推动了地层学的精细化以及印度田野考古的标准规范，并培养了一批优秀的本土人才。他们成为此后南亚考古的中流砥柱[②]。

1947年8月，印度和巴基斯坦正式独立，南亚考古也自此进入一个新的时代。在新独立的印度，惠勒短暂主持了新印度考古局的工作，并继续担任新一期《古代印度》（1947—1948年）的主编。他在序言中试图对穆斯林人口密集分布在恒河平原东西两端的原因做出解释。同时，针对很多重要的考古遗址，如哈拉帕、摩亨佐-达罗及塔克西拉等都已脱离新印度，成为独立后巴基斯坦一部分的局面，他指出新的印度考古应将研究重点从原来的西北部转向恒河平原和印度半岛。与之相呼应，这一期《古代印度》发表的文章还包括柴尔德的《巨石文化》，试图在欧亚大陆巨石文化整体分布的大框架中对印度南部的巨石文化加以认识，惠勒本人在印度西南部今卡纳塔克邦（Karnataka）的发掘报告，以及印度考古学家阿格拉瓦拉（V. S. Agrawala）对早期恒河平原遗址Ahichchhatra出土陶器的分析[③]。

1948年4月，此前印度考古局的联席局长、印度考古学家、剑桥大学的印度铭文学博士查克拉瓦蒂（N. P. Chakravarti）正式取代惠勒，成为新一任局长，开启了印度考古新的篇章。原考古局中除了穆斯林工作人员，大部分都留在了独立后的新印度。得益于马歇尔和惠勒时代对本土考古力量的培养，他们在独立后为印度考古打开了新的局面[④]。1958年，印度政府还颁布了《古迹、考古遗址及遗存法案》（Ancient Monuments and Archaeological

---

① 〔加〕布鲁斯·G.特里格著，陈淳译.考古学思想史[M].北京：中国人民大学出版社，2010：225.

② Chadha A. Visions of Discipline: Sir Mortimer Wheeler and the Archaeological Method in India [J]. Journal of Social Archaeology, 2002, 2 (3): 378-401.

③ Archaeological Survey of India. Ancient India (No. 4) [M]. Calcutta: Baptist Mission Press, 1948.

④ 王茜.印度河文明考古学术史研究[D].西北大学，2021：66-70.

Sites and Remains Act）。根据该法案，被政府认为具有国家重要性的文物都不得离开印度，但外国发掘者可以在余下的发掘品中获得一部分作为对发掘费用的补偿。

此后，来自英美法等国的一些考古团队继续活跃在印度。如为了对古吉拉特邦沿海平原的河口地区，特别是晚期哈拉帕文化在该地区的扩张情况及其与德干高原上铜石并用文化的关系进行研究，剑桥大学的奥钦夫妇（F. Allchin & B. Allchin）于1967年至1968年与印度考古局西部所合作，在古吉拉特邦开展了广泛的调查①。在此基础上，印英团队在1969年至1970年对其中的马尔万（Malvan）遗址展开了小规模的发掘，发现了哈拉帕文化晚期至后哈拉帕时期及中世纪两个文化层②。1987年到1988年，印度考古局还与法国国家科学研究中心组成联合考察队，对哈里亚纳邦（Haryana）的Bhiwani和Hissar地区展开调查和试掘，以建立当地史前文化序列，对历史环境变化进行研究，并试图寻找原史时期的人工灌溉系统③。

在巴基斯坦方面，印巴独立后，惠勒被巴基斯坦政府聘为考古顾问，协助筹建考古部和国家博物馆，并继续在摩亨佐-达罗等遗址开展发掘工作。这一时期，与印度相比，巴基斯坦更多地通过与外国团队的合作，对从俾路支省和西北边境省到信德省和旁遮普省的众多史前和原史时期遗址展开发掘，以期对波特瓦尔高原（Potwar Plateau）上早期人类向印度河文明发展的复杂进程，及其后期的发展演进有更深入的认识④。

除了成立于1958年的法国印度河考古工作队的相关调查和发掘，意大利、美国等国也积极参与了巴基斯坦的考古工作。1955年，意大利著名藏学家与东方学家朱塞佩·图齐（Giuseppe Tucci）到访位于今开伯尔-普什图省

---

① Lal B B. (Ed.). Indian Archaeology 1967-68: a Review [R]. New Delhi: Archaeological Survey of India, 1968: 9.
② Lal B B. (Ed.). Indian Archaeology 1969-70: a Review [R]. New Delhi: Archaeological Survey of India, 1973: 7.
③ Joshi M C. (Ed.). Indian Archaeology 1987-88: a Review [R]. New Delhi: Archaeological Survey of India, 1993: 20.
④ 王茜. 印度河文明考古学术史研究 [D]. 西北大学，2021：63-64.

的斯瓦特地区，自此开启了意大利在这一地区延续至今的考古工作。以多梅尼科·法切纳（Domenico Faccenna）为代表的意大利考古学者在佛教考古、史前墓葬和伊斯兰古迹考古等领域内都取得了重要发现。美国加州大学伯克利分校教授乔治·戴尔斯（George Dales）和威斯康星大学麦迪逊分校的乔纳森·肯诺耶（Jonathan Kenoyer）等则于1986年再次启动对哈拉帕遗址的发掘[1]。

1987年，法国又进一步在巴基斯坦俾路支省西南部的莫克兰地区成立了法国莫克兰考古工作队（The French Archaeological Mission in Makran，MAFM），由罗兰·贝森瓦尔（Roland Besenval）任负责人。莫克兰地区的重要性在于它位于伊朗高原东部和印度河流域西部的交界地带。贝森瓦尔带领团队在当地展开调查和发掘，旨在重建这里的定居历史。

此外，巴方还在外国团队的协助下对位于白沙瓦东北部山谷和东巴基斯坦（今孟加拉国）拉迈山（Lalmai hills）区域的佛教遗存展开测绘和发掘[2]。在巴基斯坦伊斯兰堡真纳大学的达尼教授（Ahmad Dani）和联邦德国海德堡大学耶特马尔教授（Karl Jettmar）的组织下，巴基斯坦-联邦德国联合考察队从1979年起，对喀喇昆仑公路沿线的岩刻进行了为期十年的考察[3]。德方团队中有福斯曼（Gerard Fussman）、希努博（Oskar von Hinuber）、威廉姆斯（Nicholas Sims-Williams）等古文字专家，对岩刻中的佉卢文、婆罗米文和粟特文等进行释读，我国学者马雍也对其中的汉文题记进行了研究[4]。

---

[1] Dales G, Kenoyer J, et al. Summaries of Five Seasons of Research at Harappa [A]. In Meadow R H. (Ed.). Harappa Excavations 1986-1990: a Multidisciplinary Approach to third Millennium Urbanism [C]. Madison Wisconsin: Prehistory Press, 1991: 185-262.

[2] Lydon J, Rizvi U Z. (Eds.). Handbook of Postcolonial Archaeology [C]. Walnut Creek: Left Coast Press, 2010: 75.

[3] Jettmar K, et al. (Eds.). Antiquities of Northern Pakistan, Reports and Studies. Vol. 1. Rock Inscriptions in the Indus Valley [M]. Mainz: Philipp von Zabern, 1989.

[4] 马雍. 巴基斯坦北部所见"大魏"使者的岩刻题记［A］. 西域史地文物丛考［C］. 北京：文物出版社，1990：129-137.

三、合作面貌的焕然一新

（一）合作方式的平等化和专业化

二战后，世界各地纷纷展开反对殖民，力争民族独立的斗争，国际关系日趋平等，尊重他国的文物主权，反对文物走私逐渐成为国际共识。1970年4月，亚洲地区考古的重要力量——美国宾夕法尼亚大学博物馆的策展人集体发表了《宾夕法尼亚宣言》，宣布该馆将不再收购缺乏合法来源或收藏历史的文物，成为全球第一家正式保证以合乎道德的方式收购文物，并且反对文物劫掠与非法贸易的博物馆[1]。同年11月，联合国教科文组织在巴黎通过了《关于禁止和防止非法进出口文化财产和非法转让其所有权的方法的公约》。在这样的国际大环境中，之前以获取出土文物为主要目标的跨国考古阶段正式宣告终结，各国在他国开展的考古工作回归到考古以及相关学科的研究本身，发掘进度变得更加细致而漫长，通常呈现为持续数年，每年开展为期数月发掘季的工作方式，为更加深入和广博的研究及交往提供了可能。

为了给走向纵深的跨国考古研究提供更多保障，20世纪50年代到70年代也成为欧美国家设立驻外研究中心的一个高峰时期。如联邦德国在还未完全从战争影响中走出来时就恢复了之前在西亚设立的海外考古办事处，并分别于1955年和1961年在巴格达和德黑兰开设了新的分支机构。1964年，美国在土耳其成立了美国驻土耳其研究所（American Research Institute in Turkey，ARIT），通过该机构统一协调美国机构申请土耳其境内的考古研究项目，并于1968年在约旦首都安曼设立了美国东方研究中心（American Center of Oriental Research，ACOR）。法国也基于与也门建

---

[1] The Pennsylvania Declaration [EB/OL]. [2022-04-29]. https://www.penn.museum/sites/expedition/the-pennsylvania-declaration/.

立外交关系的契机，于1972年组建了也门考古工作组，并于1982年在也门设立了研究中心[①]。

考古项目的科学性和长期性也为各国考古团队之间的沟通与交流提供了机会，使各国学者能将不同的方法和手段，如苏联考古学者对探方与遗址地层的准确记录和发表，以及日本学者对石器的精确统计与分析结合起来，在全世界范围内推动了考古学理论与方法的发展[②]。

（二）地位的稳定化

上一章的最后以伊朗、阿富汗和我国等为例，讨论了跨国考古在民族独立、国家身份认同和历史复兴等事业中的复杂作用。二战后，随着众多新兴国家登上国际舞台，跨国考古的文化和政治意义也表现得更加明显。在亚洲，尤其是在新生国家最多的西亚和东南亚地区，考古学被普遍看作全民族塑造一个有凝聚力的历史，以及树立国家正面形象的有效工具。由于这些国家的本土考古力量大多尚未充分发展起来，他国考古团队往往成为他们最大的依靠。

例如，随着丹麦考古团队成功获得巴林国王的支持，海湾国家对于跨国考古的支持成为延续至今的惯例。他们相信，通过支持国际团队对本国历史的科学研究，有助于打造自身的开明形象，甚至不惜为此付出高昂代价。如迪拜一位酋长将自己位于城市南郊一片发现了考古遗址的地块转交给市政府予以保护，已经投资的数百万美元就此打了水漂，但他个人也为此赢得了极大的赞誉。而在政府的影响下，海湾地区的石油、汽车和烟草公司等为了打

---

① France Diplomacy. Focus Yemen: French archaeological missions in Yemen [EB/OL]. [2022-05-29]. https://www.diplomatie.gouv.fr/en/french-foreign-policy/scientific-diplomacy/archaeology-humanities-and-social-sciences/french-archaeological-missions-are-key-actors-in-international-scientific/safeguarding-endangered-heritage-in-conflict-zones/article/focus-french-archaeological-missions-in-yemen.

② 杨建华. 外国考古学史 [M]. 长春：吉林大学出版社，1999：185.

造服务社会的积极形象，也愿意为考古团队的经费慷慨解囊①。约旦的侯赛因国王在1952年继位后，也十分重视本国的考古和历史研究，希望通过历史与考古塑造一个稳固的国家身份。在他和约旦王室的支持下，约旦向外国团队提供的发掘许可之多在西亚也首屈一指。

在东南亚，各新生国家以同样的热情投入考古。如随着印尼和法国联合考古团队通过广泛严谨的发掘确认巨港是古代海上强国三佛齐（Srivijaya，唐代时被称为"室利佛逝"）的政治中心后，这一历史在当地受到广泛欢迎，Srivijaya的标志出现在城市各个角落，甚至当地的军队都叫三佛齐师②。与此同时，在美国考古学家福克斯的带领下，菲律宾考古团队于1959年加入到整个东南亚地区寻找直立人证据的项目中，因为菲律宾政府相信相关发现会给国家带来荣耀。当该团队于70年代在巴拉望岛发现了被誉为菲律宾文明摇篮的泰邦洞窟群（Tabon Caves）后，菲律宾政府也及时将洞窟群所在的整个利普恩角（Lipuun Point）地区划定为遗产保护区③。

在阿富汗，当王室成员达乌德汗（Daoud Khan）于1973年发动政变推翻他的表兄查希尔沙国王（Zahir Shah），成立阿富汗共和国并出任总统后，作为树立共和国开明形象的一部分，他在任内也延续了对国际考古项目的支持。如面对巴米扬大佛和周围壁龛由于自然和人类活动导致的明显劣化，阿富汗政府从1969年到1976年赞助了印度考古局对遗址的保护项目④。

对于欧美等开展跨国考古的国家来说，虽然已经很难再通过这项工作获得大量的新出土文物，但跨国考古不仅能够推动重要考古研究的开展，还能展示正面的国家形象，维持和推动与东道国的良好合作关系，因此仍持续给予重视与支持。如这一阶段继承战前德国主要跨国考古力量的联邦德国政府

---

① Meskell L. (Ed.). Archaeology under fire: nationalism, politics and heritage in the Eastern Mediterranean and Middle East [C]. London: Routledge, 2002: 192-193.
② Stark M T. (Ed.). Archaeology of Asia [C]. Oxford: Blackwell Publishing, 2006: 31.
③ Habu J, Lape P V, Olsen J W. (Eds.). Handbook of East and Southeast Asian Archaeology (Vol. 728) [C]. New York: Springer, 2017: 152.
④ Warikoo K. (Ed.). Bamiyan: challenge to world heritage [M]. New Delhi: Bhavana Books & Prints, 2002.

就认为跨国考古所承载的文化与学术研究是提升国家形象的有效手段，对此给予很大支持。美国驻土耳其研究所主任皮埃尔·奥柏林（Pierre Oberling）也在1967年的一封信中指出，"对于欧洲国家，尤其是英国、荷兰、法国和德国来说，在土耳其设立驻外考古机构为这些国家的政府和民众提供了自豪感。对这些国家来说，文化影响力以及学术威望像金子那样有形"[①]。

这种作用也被一些开展跨国考古的学者所认识并主动加以发挥。20世纪六七十年代，土耳其古城萨迪斯（Sardis）考古与修复项目的负责人、哈佛大学教授乔治·汉夫曼（Goerge Hanfmann）就坚信他的工作有助于在国际上树立美国坚实的公众形象。1965年2月，他在写给史密森学院邦海姆女士（H. Bonheim）的信中指出，"萨迪斯项目旨在通过使土耳其人民具体、亲身体验到与美国合作带来的文化、教育和经济利益，从而推动他们对美国的好感"[②]。在汉夫曼的努力下，萨迪斯成功地成为土耳其西部的主要旅游目的地之一，当地持续开展的考古工作也为美国和土耳其之间的考古和保护研究以及文化交流提供了宝贵的机会。

由此可见，通过一个多世纪的发展，到本阶段，跨国考古作为推动科学研究和国家间交往的积极途径，其重要性得到了各国的普遍认可。

（三）合作机制的国际化

这一时期，亚洲地区跨国考古的另一个显著变化就是出现了一些由UNESCO牵头的国际合作项目，其代表是"拯救幼发拉底河谷的文化宝藏"项目和摩亨佐-达罗国际保护项目。

1968年，叙利亚政府在苏联的援助下开始在幼发拉底河上游修建塔布卡水坝（Tabqa Dam）。1971年1月，UNESCO总干事勒内·马厄发出国际

---

① Luke C, Kersel M. US cultural diplomacy and archaeology: soft power, hard heritage [M]. New York: Routledge, 2019: 34.

② Luke C, Kersel M. US cultural diplomacy and archaeology: soft power, hard heritage [M]. New York: Routledge, 2019: 35.

呼吁，邀请成员国的高校和科研机构参与保护面临淹没的叙利亚文化宝藏。为了吸引国际团队的参与，叙利亚政府同意将出土文物的一半留给发现团队[1]。参与项目的国际机构包括德国考古研究所、法国国家科学研究中心、瑞士国家科学研究基金、荷兰莱顿大学、英国牛津大学，以及美国的芝加哥大学、哥伦比亚大学和哈佛大学等[2]。这些机构发现并记录了库区内各个时期的大量考古遗址。它们的项目经费主要来自各国政府或企业赞助，教科文组织本身只提供了少量的援助经费用以支持遗址图录的出版。

作为跨国考古的后来者，日本对于叙利亚项目倾注了很大的资源和精力。1974年，在获悉总干事拯救叙利亚遗产的呼吁后，日本古代东方博物馆的候任馆长、考古学家江上波夫（Namio Egami）、筑波大学考古学教授增田精一（Seichi Masuda）等访问叙利亚。他们选择库区最北部的Rumeilah和Mishrifeh地区开展工作，并于同年获得了叙利亚政府的发掘许可。项目从1974年到1980年共持续了七个工作季。此后日本考古队又前往叙利亚西北部的新石器聚落遗址玛祖玛（Tell Mastuma）展开发掘，一直持续到1995年[3]。

除了考古调查、记录和发掘，叙利亚政府还致力于通过该项目为当地民众的就业和民生作出贡献。1973年，叙利亚向联合国世界粮食计划署（WFP）申请资金，以支付从事考古项目劳工的日常饮食起居费用，计划在每年的三个月时间里支持200名工人在十余个外国考古项目中工作，为期五年。这一申请得到了WFP的批准，从而保障了配合大坝建设的考古项目的顺利进行，并得到当地民众的欢迎。

在南亚，英国殖民当局于1932年在信德省开通了苏库尔拦河坝（Sukkur Barrage）及其巨大的沟渠网络。作为当时世界上最大的单体灌溉系统，它从

---

[1] Luke C, Meskell L. Archaeology, assistance, and aggression along the Euphrates: reflections from Raqqa [J]. International Journal of Cultural Policy, 2019, 25 (7): 831-842.

[2] Bounni A. Campaign and Exhibition from the Euphrates in Syria [J]. Annual of the American Schools of Oriental Research, 1977, 44: 1-7.

[3] Ishida K, Tsumura M, Tsumoto H. (Eds.). Excavations at Tell Ali al-Hajj, Rumeilah, a bronze-iron age settlement on Syrian Euphrates [R]. Tokyo: Ancient Orient Museum, 2013: 3.

印度河取水用于水稻灌溉，导致当地地下水位急剧上升。巨大的土壤毛细作用将盐分吸入地表及摩亨佐-达罗遗址的砖土遗存中，对遗址造成重大影响。1950年，由于从沟渠中渗出的地下水，惠勒在发掘中已无法达到文化层的最底部①。

鉴于问题的严重性，1964年，UNESCO派出国际文化财产保护与修复研究中心（ICCROM）总干事哈罗德·普兰德莱斯（Harold Plenderleith）等专家到现场展开考察并提交状况报告。为了保护遗址，摩亨佐-达罗的现场考古工作也自此停止。由于遗址恶化的原因被归结为工程和水利问题，1966年，UNESCO委托一家在埃及努比亚参与过保护工作的荷兰水务工程咨询公司到现场调查，并提交了高昂的整治项目预算。此后，由于考古界与工程界对于整治方案的意见不一致，以及缺乏充分的经费，项目被搁置。直到1974年，巴基斯坦政府正式向UNESCO提出保护请求，UNESCO发起了历时二十多年的摩亨佐-达罗国际保护项目（International Safeguarding Campaign for Mohenjodaro）②。

在项目的开展过程中，UNESCO最终还是选择了工程为主的技术路线，计划在五年内分三阶段将印度河改道绕过遗址，通过管井降低地下水位，最终完成遗址脱盐和加固，总预算为750万美元③。但由于石油危机和经济衰退的国际大局势，外加摩亨佐-达罗遗址本身没有像埃及努比亚地区那样激动人心的古迹，除了联邦德国和日本成为最大的资助国，其他发达国家的反响起初并不热烈。新的捐助国主要包括同为伊斯兰国家的埃及、巴林、伊拉克和沙特等西亚国家，以及邻近的印度、斯里兰卡等国。

此类由UNESCO牵头的国际发掘和保护项目有利于在世界范围内调动人

---

① Shabab Q U. Address of Welcome. In Khan A N. (Ed.). Proceedings of International Symposium on Mohenjodaro, 1973 [C]. Karachi: National Book Foundation, 1975.

② Meskell L. "Save Archaeology from the Technicians": Wheeler, World Heritage and Expert Failure at Mohenjodaro [J]. International Journal of Cultural Property, 2019, 26 (1): 1-19.

③ Maheu R. Save Moenjodaro Appeal [EB/OL]. [2022-04-27]. https://unesdoc.unesco.org/ark:/48223/pf0000009534.

力和物力资源，对于濒危古迹遗址的保护起到了积极作用，成为跨国考古发展的一个新方向。

（四）效益的社会化

20世纪六七十年代，后现代与后殖民理论的兴起也对跨国考古工作产生巨大影响。对传统考古伦理的质疑首先来自美国、澳大利亚和新西兰等国的原住民团体。他们要求自己的文化传统，以及先人的遗骸得到尊重，使后者不再成为西方考古研究的对象。这促使欧美考古学家对考古实践，特别是与人类墓葬相关的发掘进行反思，并进而将审视的对象扩展到在他国开展的跨国考古。随着后现代主义思潮推动下后过程考古学的兴起，很多支持者开始强调考古的政治性。1986年，首届世界考古大会（World Archaeological Congress）在英国南安普敦举行，会议主张考古学不能脱离更广泛的政治气候，平等和社会正义的价值观应该是考古思想和实践的中心[1]。

在这样的大环境下，人们开始从更大的视域审视跨国考古。除了推动学术研究本身，跨国考古对于东道国，尤其是项目当地的民众来说是否公平，是否能从中获益，成为人们越来越关心的问题。而跨国考古项目的长期性，也使得考古团队有必要，也有机会，与项目所在国，尤其是遗址当地政府与社区保持持续的积极关系。如福特基金会于1974年至1975年资助宾夕法尼亚大学在泰国Ban Chiang遗址与当地社区展开合作式考古，致力于提升当地人遗产保护的意识和能力。作为该项目的一部分，福特基金会还向泰国的考古学家提供到宾夕法尼亚大学等美国大学学习的机会[2]。20世纪80年代，在约旦考古局负责人，著名考古学家莫维亚·易卜拉欣（Moawiyah Ibrahim）的推动下，约旦也进一步加强了与国外机构在考古和文化遗产领域的合作，

---

[1] Hamilakis Y, Duke P. (Eds.). Archaeology and capitalism: from ethics to politics [C]. Walnut Creek: Left Coast Press, 2007: 19.
[2] Gorman C, Charoenwongsa P. Ban Chiang: a mosaic of impressions from the first two years [J]. Expedition, 1976, 18 (4): 14-26.

将国外团队的田野项目纳入约旦整体的遗产保护规划中，并已经开始构想遗址的可持续保护和利用[1]。这些实践都成为推动跨国考古发挥社会效益的重要尝试，为下一阶段跨国考古朝更加重视民生与交往的方向发展拉开了序幕。

四、考古成果的大收获

基于上述新方法、新观念和新机制，本阶段的亚洲各地区的跨国考古普遍取得了新的重要收获，各国的本土考古力量也在与外国团队的合作中得到锻炼与成长。

（一）西亚地区

1951年至1960年间，美国哥伦比亚大学考古学家拉尔夫·索莱基（Ralph Solecki）在伊拉克库尔德地区的沙尼达洞穴（Shanidar Cave）发掘出十具尼安德特人的遗骸，其葬式引发了人们对尼安德特人与现代人相似性的新思考[2]。在土耳其，英国考古学家詹姆斯·梅拉特（James Mellaart）从1958年起开始发掘位于土中南部科尼亚高原边缘的加泰土丘（Çatalhöyük），发现了年代从公元前6500年到前5720年的十二个建筑层位，里面有大量栩栩如生的壁画和浮雕[3]。

在巴勒斯坦地区，考古工作也在局势稳定时得到开展。1952年，在著名

---

[1] Gebel H G K. Site presentation and cultural "heritage education" in tribal environments [A]. In A Pioneer of Arabia. Studies in the Archaeology and Epigraphy of the Levant and the Arabian Peninsula in Honour of Moawiyah M. Ibrahim [C]. Rome: Università di Roma "La Sapienza", 2014: 45-58.

[2] Solecki R S, Solecki R L, Agelarakis A P. The proto-neolithic cemetery in Shanidar Cave [M]. College Station: Texas A&M University Press, 2004.

[3] 〔英〕格林·丹尼尔著，黄其煦译. 考古学一百五十年 [M]. 北京：文物出版社，2009：333.

女考古学家凯瑟琳·凯尼恩（Kathleen Kenyon）的带领下，英国再次开始对耶利哥遗址展开发掘。考古队伍由多国专家组成，并采用经惠勒改良的地层发掘方法，即5米×5米的探方进行发掘，为西亚考古树立了新的标杆。发掘一直进行到1958年，并于80年代初出版了发掘报告，大大推动了对于遗址的全面认识。但令人遗憾的是凯尼恩的团队未对遗址进行统一的分期，每个区域都有自己独立的地层序列[①]。

法国考古队则于1955年对位于以色列北部呼勒湖盆地的恩·马哈拉遗址（Ain Mallaha）进行了初步发掘，该遗址在是纳图芬人（Natufian）的重要定居点，除了为早期定居人群的生业形态提供重要研究资料，这里还是已知发现最早家犬骨骸的遗址之一[②]。

这一阶段，总部位于耶路撒冷约旦控制区的美国东方研究学院将其主要精力挪向了约旦和约旦河西岸地区。20世纪五六十年代，学院新一代的骨干力量通过在约旦河西岸纳布卢斯（Nablus）附近巴拉塔遗址（Tell el-Balata，即圣经中的示剑城）的发掘成长起来[③]。1964年，学院还与以色列的希伯来联盟学院开始合作发掘以色列境内的吉泽遗址（Tell Gezer）。而由于二战期间对欧洲犹太人的种族灭绝政策，联邦德国与以色列直到1965年才建立外交关系。1972年，福尔克马尔·弗里茨（Volkmar Fritz）成为二战后第一个在以色列开展发掘的德国人[④]。

二战后外国机构在伊朗境内的考古工作也很快得到恢复。法国考古队伍于1946年就在罗曼·格什曼（Roman Ghirshman）的带领下返回苏萨。从1951年至1962年期间，格什曼还主持发掘了位于伊朗西部佐加赞比尔

---

① Wagemakers B, Finlayson B, Sparks R T. (Eds.). Digging Up Jericho: Past, Present and Future [C]. Oxford: Archaeopress Publishing Ltd, 2020: 177.
② 〔英〕保罗·巴恩编著, 杨佳慧译. 考古通史[M]. 天津: 天津人民出版社, 2021: 62.
③ Meskell L. (Ed.). Archaeology under fire: nationalism, politics and heritage in the Eastern Mediterranean and Middle East [C]. London: Routledge, 2002: 183-184.
④ Van der Linde S J, et al. (Eds.). European archaeology abroad: global settings, comparative perspectives [C]. Leiden: Sidestone Press, 2013: 167.

（Chogha Zanbil）的埃兰金字形神塔①。这一时期美国考古团队在伊朗也十分活跃。1949年，宾夕法尼亚大学博物馆的卡尔顿·库恩（Carlton S. Coon）开始对扎格罗斯山脉（Zagros Mountains）和里海沿岸马赞达兰（Mazandaran）的多个洞穴展开调查，这是对伊朗旧石器时代遗迹的首次系统调查。罗伯特·戴森（Robert Dyson）则于1956年开始在伊朗西北部加达尔河（Gadar River）规模最大的哈桑卢遗址（Hasanlu）进行发掘工作，并于1972年在这里发现了著名的"哈桑卢恋人"合葬墓（图一四）②。

图一四　"哈桑卢恋人"③

此外，从1951年起，比利时根特大学的考古学家路易斯·博格在伊朗西南法尔斯省（Fars）进行了广泛的调查，并开展了一些试掘工作，从而建立了该地区从新石器时代到铁器时代的初步年表。而从1956年起，在东京大学江上波夫和增田精一的带领下，日本工作组开始对位于波斯波利斯以南3千米的巴坤遗址（Tall-i-Bakun）进行发掘④。二战前，赫兹菲尔德、麦考恩、施密特等德美考古学家都曾在这里开展过发掘⑤-⑥。

---

① Abdi K. Nationalism, politics, and the development of archaeology in Iran [J]. American journal of archaeology, 2001, 105 (1): 51-76.
② Dyson R. Survey of Excavations in Iran 1971-72 [J]. Journal of the British Institute of Persian Studies, 1973, 11: 195.
③ 图片来源：https://www.penn.museum/sites/expedition/lovers-friends-or-strangers/.
④ Egami N, Masuda S. The excavation at Tall-i-Bakun: 1956 [R]. The Tokyo University Iraq Iran archaeological expedition report, 1962.
⑤ Langsdorff A, McCown D E. Tall-i-Bakun A: season of 1932 [J]. Oriental Institute publications 59, 1942.
⑥ Schmidt E F. Tol-e-Bakun: prehistoric mound near Persepolis [J]. University of Pennsylvania Museum Bulletin, 1937, 7 (1): 27-28.

20世纪50年代末至60年代，芝加哥大学东方研究所也在伊朗牵头开展了一系列调查和发掘项目，包括1959年至1960年布雷德伍德主持的"伊朗史前史项目"，罗伯特·亚当斯（Robert Adams）于1960年至1961年在伊朗西南胡齐斯坦省（Khuzestan Province）苏斯亚纳平原（Susiana）开展的区域调查，以及弗兰克·霍尔（Frank Hole）与肯特·弗兰纳瑞（Kent Flannery）1961年至1963年间在位于伊朗西部伊拉姆省Deh Luran平原的阿里克什遗址进行的发掘。这些工作开启了伊朗考古学的现代化进程[1]。在此基础上，20世纪六七十年代成为伊朗考古的大发展时期。来自欧美和日本的考古队在伊朗开展了更多的现场工作，伊朗本土的考古力量也得到长足发展。

1979年，伊朗爆发的伊斯兰革命推翻了巴列维王朝，各国在伊朗的考古项目自此陷入停滞。随后从1980年延续至1988年的两伊战争更是严重影响了地区局势，西亚地区的跨国考古直到20世纪90年代后才逐渐恢复。

（二）中亚地区

1951年，一支英国考古团队在巴米扬山谷的Shahr-i Zohak遗址进行小规模的发掘[2]。次年，法国与阿富汗的排他性考古协议到期并进行重新谈判，自此开始了延续至1979年苏联入侵前的阿富汗考古国际化时代。这一时期，在强调政府对文物的所有权以及禁止未经许可的文物出口的前提下，阿富汗向外国考古学家颁发了为数不少的发掘许可。除了巴米扬大佛及整个窟区的发掘、保护和研究取得新进展[3]，本阶段各国在阿富汗考古的工作范围也较上一阶段扩大不少。如应阿富汗政府的邀请，意大利团队于1957年至1958年

---

[1] Abdi K. Nationalism, politics, and the development of archaeology in Iran [J]. American journal of archaeology, 2001, 105 (1): 51-76.
[2] Allchin F R, Allchin B. From the Oxus to Mysore in 1951: The Start of a Great Partnership in Indian Scholarship [M]. Kilkerran: Hardinge Simpole, 2012: 137-148.
[3] 邵学成. 为了忘却的巴米扬纪念：鲜为人知的佛教美术研究史 [EB/OL]. (2020-06-06) [2022-05-06]. http://www.silkroads.org.cn/portal.php?mod=view&aid=32277.

对位于东部加兹尼市（Ghazni）的伊斯兰时期遗址展开发掘[1]，而美国和英国的队伍分别于20世纪六七十年代发掘了一些史前遗址[2-3]。

1975年至1979年，法国考古学家法兰克福（H. P. Francfort）在阿富汗北部的阿姆河南岸地区调查并发掘了肖图盖伊（Shortugai）遗址。该遗址被认为是印度河文明最北端的贸易据点，用来获取附近的金、铜、锡和天青石等资源，对研究印度河文明与中亚地区贸易关系意义重大[4]。与此同时，1978年底，苏联和阿富汗联合考古队共同发现了蒂拉丘地（Tilly Tepe），大量黄金文物被发现（图一五）。就当这些重要考古发现等待人们进一步的研究时，1979年，苏联对阿富汗的入侵中断了所有的考古工作。

（三）东南亚地区

二战结束后不久，中南半岛上就爆发了反对法国殖民统治的第一次印支战争。1954年，随着战争的结束，法国对越南、老挝、柬埔寨的殖民统治也宣告终结，三国获得独立。1957年，在越南政府的要求下远东学院驻河内中心被关闭，但其成员大多数被允许留下继续开展研究工作。除了考古、人类学、佛教和语言学等各方面的研究，远东学院还采用"原物重建法"（anastylosis），对吴哥古迹等重要建筑展开修复[5]。此外，法国学者还对柬埔寨其他地区展开调查。如1959年，法国考古学家马勒雷对柬东南部的棉末

---

[1] Scerrato U. Summary report on the Italian Archaeological Mission in Afghanistan. The first two excavation Campaigns at Ghazni, 1957-1958 [J]. East and West, 1959, 10 (1/2): 23-55.

[2] Fairservis W A. Archeological Studies in the Seistan Basin of Southwestern Afghanistan and Eastern Iran [J]. Anthropological Papers of the American Museum of Natural History, 1961, 48: 2-4.

[3] Helms S W. Excavations at Old Kandahar in Afghanistan: 1976-1978; conducted on behalf of the Society of South Asian Studies (Society for Afghan Studies); stratigraphy, pottery and other finds [M]. Oxford: Archaeopress, 1997.

[4] Dupree L. Notes on Shortugai : an harappan site in northern Afghanistan [A]. In Dani A H. (Ed.). Indus Civilization: new Perspectives [C]. Islamabad: Quaid-i-Azam University, 1981.

[5] 温玉清. 法国远东学院与柬埔寨吴哥古迹保护修复概略 [J]. 中国文物科学研究, 2012 (02): 45-49.

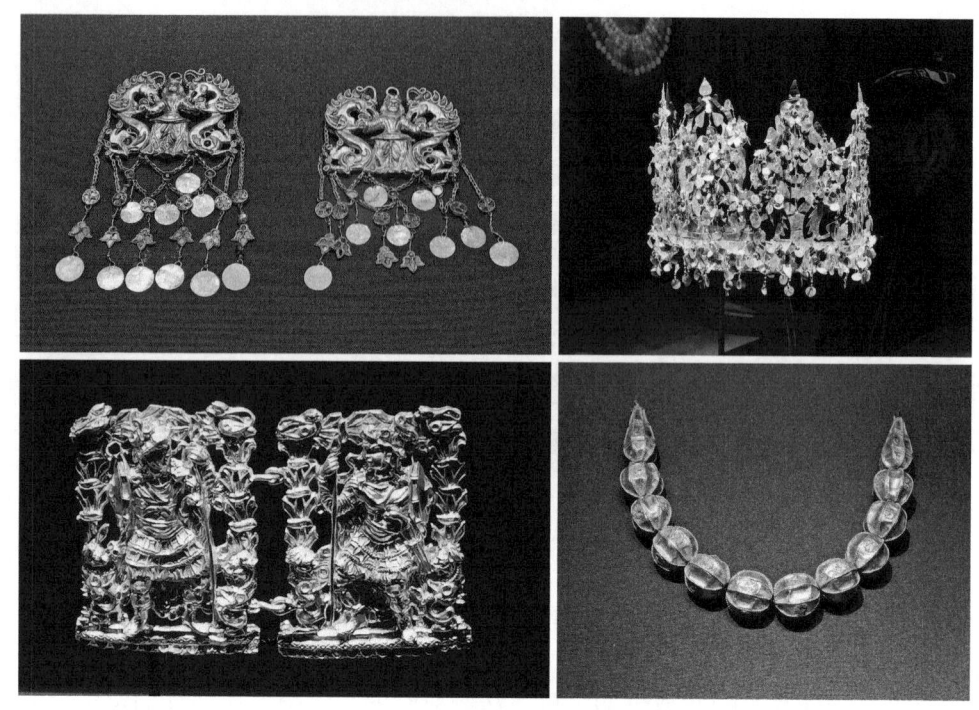

图一五　蒂拉丘地遗址出土文物
（图片来源：湖南省博物馆"来自阿富汗的国宝"展，作者自摄）

地区（Memot）进行调查，并记录了17个圆形土堆，它们是当地早期村落的遗迹。1962年，伯纳德·格罗西埃（Bernard Groslier）开始在当地进行首次发掘，并将这一史前文化命名为"棉末文化"。远东学院在柬埔寨的工作一直持续到1975年，随着柬内战的爆发和局势的恶化，在柬埔寨各地的考古与古迹修复工作被迫终止。

在泰国，1955年，泰国艺术大学（Silpakorn University）成立了考古系。1959年，基于与丹麦的长期友好合作关系，在丹麦驻泰国大使的推动下，考古系与丹麦方面组成联合考古队，在泰国西部靠近缅甸的北碧府（Kanchanaburi）地区进行调查和发掘。项目的丹方负责人van Heekeren二战期间曾在此作为日军俘虏修建从泰国通往缅甸的"死亡铁路"。他在工地附近发现过一处史前墓葬，里面发现了大量陶器、工具和工艺品。在持续近十年的发掘过程中，他和其他丹麦专家指导泰国学生对史前遗址Ban Kao和岩厦

第四章　文明的交往与共生：亚洲地区跨国考古的
成熟与转型（二战后至今）　　　　　　·111·

遗址Tam Phra进行发掘，培养出艺术大学的第一代考古学生[①]。

1957年，老挝、泰国、柬埔寨与越南四国成立了湄公河下游调查协调委员会，负责在从老挝的琅勃拉邦（Luang Prabang）到越南的湄公河三角洲之间的广阔区域内选址修建水电站、水库、沟渠等大规模的水利设施。为此，从1963年开始，泰国美术局与夏威夷大学人类学系合作，在泰国东北部开展了为期三年的抢救性考古工作，其间开展了多个调查和发掘项目[②]。1965年，美术局又与英国和澳大利亚的考古学家合作，在五年的时间里主要对新石器晚期遗址Khok Charoen和6至11世纪陀罗钵地王国的U-Thong古城内的Tha Muang遗址进行了发掘[③]。进入20世纪80年代后，泰国与外国考古机构的合作进一步增多，如与英国合作在泰国西部的史前晚期遗址Ban Don Ta Phet进行发掘[④]，与澳大利亚合作对泰国湾的一个沉船点进行了调查和发掘[⑤]，并与美国合作在泰国北部开展古人类学研究项目[⑥]。

在二战后的一段时间里，今天的马来西亚仍然处于英国的殖民统治之下。这一时期，在外国考古学家的带动下，马来西亚的考古发掘技术和记录水平也得到很大提高。如20世纪50年代，英国考古学家盖尔·谢夫金（Gale de Giberne Sieveking）对吉兰丹州（Kelantan）的Gua Cha遗址进行了细致发

---

① van Heekeren H R, Knuth E. Archaeological Excavations in Thailand: Sai-Yok, stone-age settlements in the Kanchanaburi province [M]. Munksgaard, 1967.

② Gorman C F, Solheim W G. Archaeological salvage program: Northeastern Thailand—first season [J]. Journal of the Siam Society, 1966, 54 (2): 111-181.

③ Loofs H H E. A Brief Account of the Thai-British Archaeological Expedition, 1965-1970 [J]. Archaeology & Physical Anthropology in Oceania, 1970, 5 (3): 177-184.

④ Glover I. Ban Don Ta Phet: The 1984-85 excavation. In Glover I. (Ed.). Southeast Asian archaeology 1986 [C]. Oxford: Oxford British Archaeological Reports, 1990: 139-183.

⑤ Green J N, Harper R. The excavation of the Pattaya wreck site, Thailand and survey of three other sites, Thailand, 1982 [M]. Special Publication no. 1. Sydney: Australian Institute for Maritime Archaeology, 1983.

⑥ Pope G G. Recent advances in Far Eastern paleo-anthropology [J]. Annual Review of Anthropology, 1988, 17: 43-77.

掘，并对土壤剖面和出土文物加以详细记录①。美国加州大学的医学家和人类学家弗雷德里克·邓恩（Frederick Dunn）也于这一时期用探方法和干筛法对彭亨州（Pahang）的Gua Kechil遗址进行发掘②。这两次发掘为马来西亚的考古研究树立了新的标准。

1957年8月，马来亚联合邦获得独立，并于1963年9月与沙捞越和沙巴合并正式成立马来西亚。沙捞越地区的考古工作也在二战结束后恢复，代表人物是前英军军官汤姆·哈里森（Tom Harrisson）。他于1947年至1967年间担任沙捞越博物馆的馆长。虽然他不是一个训练有素的考古学家，他的发掘方法按今天的标准来看也显得粗糙，但他采用多学科的方法，邀请古生物学家、动物学家、地质学家和植物学家等合作开展研究，并对放射性碳测年技术加以应用，成为沙捞越地区考古发展的奠基人③。

从20世纪70年代中期开始，随着本土马来西亚人在考古项目中逐渐成长起来，以及考古留学生的陆续回国，马来西亚考古开始由本国学者所主导。但仍有不少外国考古学家继续在马来西亚工作，特别是澳大利亚国立大学的彼得·贝尔伍德（Peter Bellwood）。1979年至1987年间，他与沙巴博物馆（Sabah Museum）合作，在沙巴东南部的史前遗址持续进行发掘④。

新加坡的考古起步较晚。1984年，新加坡国家博物馆的研究人员在荷兰皇家壳牌石油公司的资助下，在康宁堡（Fort Canning）开展了为期10天的发掘。这里被认为是14世纪新加坡王国末代国王伊斯坎达沙（Iskandar Shah）的安息之处，据传直到1819年英国人到来时还有一座古代宫殿的遗迹。1858年这里建造起一座炮堡，开始被称为康宁堡。这是新加坡进行的第一次系统

---

① Sieveking G G. Excavations at Gua Cha, Kelantan 1954. Part 1 [J]. Federation Museums Journal, 1954, 1: 75-143.
② Dunn F L. Excavations at Gua Kechil, Pahang [J]. Journal of the Malaysian Branch of the Royal Asiatic Society, 1964, 37 (2): 87-124.
③ Harrisson T. The Prehistory of Borneo [J]. Asian Perspectives, 1970, 13: 17-46.
④ Bellwood P. (Ed.). Archaeological research in southeastern Sabah. Sabah Museum Monograph (Vol. 2) [C]. Kota Kinabalu: Sabah Museum and State Archives, 1988.

考古发掘，成功地找到了14世纪的未扰动地层①。

在二战后的菲律宾，在美国考古学家罗伯特·福克斯（Robert Fox）的带领下，菲律宾国家博物馆团队对位于吕宋岛西南部八打雁省（Batangas）的卡拉塔甘半岛（Peninsula of Calatagan）等地展开了多个季度的发掘，第一次对当地过去一千年中的聚落模式、葬式和人工制品组合等有了清楚认识②。该团队还于1959年加入到整个东南亚地区寻找直立人证据的项目中，对吕宋岛北部的卡加延河谷（Cagayan Valley）和巴拉望岛（Island of Palawan）展开调查③。1975年，福克斯因病离开了工作岗位，但菲律宾的本土考古在政府的重视和支持下得到继续发展。

五、存在问题

20世纪五六十年代，詹姆斯·梅拉特因为发掘了加泰土丘等土耳其重要的新石器时期遗址而享誉世界。但由于他无法拿出实物证实自己所发表的资料，被土耳其方面指控走私文物，并被驱逐出境。在他去世后，经研究发现，为了使自己的解释模式变得圆满，梅拉特是在用自己臆想的文字或绘图来填补空白④。虽然梅拉特只是一个特殊的个例，但他极富争议的经历，也从一个方面反映了跨国考古的复杂性。

在理论认识方面，虽然这一时期考古研究的视野已经显著扩大，世界范

---

① Habu J, Lape P V, Olsen J W. (Eds.). Handbook of East and Southeast Asian Archaeology (Vol. 728) [C]. New York: Springer, 2017: 119.
② Fox R B. The Philippines in pre-historic times: A handbook for the first national exhibition of Filipino pre-history and culture [M]. Manila: UNESCO National Commission of the Philippines, 1959.
③ Fox R, Peralta J. Preliminary report on the Paleolithic archaeology of Cagayan Valley, Philippines, and the Cabalwanian Industry [A]. Proceedings of the First Regional Seminar on Southeast Asian Prehistoric Archaeology, June 26-July 4, Manila 1972 [C], 1974: 100-147.
④ Zangger E. James Mellaart: Pioneer ...... and Forger [EB/OL]. (2019-10-11) [2022-04-30]. http://www.xinhuanet.com/politics/leaders/2019-05/15/c_1124497022.htm https://popular-archaeology.com/article/james-mellaart-pioneer-and-forger/.

围内的比较研究开始增多，但以欧洲为中心的观念仍然作为一种传统的集体无意识，从深层次影响着西方考古学者的发掘和研究实践。如惠勒在四年的任期内虽然对哈拉帕和摩亨佐-达罗进行了更为科学的发掘，但受到两次世界大战期间他个人的军事经历，以及在英国时长期接受的罗马考古学的影响，他仍然认为印度河文明是从两河流域传入的。他的合作者斯图尔特·皮戈特（Stuart Piggott）也指出，对于一个英国考古学家来说，不可避免地要以印度河文明去类比自己国家土地上曾存在的、建立在史前铁器时代未开化定居点上的罗马帝国[1]。

同样，如土耳其考古学家Özdogan指出的，既不属于两河流域"文明摇篮"，又不属于欧洲古典中心的安纳托利亚地区仍被认为处于文明的核心区之外。受这一观念影响，对安纳托利亚地区新石器时代社会发展的探讨不多，外国考古学者对这一地区的考古调查与发掘也缺乏真正的兴趣，从而导致这里很多区域和时期的已知遗址密度仍然很低。Özdogan进一步指出，即使在安纳托利亚中部加泰土丘、哈吉拉尔（Hacilar）和阿西里克土丘（Aşıklı Höyük）等重要遗址被发现后的很长一段时间里，它们也仅仅被认为是黑曜石和盐等物资的贸易场所，而不是安纳托利亚高原上新石器时代文化发展的标杆[2]。

Özdogan的批评某种程度上也适用于著名考古学家伦福儒1973年出版的著作《文明之前》[3]。当时，随着碳十四在欧洲的大规模应用，东南欧地区的早期新石器遗址年代被从公元前3000年又往前推了两至三千年，但安纳托利亚地区史前文化的年代并未被相应调整，这样在伦福儒的书中就形成了欧洲和亚洲之间的一条时代"断层线"，一边是两河文明的漫长序列，一边是东南欧的新兴发展，夹在中间的安纳托利亚地区地位尴尬。

而战后由丹麦考古学家主导的海湾地区考古调查虽然取得了重要的收

---

[1] Piggott S. Prehistoric India to 1000 BC [M]. London: Pelican Book, 1950: 133-138.

[2] Özdogan M. Neolithic in Turkey: the status of research. In Readings in Prehistory. Studies Presented to Halet Çambel [M]. Istanbul: University of Istanbul, 1995: 41-60.

[3] Renfrew A C. Before Civilization: The Radiocarbon Revolution and Prehistoric Europe [M]. London: Jonathan Cape, 1973.

第四章 文明的交往与共生：亚洲地区跨国考古的
成熟与转型（二战后至今） ·115·

获，也需要看到，在丹麦考古学中占主导地位的是古典考古和北欧史前史考古，虽然二战前丹麦考古学家一直活跃在叙利亚的哈马（Hama），但总的来说没有太多西亚考古的传统，丹麦调查队的成员大多也和格罗布一样是丹麦史前史专家。这也导致除了丹麦语的简报，这次重要考察的大多数成果都未得到及时发表[①]。

此外，作为文明交往形式的跨国考古，在具体项目的开展过程中，也发生过不少跨国团队与当地民众因为文化习俗等方面的差异而产生误解的情况。如根据德国考古学家戈贝尔的介绍，1986年，他的团队在与约旦考古机构合作在巴斯塔村（Basta）开展联合考古项目时，就由于未对村落的保守文化进行充分了解，从而导致与村民们矛盾重重。当地村民认为他们没有得到德国考古队员的尊重，因为后者将不戴头巾的妇女以及酒精饮料带进村子，并在私人土地以及被当地人视为禁忌的坟墓进行发掘；考古队员则认为村民心胸狭窄，没有受过教育，不理解考古和文化遗产。在这种对立的氛围下，双方没有任何交往。村民们视发掘和发掘者为异物，每当他们经过工地或看到外国人时，都会低下头。该项目被容忍的唯一原因就是它会季节性地向当地村民提供考古工地的雇工机会。而德国考古队员也接受了约旦合作伙伴的建议，选择忽视这些"没有文化"的村民。直到1992年的最后一个发掘季，德方考古队员开始尝试与村民们展开沟通。他们邀请村落长老和他们的家人来遗址参观，并向他们解释新石器时代与《古兰经》的关系，取得了一定的效果[②]。

巴斯塔的例子生动地说明，必须对跨国考古项目所在地民众的文化、习俗、信仰有充分的了解和尊重，并且以他们能够理解的方式分享关于遗址和遗产保护的信息，否则考古项目不仅不能推动双方的相互认知，还有可能带

---

① Meskell L. (Ed.). Archaeology under fire: nationalism, politics and heritage in the Eastern Mediterranean and Middle East [C]. London: Routledge, 2002: 191-192.

② Gebel H G K. Site presentation and cultural "heritage education" in tribal environments [A]. In A Pioneer of Arabia. Studies in the Archaeology and Epigraphy of the Levant and the Arabian Peninsula in Honour of Moawiyah M. Ibrahim [C]. Rome: Università di Roma "La Sapienza", 2014: 45-58.

来负面影响。

此外，这一时期世界上东西两大阵营间的冷战局势也影响到跨国考古工作，各国在组织跨国考古或援助时或多或少都会有地缘政治方面的考量。以国际援助摩亨佐-达罗项目为例，最开始美国并未出资。直到20世纪80年代，为了遏制苏联在南亚的扩张，美国和巴基斯坦的关系变得密切，美国也随之出资对摩亨佐-达罗保护行动予以支持。此外，也已有大量研究成果表明，冷战期间，美苏双方都会招募考古学家在跨国考古中以实地调查作为收集情报的掩护[①]。

第二节　民生与交往：面向未来的跨国考古（20世纪90年代至今）

20世纪80年代末至90年代初，随着东欧剧变和苏联解体，冷战宣告结束，世界格局发生重大变化，和平与发展成为时代主题。在这一背景下，亚洲地区的跨国考古也有了新的发展，在新技术新方法的应用、国际合作的深度与广度、考古项目的社会影响等方面都取得了前所未有的成果。跨国考古不仅成为推动考古学进步的重要途径，也成为促进东道国专业能力建设和民生改善，以及提升各国交往和了解的重要手段。

一、技术方法与研究范式的突破

本阶段，科学技术的发展使考古学的研究面貌有了根本性的变化，大量最新的考古研究技术手段和理论方法也被第一时间应用在亚洲的跨国考古中。如从1988年起，德国图宾根大学的史前考古学家曼弗雷德·考夫曼（Manfred Korfmann）获得了土耳其政府颁发的许可，重新对特洛伊遗址展开发掘。直到考夫曼逝世的2005年，他带领的国际团队每年夏天都会在现场

---

① Meskell L. Imperialism, internationalism, and archaeology in the un/making of the Middle East [J]. American anthropologist, 2020, 122 (3): 554-567.

运用地磁探测等新技术进行勘察和发掘，发现了比先前宫城范围大得多的下城区域，进一步恢复了特洛伊的历史面貌①。

2009年至2011年间，作为日本科学振兴会（JSPS）"日本列岛与中国大陆的人类交流研究"项目的一部分，由九州大学、熊本大学和蒙古国科学院考古研究所组成的联合考古队对亨蒂省（Henty）达拉姆遗址（Daram）的六座青铜时代石板墓进行发掘。为了研究这一时期当地牧民的流动性，项目组对出土的牙齿样本进行了线粒体DNA分析，并对人类骨骼遗骸进行了锶同位素分析，此外还对遗址出土的珠子进行了化学分析，以确定其原材料的产地②。

在东南亚，印尼和澳大利亚团队采用铀系测年法确定苏拉威西岛（Sulawesi）溶洞中的手印和动物造型的年代为距今约40000年，与欧洲史前岩画的年代相同③。荷兰、法国、挪威、澳大利亚的学者还联合对杜布瓦于19世纪搜集的爪哇猿人文物中带有几何纹饰的贝壳进行了氩40/氩39同位素测年以及释光测年，距今约50万年的检测结果使其被认定为最古老的人造几何纹饰④。

法国远东学院则在修复吴哥西梅奔寺（West Mebon）残缺不全的毗湿奴青铜像时采用了沉浸式的3D复原技术，在视觉上对铜像进行虚拟复原，从而可以通过丰富的迭代过程对修复进行灵活分析，避免了传统不可逆的物理修复，并在此基础上结合艺术史、考古和历史研究，对铜像的制作和使用年代进行重新推断⑤。

---

① Wilford J N. Manfred Korfmann, 63, is Dead; Expanded Excavation at Troy [EB/OL]. (2005-08-19) [2022-09-06]. https://www.nytimes.com/2005/08/19/obituaries/manfred-korfmann-63-is-dead-expanded-excavation-at-troy.html.

② Miyamoto K, Obata H, Adachi T, et al. (Eds).Excavations at Daram and Tevsh sites: A report on joint Mongolian-Japanese excavations in outer Mongolia [R]. Fukuoka: Kyushu University, 2016

③ Aubert M, Brumm A, Ramli M, et al. Pleistocene cave art from Sulawesi, Indonesia [J]. Nature, 2014, 514 (7521): 223-227.

④ Joordens J C A, d'Errico F, Wesselingh F P, et al. Homo erectus at Trinil on Java used shells for tool production and engraving [J]. Nature, 2015, 518 (7538): 228-231.

⑤ Feneley M. Reconstructing God: Proposing a new date for the West Mebon Visnu, using digital reconstruction and artefactual analysis [J]. Australian and New Zealand Journal of Art, 2017, 17 (2): 195-220.

本阶段，我国的高校和科研机构也在跨国考古研究中取得重大研究成果。如西北大学团队与乌兹别克斯坦科学院考古研究所等机构展开国际合作，基于跨国考古调查与发掘，以古基因组学研究为重点，在解析天山沿线不同文化人群遗传特点及绘制天山地区古人群遗传演化图谱方面取得重要突破，被评价为"在填补古基因组信息缺环及演化研究的广度和深度上都体现出创新性，带来许多此前未发现的新证据"[①]。

与此同时，随着景观考古学等考古学理论与方法的发展，以及地球物理学和地理信息系统等技术的进步，加上气候变化与环境保护等现实影响，各国考古学家在考古项目中也更加重视对于人地关系以及人类活动对环境影响的研究。如传统的柬埔寨考古围绕着吴哥遗址中的大型古迹群展开，并与以《真腊风土记》为代表的历史典籍和碑铭相互印证，考古学更多是作为建筑和历史研究的一个分支，从史前到吴哥时期人们的日常生活在研究中被忽视。但经过夏威夷大学等国外机构的长期培训，柬埔寨考古与文化遗产管理机构和学界逐步改变了对于考古的看法，柬埔寨考古的重点开始从大型纪念碑建筑扩展到小型遗址，以增进对其他研究主题，如聚居模式、墓葬、城市规划、商品的生产和消费等的研究。基于这种认识，柬埔寨与国际团队合作在吴哥以外的吴哥波雷、棉末、三波坡雷古等地区展开了广泛的调查和发掘[②]。

在哈萨克斯坦教育与科学研究部的资助下，2018年，意大利国际地中海和东方研究协会与阿斯塔纳考古研究所及阿斯塔纳国立欧亚大学合作启动为期三年的"萨里亚尔卡地区的神圣景观"项目。位于哈萨克斯坦中部的萨里亚尔卡（Saryarka）即哈首都阿斯塔纳所在的主要地区。该项目旨在研究该地区从新石器时代和青铜时代直到19世纪的发展历史，及其对哈中部草原景观的影响。项目特别关注公元前一千纪的铁器时代——当时游牧的塞人来到了伊希姆河（River Ishim）沿岸的草场，以及伊斯兰教最早传播到当地的

---

① 张哲浩，李洁. 用古基因组数据绘制天山地区古代人类遗传图谱[N]. 光明日报. 2022-06-16 (008).
② Habu J, Lape P V, Olsen J W. (Eds.). Handbook of East and Southeast Asian Archaeology (Vol. 728) [C]. New York: Springer, 2017: 85.

时期①。

而德国学者在阿拉伯半岛西北部的研究则显示，水资源的可获取性可能是早期永久性定居点发展的主要触发因素。在此基础上，他们提出开展水文考古学（archaeohydrology）的重要性和潜力，指出开展水文考古研究需要综合应用考古学、文化人类学、考古生物学、地质考古学、地貌学、环境科学等提供的不同方法，对历史上的社会经济及环境情况加以综合评估，从而科学地重建水管理系统，并为当今水资源的可持续利用提供参考②。

二、公共考古与社区考古的兴起

这一时期，公共考古和社区考古的理念与方法也在亚洲跨国考古工作中得到积极推广。虽然学界对于公共考古学的定义、主题和策略尚未形成统一意见，但如公共考古学家A. Matsuda和K. Okamura指出的，"说到最后，我们认为公共考古学是考古学家为使考古学与当代社会更加相关而做出的承诺"③。社区考古学则通常被认为是公共考古学的一个活跃分支，是让本土社会获得考古学权力的一种工作方式，主要涉及发掘权、阐释权、教育权和商业开发权等权力的让渡。社区考古学的倡导者提出，当地社区可以有效地参与到从研究设计到遗物和遗迹的保存等全部环节④。在这种理念的影响下，各国考古学者开始更多地在跨国考古中致力于利用考古资源造福当地专

---

① ISMEO. The Sacred Landscape of the Saryarka Region (Kazakhstan): Genesis, Typology and Semantic [EB/OL]. [2022-05-12]. https://www.ismeo.eu/portfolio_page/the-sacred-landscape-of-the-saryarka-region-kazakhstan-genesis-typology-and-semantic-2/.
② Wellbrock K, Grottker M, Gebel H G K. Archaeohydrological investigation in NW arabia potentials, problems, needs and goals [A]. Proceedings of Water and Life in Arabia Conference, 2017: 27-44.
③ Matsuda A, Okamura K. Introduction: New Perspective in Global Public Archaeology. In Okamura K, Matsuda A. (Eds.).New Perspectives in Global Public Archaeology [C]. New York: Springer, 2011.
④ 徐坚. 社区考古学：文化遗产管理还是考古学研究［J］. 东南文化，2011 (05): 38-44.

业人员和普通民众，同时他们也会积极地向遗址所在社区分享考古项目的信息，并努力使发掘项目变得更具包容性。

1997年，巴勒斯坦民族权力机构的旅游与文物部与意大利罗马大学（Sapienza University of Rome）合作对耶利哥遗址展开新一轮的发掘和研究。到2015年，联合考古队对古城遗址内的12个区域开展了15个季度的发掘和修复。在英国巴勒斯坦探索基金会的协助下，项目组系统梳理了历史上对于耶利哥的多次发掘成果，并与新的考古发现相结合，第一次提出了古城的整体分期。除了遗址本身，巴意团队还把耶利哥在圣经时代之后随着人们的朝圣而形成的泉水、沟渠等众多景观要素都加以保护。2015年初，在意大利外交与合作部的支持下，项目组完成了13处遗址的修复，并在此基础上建成耶利哥绿洲考古公园，成为巴勒斯坦领土上的重要文化资源，每年吸引近40万游客前来参观（图一六）[1]。

此外，基于意大利与巴基斯坦的债务交换计划，意大利驻巴基斯坦考古工作队于2011年与巴基斯坦方面合作在斯瓦特地区合作启动了"考古学、社区、旅游实地学校"项目，意方为此提供了总额约240万欧元的资金。围绕意方设计的新斯瓦特博物馆的修建，共有300多名巴方人员在8个遗址发掘工地和古迹接受了培训并得到工作机会。在意方的保护与维护下，这些遗产每年接待超过3万名游客[2]。德国考古工作者也曾通过在也门贫困地区的发掘，推动了当地旅游业的发展。随着旅游基础设施的修建，以及由文物保护与旅游业等带来的就业机会，曾经一度改变了当地的经济结构，给当地人带来发展的希望[3]。

在东南亚，本阶段的跨国考古工作也开始更加重视推动东道国专业能力建设以及考古项目所在地的民生发展。如斯里兰卡水下国际考古项目就推动了斯里兰卡水下考古力量的成长。2001年，斯里兰卡中央文化基金会与荷

---

[1] Wagemakers B, Finlayson B, Sparks R T. (Eds.). Digging Up Jericho: Past, Present and Future [C]. Oxford: Archaeopress Publishing Ltd, 2020: 175-214.

[2] ISMEO. Italian Archaeological Mission to Pakistan-MAIP [EB/OL]. [2022-05-12]. https://www.ismeo.eu/portfolio_page/italian-archaeological-mission-to-pakistan-maip/.

[3] 〔德〕赫尔曼·帕辛格著，宋宝泉译. 考古寻踪：穿越人类历史之旅 [M]. 上海：上海三联书店，2019：17.

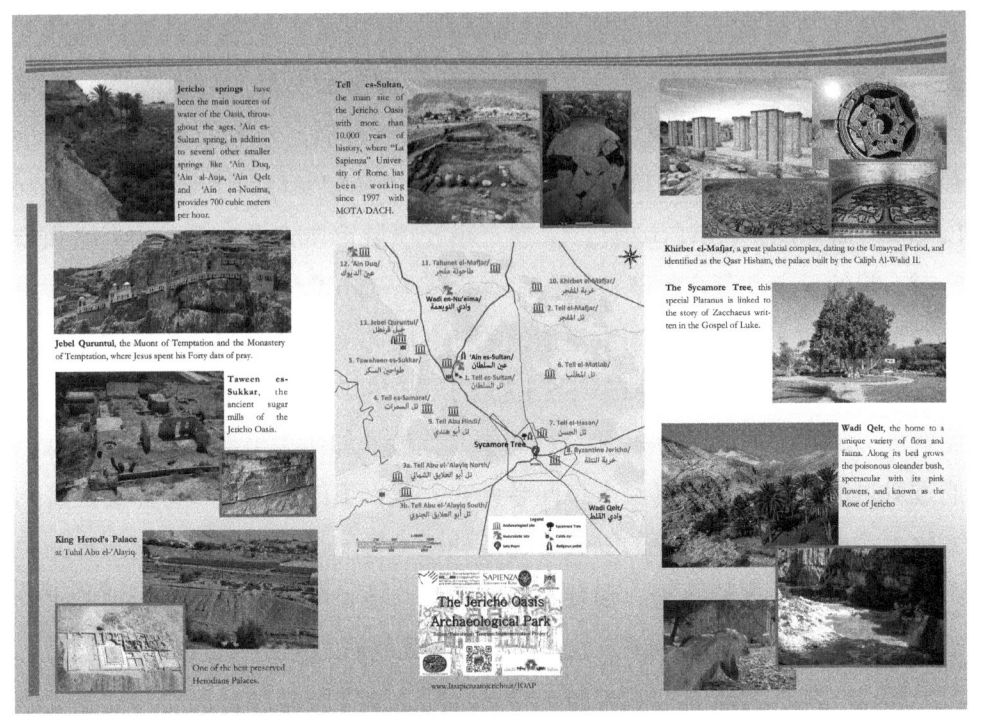

图一六　耶利哥绿洲考古公园导览图[1]

兰、澳大利亚和墨西哥合作,成立了海洋考古小组(Maritime Archaeology Unit)。该机构的第一个主要发掘项目是与西澳大利亚海事博物馆、阿姆斯特丹历史博物馆及墨西哥国家人类学和历史研究所合作,对1659年失事的埃文德斯特号(Avondster)进行打捞。该船是在加勒附近失踪的五艘荷兰东印度公司船只之一。通过对沉船和船内文物的调查、打捞和保护,该项目的主要目标是建立一座国家海事博物馆,以及培养斯里兰卡自己的水下考古力量。在打捞过程中,每个季度都会有擅长不同技能的外国专家到现场对斯里兰卡队员进行打捞、文物保护以及研究等方面的指导和培训,并协助斯方建立了一个设备齐全的保护实验室[2]。

---

[1] 图片来源:http://www.lasapienzatojericho. it/JOAP/File/OutCame/Brochure%20A+B. pdf.
[2] Van der Linde S J, et al. (Eds.). European archaeology abroad: global settings, comparative perspectives [C]. Leiden: Sidestone Press, 2013: 270-271.

英美考古机构与学者还基于发掘项目，开展了不少邀请当地民众共同参与的社区考古项目。如英国的黎凡特研究理事会从2015年开始联合约旦古物局及约旦佩特拉地区发展和旅游局等机构开展了"新石器时代遗产小径"和"黎凡特作为社会资产的深层过去"（Deep Past as a Social Asset in the Levant，简称DEEPSAL）项目[①]。遗产小径项目旨在建设50千米的车道和步行道，将约旦南部著名的佩特拉和瓦迪菲南（Wadi Faynan）遗址间的众多史前遗址连接起来，从而提高沿途遗址的知名度和可达性，并通过推动旅游造福遗址所在社区。DEEPSAL项目则选取了沿途的两个村庄贝达（Beidha）和巴斯塔（Basta）作为案例，研究新石器时代遗址如何为当地村庄作出贡献。通过对村庄代表的访谈以及入户问卷调查，项目组汇总了两个村庄的经济和文化生活现状，包括村民的受教育程度和相关技能，了解了村庄与遗址的关系以及村民的需求和愿望。随着项目的推进，项目组还通过参加当地的集会活动和向村民提供遗址讲解等方式进一步听取他们的意见和建议。

通过三年多的研究，基于两个村庄不同的遗产资源和村民能力情况，项目组就村庄的发展给出了不同的建议。在贝达，由于离佩特拉遗址公园入口较近，项目组认为虽然新石器时代的遗址本身对游客的吸引力有限，但还是能吸引有兴趣的游客。此外，由于地利之便，这里的村民普遍对旅游业较为熟悉。鉴此，项目组提出可以通过向村民提供营销、管理与外语等方面的商业技能培训，结合当地的非物质遗产和传统工艺，支持社区企业开发特色食物和装饰品为村庄创收。与之相反，巴斯塔的村民对旅游业较为陌生，村里的史前遗址也几乎无人问津。基于这种现实，项目组认为，机械地推动旅游对当地并不会有什么积极影响，因此建议出于保护的目的将遗址回填，同时立足长远，先将史前遗址的相关知识融入当地历史教育。

项目组的研究获得了约旦当局的积极回应。按照他们的研究建议，贝达村已经开始对村民进行口述史和导游方面的培训，在佩特拉公园里也开

---

① Burtenshaw P, Finlayson B, El-Abed O, et al. The DEEPSAL Project: Using the Past for Local Community Futures in Jordan [J]. Conservation and Management of Archaeological Sites, 2019, 21 (2): 69-91.

辟了一个山洞作为新石器时代的专门讲解地点，并由贝达村民来管理和经营。项目组对巴斯塔的调查数据也为政府制定当地的发展策略提供了有用的参考。

三、国际合作的发展

本阶段，除了传统的双边合作，亚洲跨国考古呈现出更加丰富的合作面貌。超越国境的区域性研究逐渐成为各国开展考古的重要方式之一。如澳大利亚国立大学考古与人类学团队在澳洲研究理事会（Australian Research Council）的资助下开展了"东南亚民族和文化的创造：公元前3500年至公元500年"项目，旨在对东南亚北部地区，特别是越南和菲律宾地区的新石器文化展开研究，并探讨其与中国南方早期及同期新石器文化的关系。

在此框架内，澳方与越南合作，再次对安森遗址（An Son）展开发掘。测年结果显示，该遗址的人类活动从公元前2300年至公元1200年间从未间断，这也使得该遗址成为迄今为止在越南南部发现最古老的新石器文化遗址[1]。安森遗址的文物既有自身特点，在器型和纹饰上也表现出与同时代泰国中北部新石器文化的联系，相比之下与越南北部新石器文化的相似点则较少。由于越南南部缺乏前新石器时期的文化遗存，因此研究人员推测这里的新石器文化可能通过云南和湄公河流域传入（图一七）。

除了双边合作，各国还积极尝试开展多边合作，如在蒙古国就以蒙俄间的传统合作为基础，开展了大量的多国考古合作。从1995年到2000年，在俄罗斯考古学家杰列维扬科（A. P. Derevyanko）、蒙古国考古学家D. Tseveendorj和美国亚利桑那大学人类学系教授约翰·奥尔森（John Olsen）的带领下，蒙古国-俄罗斯-美国联合考古考察队在巴彦洪戈尔省和戈壁阿尔泰省以及戈壁阿尔泰山脉的实地调查中发现了许多史前营地和石器作坊遗

---

[1] Bellwood P, Oxenham M, Hoang B C, et al. An Son and the Neolithic of southern Vietnam [J]. Asian Perspectives, 2011: 144-175.

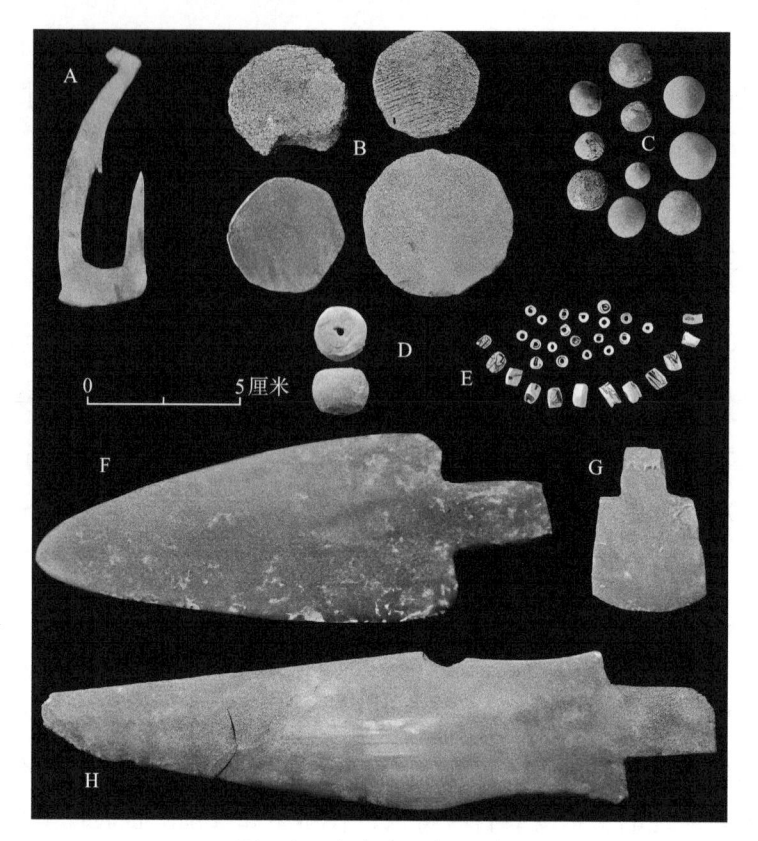

图一七　安森遗址出土文物

（图片来源：An Son and the Neolithic of southern Vietnam，2011年）

址。此外，2002年，在库苏古尔省（Khuvsgul）和布尔干省进行调查时，蒙俄美联合考古队在图尔伯河（Tulbur River）流域的Tulburiin Gol地区发现了十多个早期石器时代遗址，此后项目组在此开展了长期的发掘工作。2004年夏，在俄罗斯考古学家莫洛丁（V. I. Molodin）和蒙古国考古学家Tseveendorj的率领下，来自蒙古国、俄罗斯和德国的研究人员还对位于巴彦乌勒盖省（Bayan-Ulgii）的巴泽雷克文化墓葬群进行了广泛调查，并于2006年对其中的四座墓葬进行了发掘。

随着各国自身考古力量的成长，本阶段跨国考古相关项目的实施主体也进一步多元化，有更多亚洲国家自己联合起来开展跨国考古合作。如1995年，马来西亚理科大学（Universiti Sains Malaysia）成立了马来西亚考古研究中心，并于2009年正式更名为全球考古研究中心。多年来，该中心联合泰国艺术大学、印度尼西亚苏门答腊大学和菲律宾大学等东南亚地区高校，在考古教学中引入联合培训课程和研究活动，对马来西亚和东南亚的史前考古作出重要贡献[1]。此外，总部设在哈萨克斯坦首都阿斯塔纳的国际突厥学院（International Turkic Academy）自2010年成立后就十分积极地参与到中北亚尤其是蒙古国的考古发掘中。2017年，为纪念金帐汗国建立750周年，该学院与蒙古国国家博物馆签署合作协议，共同组织了对蒙古国东北肯特山脉中部的世界文化遗产地、被认为是成吉思汗的出生地和埋葬地的布尔罕和乐敦圣山（Burkhan Khaldun Mountain）的考察与考古发掘[2]。2022年，该学院又与蒙古国科学院考古研究所联合在蒙古国后杭爱省哈沙特苏木的Nomgon地区新发现了突厥陵园及石碑遗存[3]。

这一时期的柬埔寨更是因为国际保护吴哥古迹运动的开展而成为东南亚乃至全球考古与文化遗产保护合作的中心之一[4]。1989年，在柬埔寨国内局势趋缓、和平初现后，柬政府向UNESCO提出了保护吴哥古迹的请求。1992年12月，吴哥古迹作为濒危遗产被列入《世界遗产名录》。1993年10月，首届保护与发展吴哥古迹国际会议在日本东京召开，来自柬埔寨、中国、日本、法国、意大利等国及UNESCO、国际文物保护和修复研究中心（ICCROM）、亚洲发展银行等国际组织的代表与会。会议通过《东京宣言》，表达了国际社会保护吴哥古迹的强烈意愿，并决定成立一个大使级

---

[1] Centre for Global Archeological Research. INTRODUCTION/BACKGROUND [EB/OL]. [2022-06-10]. https://arkeologi.usm.my/index.php/about-us/introduction-background.

[2] International Turkic Academy marks 10 years since its foundation [EB/OL]. (2020-05-25) [2022-08-25]. https://old.qazaqtv.com/en/view/society/page_212997_international-turkic-academy-marks-10-years-since-its-foundation.

[3] Turkic inscription of Ilterish Kagan found in Mongolia [EB/OL]. (2022-08-23) [2022-08-25]. https://www.trtworld.com/art-culture/turkic-inscription-of-ilterish-kagan-found-in-mongolia-60057?utm_source=other&utm_medium=rss.

[4] 王毅，袁濛茜. 联合国教科文组织吴哥古迹国际保护行动研究 [M]. 杭州：浙江大学出版社，2018.

别的协调委员会。同年12月，由法国和日本任主席国的国际保护吴哥古迹协调委员会（International Co-ordinating Committee for the Safeguarding of the Historic Site of Angkor）在金边成立。

虽然吴哥古迹保护运动的初衷是对状况堪忧的古迹进行修复，但考古一直在各国团队的工作中占有重要地位。在吴哥古迹开展的考古项目主要可以分为两大类：一类是作为修复项目有机组成部分的建筑考古，主要是配合修复项目，对古迹及周边区域进行勘察和发掘，从而对其格局和历史发展等有更多认识；另一类则是把吴哥王朝的兴起、发展和衰亡的过程作为人类文明发展史的重要研究对象，在广袤的吴哥古迹及其周边开展跨学科的大规模考古研究。如由澳大利亚悉尼大学主持的"从稻田到寺庙：吴哥起源"项目旨在通过大范围的考古勘查与发掘，分析吴哥王国兴起的社会政治要素，包括对贸易和交易网络的控制、定居地的转变与发展以及对关键资源的特权控制等。而由法国、澳大利亚与柬埔寨联合开展的"大吴哥考古研究"（Archaeological Research on Greater Angkor）项目则主要致力于通过跨学科的研究手段揭示吴哥的荒废过程，以及16至19世纪吴哥地区的变迁。

长期的国际合作不仅使柬埔寨文物工作者的专业能力得到长足进步，还对整个东南亚地区文化遗产保护力量的提升起到了积极作用。2013年，在德国外交部文化保护项目的资助下，德柬两国启动了德国-柬埔寨文物保护学校（German-Cambodia Conservation School）项目，面向东盟文博与考古机构的专业人员和行政管理者提供深入培训。每次课程一般维持六周，前四周基于从柬埔寨史前遗址新近出土的文物，教授文物修复的理论与技术，第五周在位于金边的柬国家博物馆进行实习，第六周则前往吴哥地区学习石质文物保护技术[①]。

在阿富汗，自2001年11月塔利班政权被推翻后，考古学，尤其是对巴米

[①] Moeun Nhean. Germany helps preserve heritage [EB/OL]. (2014-10-03) [2022-05-10]. https://www.phnompenhpost.com/germany-helps-preserve-heritage.

扬遗迹的国际保护，也在新政府的政治议程中发挥了重要作用。伴随着各种重建国家的举措，阿富汗政府授权采取措施，在UNESCO和国际古迹遗址理事会（ICOMOS）等国际组织的支持下，对损毁的文化遗产实施保护。2002年初，UNESCO派遣工作组考察了巴米扬崖壁的状况。根据他们的评估，由于此前的破坏、劫掠和忽视，悬崖壁龛中80%的壁画已经消失。日本政府为此捐赠了300万美元，用以实施三期壁龛和壁画保护项目，并对佛像碎片加以保护[1]。次年，巴米扬山谷的文化景观和考古遗迹作为濒危遗产列入《世界遗产名录》。

此外，在UNESCO于1988年启动"丝绸之路整体研究：对话之路"（Integral Study of the Silk Roads: Roads of Dialogue）项目，并组织五次国际性的科学考察活动后，古代陆上与海上丝绸之路的研究成为国际考古界的重要主题。在进入21世纪后，丝绸之路跨国申遗项目也正式启动。丝路沿线，尤其是中亚地区的丝绸之路考古调查与发掘得到各国的日益重视。2002年10月，捷克查尔斯大学考古研究所与乌兹别克斯坦考古研究所组成联合考古队，对剑达伏拉特遗址（Jandavlattepa）及其周边区域展开首次实地考察工作。该遗址位于从粟特地区到铁尔梅兹以及巴尔赫等地的丝绸之路干道上，是舍拉巴德绿洲中重要的考古区域[2]。2011年，东京国立文化财产研究所、奈良国立文化财产研究所则与吉尔吉斯斯坦国家科学院历史与文化遗产研究所合作启动了对楚河流域碎叶城（Ak Beshim）延续至今的考古调查工作。

合作主体与合作方式的新发展不仅推动跨国考古项目取得更多研究成果，也使跨国考古项目具有了更大的社会影响力，进而对文明交往产生更多促进作用。

---

[1] Manhart C. UNESCO's Rehabilitation of Afghanistan's Cultural Heritage: Mandate and Recent Activities [A]. Art and Archaeology of Afghanistan. Leiden: Brill, 2006: 49-60.

[2] K·阿卜杜拉耶夫等. 乌兹别克-捷克联合考古队的考古发掘——在舍拉巴德古城剑达伏拉特遗址和大夏北部苏尔罕河流域 [J]. 内蒙古大学艺术学院学报, 2011, 8 (04): 132-136.

四、跨国考古新成果

（一）西亚地区

1993年，著名考古学家伊恩·霍德（Ian Hodder）重启了加泰土丘的发掘项目。前后持续了25年的发掘较完整地揭露了这处占地达0.135平方千米遗址的全貌。根据研究，该遗址共被人类使用了1500年，其中东丘的占用年代为公元前7100年至公元前5900年，稍晚的西丘占用年代为约公元前6300年至公元前5600年，遗址上的居住人口约为3500至8000人。这里保存完好的新石器建筑遗址和丰富的艺术遗迹为人们了解早期的村庄生活提供了独特资料，对研究早期村镇的形成和农业的发展意义重大[1]。

1995年，德国考古学家克劳斯·施密特（Klaus Schmidt）带领团队开始发掘位于土耳其东南部幼发拉底河上游的哥贝克力石阵（Göbeklitepe）。他们在这里发现了六座明显的祭祀建筑，每座都被高1.5至6米的"T"形石柱包围。石柱总数达120根左右，有一些还精心雕刻着狮子、秃鹰、蝎子和狼等动物形象（图一八）。1997年，土耳其考古工作者又在石阵东南约30千米处发现了规模更大的卡拉汉遗址（Karahantepe），这里共出土了200多块"T"形石柱，规模可能比哥贝克力更大。

2021年，日本和土耳其文化与旅游部签署协议，由千叶工业大学、东京大学和来自日本其他科研机构的专家组成的团队加入了这两处遗址的研究。该团队计划使用物探技术来确定神庙建造的确切时间和方式。此外，日本研究人员还计划对位于哥贝克力石阵以西约30千米处的Ayanral遗址进行调查，考古学家认为该遗址可能是建造神庙工匠的居住点[2]。

---

[1] Hodder I. Twenty-Five Years of Research at Çatalhöyük [J]. Near Eastern Archaeology, 2020, 83 (2): 72-79.

[2] YASUJI NAGAI. Japanese team to excavate 12, 000-year-old sites in Turkey [EB/OL]. (2021-11-24) [2022-05-31]. https://www.asahi.com/ajw/articles/14487942.

第四章　文明的交往与共生：亚洲地区跨国考古的
成熟与转型（二战后至今）　　　　　·129·

图一八　哥贝克力石阵现场（左）和遗址出土的浮雕石柱（右）①

在伊朗，1995年3月，芝加哥大学东方研究所与伊朗文化遗产委员会（ICHO）联合在法尔斯西北部进行了1979年伊斯兰革命后外国考古团队在伊的首次调查②，随后双方于当年9至10月在苏西亚那地区的Chogha Bonut遗址进行了联合发掘③。此后，伊朗境内的跨国考古项目逐渐恢复。在伊拉克，近年来随着局势的逐渐趋稳，各国团队也陆续恢复了一些田野调查与发掘工作。如经过伊拉克政府的批准，意大利罗马大学的考古团队于2014年起对位于乌尔东南约12千米的埃里都遗址（Eridu）展开发掘④。

海湾国家则依然延续了出资短期聘请国外团队的传统。1991年至1992年间，阿联酋聘请英国杜伦大学的考古学家德里克·肯内（Derek Kennet）对

---

① 图片来源：https://globalheritagefund.org/2017/11/03/gobekli-tepe-discovering-worlds-oldest-religious-site/.
② Alizadeh A. Archaeological Surveys in North-Western Fars, Iran. In The Annual Report of the Oriental Institute of the University of Chicago for 1994-1995 [R]. Chicago: The Oriental Institute, 1995: 29-32.
③ Alizadeh A. Iranian Prehistoric Project. In The Annual Report of the Oriental Institute of the University of Chicago for 1996-1997 [R]. Chicago: The Oriental Institute, 1997: 49-56.
④ Ramazzotti M. The Iraqi-Italian Archaeological Mission at The Seven Mounds of Eridu (AMEr) [J]. The Iraqi-Italian Archaeological Mission at The Seven Mounds of Eridu (AMEr), 2015: 3-29.

拉斯海玛（Ras al-Khaimah）地区的塔楼进行勘测[1]，巴林和阿曼也都出资聘请国外考古学家对本国历史古迹进行发掘和修复。

此外，2018年，意大利国际地中海和东方研究协会成立了南高加索地区考古团，在亚美尼亚和阿塞拜疆就公元前9世纪至公元前7世纪当地乌拉尔图国（Urartian State）的形成、发展与消亡进行研究[2]。

（二）中北亚地区

冷战结束后，亚洲地区局势最重要的变化之一就是中亚五国，即哈萨克斯坦、乌兹别克斯坦、吉尔吉斯斯坦、塔吉克斯坦与土库曼斯坦获得独立，使中亚地区一跃成为亚洲跨国考古最活跃的地区之一。如土库曼斯坦在于1991年10月宣告独立后，次年9月就与意大利里加博研究中心（Centro Studi e Ricerche Ligabue）合作，对位于土东南部古代马尔吉亚那（Margiana）地区穆尔加布河三角洲（Murghab Delta）地带的高努台地一号（Gonur-depe 1）墓地展开勘察和发掘[3]。该台地是当地最大的青铜时期中晚期遗址。

除了前文所述基于古代丝绸之路的考古发掘、研究与遗产保护工作，各国团队也在中亚各地开展了其他考古与研究工作。如2001年至2008年间，意大利-乌兹别克联合考古队对位于撒马尔罕东南部的卡菲尔卡拉古城（Kafir Kala）展开了发掘工作，发现了大量伊斯兰和前伊斯兰时期文物，以及发生过严重火灾的地层，并在该地层中发现了众多印章。日本与乌兹别克斯坦于2005年开始在撒马尔罕绿洲进行合作研究。2007年至2012年间，联合考古队对位于撒马尔罕和布哈拉之间的达布西亚（Dabusia）古城进行了多次发掘。2013年，日本-乌兹别克联合考古队又重新启动卡菲尔卡拉的考古工作，着重

---

[1] Kennet D. The Towers of Ras al-Khaimah [M]. Tempus reparatum, 1995.

[2] ISMEO. Archaeological Mission to South Caucasus [EB/OL]. [2022-05-12]. https://www.ismeo.eu/portfolio_page/archaeological-mission-to-south-caucasus-2/.

[3] Salvatori S. The discovery of the graveyard of Gonur-depe 1 (Murghab Delta, Turkmenistan): 1992 campaign preliminary report [J]. Rivista di Archeologia, 1993, 17: 5-13.

揭开过火层以下的城市结构①。

这一时期蒙古国也仍然是各国开展考古项目的重要地区。其中蒙俄考古学家的合作仍然十分密切。从1994年到2001年，在俄罗斯考古学家库巴列夫（V. D. Kubarev）和蒙古国考古学家Tseveendorj的带领下，蒙俄两国学者在蒙古国西部的巴彦乌尔奇省发现了50多个石人。2001年至2008年，由圣彼得堡国立大学、圣彼得堡罗里奇博物馆研究所、蒙古国科学院历史研究所、乌兰巴托大学组成的国际中亚考古工作队对蒙古国境内青铜时代和早期铁器时代遗址进行了系统的调查。在俄罗斯著名考古学家，德国考古研究所通讯会员阿列克谢·科瓦列夫（Alexei Kovalev）和乌兰巴托国立大学人文学院院长额尔德涅巴特尔（Diimaazhav Erdenebaatar）教授的指导下，工作队发掘了一百多个墓葬和祭祀遗址。

该项目取得的重要成果包括：首次在蒙古国西北部发掘了属于阿凡纳谢沃文化的墓葬，并首次在蒙古国境内的阿尔泰山山麓丘陵地带发现且木尔切克文化遗址；发现并命名了多个青铜时期文化，包括青铜时代中期（约公元前1800至公元前1600年）的Mönkhkhairkhan文化，以及青铜时代晚期（约公元前1400至公元前1100年）的特夫什文化（Tevsh）和初步命名的Baitag文化；基于发掘、碳十四测年和测绘，确定了蒙古国阿尔泰地区青铜时代晚期至铁器时代早期（公元前1400年至公元前300年）已知墓葬的绝对和相对年代序列；通过对鹿石的系统研究，首次发现蒙古国西部和中部所采用的不同鹿石祭祀传统②。此外工作队在历史时期考古方面也取得重要收获，如通过勘察和试掘将位于南戈壁省瑙木冈县的巴音布拉格古城（Baianbulag）推断为由汉武帝下令修建的受降城，并对南戈壁省的"成吉思汗边墙"进行调查和碳十四分析③。

---

① Usami T, Begmatov A, Uno T. Archaeological Excavation and Documentation of Kafir Kala Fortress [J]. Studies in Digital Heritage, 2017, 1 (2): 785-796.
② Kovalev A A, Erdenebaatar D. Discovery of new cultures of the Bronze Age in Mongolia according to the data obtained by the International Central Asian Archaeological Expedition [A]. Current archaeological research in Mongolia [C], 2009: 149-170.
③ А·А·科瓦列夫，Д·额尔德涅巴特尔. 蒙古国南戈壁省西夏长城与汉受降城有关问题的再探讨 [J]. 内蒙古文物考古，2008 (02): 101-110.

日本也于本阶段成为蒙古国考古的重要力量。1999年至2005年，日本学者对位于蒙古国最北部库苏古勒省（Khövsgöl）的重要青铜时代遗址乌兰乌希格一号（Ulaan Uushig Ⅰ）石冢进行发掘。该遗址也被称为Uushigiin Övör，苏联学者沃尔科夫和诺夫哥罗多娃曾在这里发现过15块鹿石。这些鹿石和石冢墓被认为属于同一批人群[1]。此外，蒙日双方还联合开展蒙古国冶金史研究项目，在图夫省蒙贡莫里苏木（Mungunmorit）140平方千米的区域内进行全面的考古调查，并对冶炼作坊和陶窑进行发掘。

本阶段蒙古国考古机构与欧美国家也开展了大量合作[2]。如1994年到1999年间，蒙古国-法国联合考古队对位于布尔干省（Bulgan）Khutag-Undur苏木的Burkhan Tolgoi遗址中已发现的96座墓葬中的78座进行发掘，这也是首个发掘整个匈奴墓群的考古项目。20世纪90年代后半期，蒙法双方还组建了旧石器联合研究团队，在对位于布尔干省的Egiin Gol山谷早期石器时期遗址的发掘中发现了6000多件文物。

从2000年开始，蒙法联合考古队又对后杭爱省Khairkhan县以南35千米处的高勒毛都1号匈奴贵族墓葬群进行调查和发掘，共发现了四百余座墓葬，并对其中的3座贵族墓葬和13座从葬墓进行了发掘。虽然所发掘的墓葬在古代曾被盗掘，但还是出土了大量重要文物。这些随葬品不仅来自中国，还来自西南亚，为研究匈奴的文化交往提供了新材料。从2004年起，蒙法双方还合作开展对位于蒙古国阿尔泰地区巴泽雷克文化的调查研究，当年就在巴彦乌尔奇省发现了60多座巴泽雷克文化墓葬，并对其中的3座进行发掘。

美国考古团队也长期在蒙古国开展工作。2001年，美蒙联合考古队在牧民的协助下发现了高勒毛都2号墓地[3]。2003年至2008年，在蒙古国考古学家

---

[1] Ryuji M, Erdenebaatar D. Preliminary report of the archaeological investigations in Ulaan Uushig I (Uushigiin Övör) in Mongolia [J]. 金沢大学考古学纪要，2006, 28: 61-102.

[2] Habu J, Lape P V, Olsen J W. (Eds.). Handbook of East and Southeast Asian Archaeology (Vol. 728) [C]. New York: Springer, 2017: 68-72.

[3] Allard F, Erdenebaatar D, Batbold N, et al. A Xiongnu cemetery found in Mongolia [J]. Antiquity, 2002, 76 (293): 637-639.

Amartuvshin和耶鲁大学考古学家威廉·哈宁彻奇（William Honeychurch）的带领下，蒙美联合考察队对中戈壁省Delgertsogt苏木的Baga Gazryn Chuluu地区进行了全面的考古调查和发掘，共发现遗迹1659处。此外，从2004年到2011年，美国史密森学会人类学部与蒙古国考古研究所合作展开了青铜时代游牧民族项目，对青铜时代的祭祀遗址进行广泛的考古调查和发掘。

在塔利班政权于2001年11月被推翻后，法国驻阿富汗考古工作队（DAFA）在阿富汗新政府的支持下于2002年重启他们在阿富汗中断了20多年的发掘、研究与培训工作。2002年至2009年，DAFA在巴米扬山谷进行了长达7年的考古发掘，考古发现能与《大唐西域记》中关于"梵衍那"国的描述相对应[1]。DAFA还组织开展了不少抢救性发掘项目。如2007年，因为城市建设，在高鲁高拉山丘附近发现了大量墓葬群，法国阿富汗裔考古学家塔里兹教授（Zemaryalai Tarzi）带领队伍进行紧急发掘。从2009年起，由DAFA主导的国际团队又开始承担新发现的艾娜克铜矿佛教寺院遗址（Mes Aynak）的抢救发掘工作[2]。

本阶段，各国考古团队对于阿富汗伊斯兰化以后的遗迹也加强了重视，如意大利团队在UNESCO的组织下对巴米扬地区的红城遗址（Shahr-i Zuhak）展开保护工程[3]，法国考古队则对当地果尔果拉古城（Shahr-e Ghogholah）进行调查[4]，著名的贾姆宣礼塔（Minaret of Jam）也在本阶段得到了修复。

此外还值得一提的是，在苏联解体后，日韩等国在俄罗斯属于亚洲的远东地区开展了以发掘渤海国遗存为代表的田野工作，也取得了不少

---

[1] 邵学成. 为了忘却的巴米扬纪念：鲜为人知的佛教美术研究史 [EB/OL]. (2020-06-06) [2022-05-06]. http://www.silkroads.org.cn/portal.php?mod=view&aid=32277.

[2] 邵学成，阮虹. 守护遗产研究、保护阿富汗考古遗址的学者们 [J]. 世界遗产，2017 (06): 58-60.

[3] Margottini C. (Ed.). After the Destruction of Giant Buddha Statues in Bamiyan (Afghanistan) in 2001: A UNESCO's Emergency Activity for the Recovering and Rehabilitation of Cliff and Niches [C]. Berlin: Springer Science & Business Media, 2013.

[4] Morgan L. The Buddhas of Bamiyan [M]. Cambridge: Harvard University Press, 2012.

成果①。

（三）南亚地区

这一时期，英法美日等国考古团队以印度河文明的来源和消亡为主要探索目标，继续积极地在南亚地区展开考古项目，其中代表性的项目包括美国在哈拉帕遗址的工作以及法国在昌胡达罗遗址（Chanhu-daro）的发掘②。1992年，在发起人戴尔斯教授去世后，哈佛大学的梅多（R. Meadow）、威斯康星大学麦迪逊分校的肯诺耶（J. Kenoyer）以及纽约大学的怀特（R. Wright）成为哈拉帕遗址项目的负责人，持续推进发掘直至2010年③。

法国则继续将工作重点放在巴基斯坦俾路支省和信德省前印度河文化的探索。1990年至2006年，莫克兰工作队负责人贝森瓦尔先后主持对盖杰河（Kech）两岸米利卡拉特（Miri Qalat）遗址和夏希邓普（Shahi-Tump）遗址进行发掘，从而为该地区建立了考古学序列④。贾里奇夫妇则于1997年至2000年，在时隔十余年后再次对梅尔伽赫遗址进行了发掘⑤。2013年，莫克兰考古工作队被并入印度河考古工作队。2015年至2017年，由工作队负责人奥罗拉·迪迪埃（Aurore Didier）担任领队，再次对印度河文明重要的手工业制造中心昌胡达罗遗址进行发掘⑥。该遗址最早曾由英国考古学家麦凯（E.

---

① 宋玉彬，姜成山. 俄罗斯境内渤海遗存的发现与研究［J］. 社会科学战线，2017 (02)：102-117.
② 王茜. 印度河文明考古学术史研究［D］. 西北大学，2021：127-135.
③ Meadow R, Kenoyer J M. Excavations at Harappa, 1986-2010: New Insights on the Indus Civilization and Harappan Burial Traditions [A]. In Schug G, Walimbe S. (Eds.). A Companion to South Asia in the Past [C]. Chichester: John Wiley & Sons, Inc., 2016: 145-168.
④ Besenval R. Chronology of Protohistoric Kech-Makran. In Jarrige C, Lefèvre V. (Eds.).South Asian Archaeology 2005 [C]. Paris: ERC, 2005: 1-9.
⑤ Jarrige J F, Jarrige C, Quivron G. Mehrgarh: Neolithic Period Seasons 1997-2000 [M]. Paris: Éditions de Boccard, 2013.
⑥ Didier A, Castillo D, Mongne P, et al. Resuming excavations at Chanhu-daro [J]. Pakistan Archaeology, 2017, (30): 69-121.

Mackay）等人于20世纪30年代进行过发掘，但由于风化和人为破坏，当时的发掘痕迹已经荡然无存。

此外，法国还与印度考古调查局合作，于2012年共同组建了法印拉达克地区考古工作队。工作队于2013年至2016年及2017年至2020年先后开展了两期工作，旨在通过建立拉达克北部努布拉河谷（Nubra Valley）地区从新石器时代到佛教时期的年代序列，研究印度次大陆西北部与中亚之间的联系[1]。

意大利驻巴基斯坦考古队本阶段也取得了重要的工作成果。尤其是在2022年2月，意方团队在斯瓦特地区的巴里科特古城（Barikot）发现了一座可追溯到孔雀王朝时期的佛寺遗迹，为了解古代佛教形式及其在犍陀罗地区的传播提供了新的资料[2]。

（四）东南亚地区

本阶段，东南亚地区的跨国考古也呈现出全面发展的繁荣景象，主要研究方向包括早期人类的起源与迁徙，新石器时期至铁器时代东南亚的人类迁徙与交流，以及古代海上贸易与考古等。

印度尼西亚一直是研究远古人类发展的重要场所。在印度尼西亚国家考古研究中心的主导下，该国也十分重视开展跨学科的国际考古合作。如1989年至1994年，该中心与法国国家自然历史博物馆合作，在爪哇岛桑吉兰遗址（Sangiran）发现了约80万年前的阿舍利工具[3]。2003年，澳大利亚新英格兰大学及伍伦贡大学等机构的学者与该中心合作，在佛罗勒斯岛（Flores）一个

---

[1] ABOUT MAFIL [EB/OL]. [2022-09-28]. http://www.mafil.org/en/home/.

[2] Kindy D. 2, 000-Year-Old Buddhist Temple Unearthed in Pakistan [EB/OL]. (2022-02-15) [2022-06-13]. https://www.smithsonianmag.com/smart-news/2000-year-old-buddhist-temple-unearthed-in-pakistan-180979560/.

[3] Larick R, Ciochon R L. Early hominin biogeography in Island Southeast Asia (Retraction of Vol. 24, Pg 185, 2015) [J]. 2017.

名为利昂布阿（Liang Bua）的洞穴进行发掘的过程中，发现了身材仅1米，脑容量仅380毫升的晚更新世成人化石。这被认为是人属中的新物种，被命名为佛罗勒斯人（图一九）[①]。

从20世纪80年代后期开始，随着越南国内局势的稳定，越南和各国考古团队的合作也越来越多。研究的重点区域之一是位于东亚更新世人类迁徙主要路线上的越南北部。在该地区的喀斯特岩洞中发现了大量的史前人类遗迹，美国、澳大利亚等国的团队先后对其展开研究[②-③]。来自日本东京大学和上智大学的考古学家则参与了对义安省东山文化遗址Lang Vac的发掘。他们在这里不仅发现了东山文化的典型器物，还发现了叠压在东山文化之下的山韦文化（Son Vi）遗存[④]。

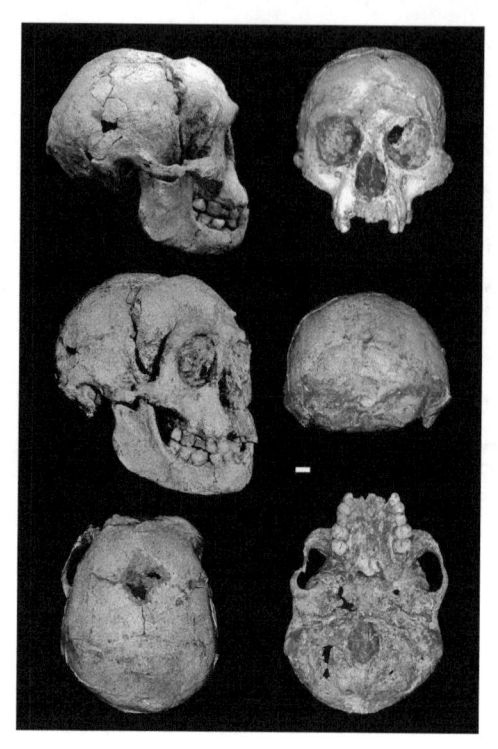

图一九　佛罗勒斯人头骨

（图片来源：A new small-bodied hominin from the Late Pleistocene of Flores，Indonesia，2004年）

与此同时，越南政府也逐渐恢复了对越南中部和南部占婆文化的关注，与国际的合作也逐渐增多。1993年，英国和日本考古学者与越南方面合作对

---

① Brown P, Sutikna T, Morwood M J, et al. A new small-bodied hominin from the Late Pleistocene of Flores, Indonesia [J]. Nature, 2004, 431 (7012): 1055-1061.
② Schwartz J H, Cuong N L, Kha L T, et al. A review of the Pleistocene hominoid fauna of the Socialist Republic of Vietnam (excluding Hylobatidae) [R]. Anthropological papers of the AMNH, 1995, 76.
③ McAdams C, Morley M W, Fu X, et al. Late Pleistocene shell midden microstratigraphy indicates a complex history of human-environment interactions in the uplands of northern Vietnam [J]. Philosophical Transactions of the Royal Society B, 2022, 377 (1849): 20200493.
④ Van Tan H. Development of archaeology in Vietnam [J]. SPAFA Journal, 1992, 2: 9-15.

位于广南省岘港市的占婆王国古都茶桥（Tra Kieu）进行发掘，对占婆文明与当地铁器时代的Sa Huynh文化的关系进行研究[1]。

在缅甸，法国国家科学研究中心的考古学家保托（J. P. Pautreau）以其对萨蒙谷地（Samon Valley）青铜时代晚期和铁器时代早期墓葬遗址的研究，发现了大量的随葬品，为缅甸史前史的研究作出了重大贡献[2]。而保托在科学研究中心的接任者普尔斯（Thomas Pryce）等通过对这些遗址中金属的分析，加深了人们对缅甸在东南亚和整个亚洲冶金业起源和发展史中作用的认识[3]。

菲律宾在本阶段也开展了大量以研究为导向的国际发掘项目。如20世纪90年代，由日本文部省提供资金，东京大学考古学家小川英文（Hidefumi Ogawa）等与菲律宾国家博物馆考古团队合作，对吕宋岛北部卡加延河（Cagayan River）沿岸的众多贝丘遗址展开调查和发掘[4]。美国伊利诺伊大学芝加哥分校考古学家劳拉·姜科（Laura L. Junker）教授则长年在位于菲律宾中部内格罗斯岛（Negros Island）南部的拜斯-坦杰地区（Bais-Tanjay）开展考古研究，重点关注10至16世纪当地的海上贸易情况，以及当地金属时代文明与后期政权的关系[5-6]。

---

[1] Glover I C, Yamagata M, Southworth W. The Cham, Sa Huynh and Han in Early Vietnam: Excavations at Buu Chau Hill, Tra Kieu, 1993 [J]. Bulletin of the Indo-Pacific Prehistory Association, 1996, 14: 166-176.

[2] Pautreau J P. (Ed.). Ywa Htin: iron age burials in the Samon valley, upper Burma [C]. Paris: Mission Archeologique Francaise au Myanmar, 2007.

[3] Pryce T O, Baron S, et al. More questions than answers: The Southeast Asian Lead Isotope [J]. Journal of Archaeological Science, 2014, 42: 273-294.

[4] Ogawa H. Problems and hypotheses on the prehistoric Lal-lo, Northern Luzon, Philippines-Archaeological study on the prehistoric interdependence between hunter-gatherers and farmers in the tropical rain forest [J]. Journal of Southeast Asian Archaeology, 1998, 18: 123-166.

[5] Junker L. Conflictive Trade, Value and Power Relations in Maritime Trading Polities of the 10th-16th Centuries Philippines. In Kristiansen K. et al. (Eds.). Trade and Civilization [C]. Cambridge: Cambridge University Press, 2018: 413-452.

[6] Junker L. Raiding, trading, and feasting [M]. Hawaii: University of Hawaii Press, 1999.

泰国除了从1988年起开展持续至今的华富里（Lopburi）地区考古项目[①]，还与新西兰在泰国东北部和东部开展了长期的考古调查和发掘[②]，与法国也在泰国北部有长期的合作项目。

在柬埔寨，除了吴哥地区开展的国际考古合作项目，也有外国团队在柬其他地区开展考古工作。1994年，美国夏威夷大学、东西方中心（East-West Center）与柬埔寨皇家美术大学合作发起了以研究柬埔寨南部早期历史（公元前500年至公元500年前后）为目标的"湄公河下游考古"项目，致力于为夏威夷大学的长期研究提供支撑，并为皇家美术大学考古学、艺术史、文化人类学和古迹保护等专业的学生提供培训。应柬埔寨文化艺术部的邀请，该项目将大部分考古工作集中在柬南部茶胶省的吴哥波雷（Angkor Borei）遗址，试图弄清其发展历史，对湄公河三角洲地带自然和人文景观的影响，以及其作为扶南王国都城的证据。为此，项目组通过细致的勘测来确定古代遗存在遗址中的分布范围，在此基础上展开试掘，并对沉积物进行检测，研究结果对重新认识湄公河三角洲的早期历史产生重要影响[③]。

由于拥有丰富海洋遗产资源，这一时期的水下国际考古项目也在东南亚地区得到了发展。如20世纪90年代初，应斯里兰卡政府的要求，一个由斯里兰卡和国际海洋考古学家、历史学家和博物馆馆长组成的联合小组开始在加勒湾展开调查，并对斯里兰卡和荷兰的大量档案进行研究，发现了从13世纪到现代的大量水下遗产[④]。

---

① 参见本书6.2.2.1.

② Higham C F W, Thosarat R. Early Thailand from prehistory to Sukhothai [M]. Bangkok: River Book, 2012.

③ Stark M T. New Perspectives on Early Cambodia from the Lower Mekong Archaeological Project [EB/OL]. [2022-04-15]. http://angkordatabase.asia/libs/docs/publications/new-perspectives-on-early-cambodia-from-the-lower-mekong-archaeological-project/New_Perspectives_on_Early_Cambodia_from. pdf.

④ Van der Linde S J, et al. (Eds.). European archaeology abroad: global settings, comparative perspectives [C]. Leiden: Sidestone Press, 2013: 270-271.

五、压力与挑战

虽然和平与发展成为冷战后国际局势的主旋律，但本阶段依然有一些亚洲国家被笼罩在战争和动乱的阴影中，在这些国家开展的跨国考古工作也相应受到很大影响。如在伊拉克先后爆发了海湾战争和伊拉克战争，在萨达姆政权于2003年垮台后局势长期处于动荡状态。而叙利亚更是于2011年起爆发了延续至今的内战，境内文化遗产受损严重。在此背景下，伊叙两国的跨国考古工作受到很大影响。虽然近年来各国考古团队陆续在伊拉克恢复了一些田野调查与发掘，但工作仍主要以研究和保护为主，如英国杜伦大学团队利用地质考古与遥感数据和古代文献来重建美索不达米亚南部的"水利景观"[1]。而在叙利亚的工作大多是内战爆发前开展的。

在局势平稳的亚洲其他地区，各国考古工作则普遍面临大量的城市开发与建设所带来的沉重压力。如在马来西亚，由于其经济的迅速发展，高速公路和水坝等重大建设项目以及鸟粪挖掘、采石和农业等大型挖土工程使该国大量考古遗址面临破坏。在柬埔寨，考古学家所面临的最紧迫的问题之一也是由发展带来的城市房地产和基础设施的快速扩张。由于管理手段有限，大多数位于城市中心附近和基础设施开发项目内的考古遗址在没有得到研究或记录的情况下被摧毁。在蒙古国，煤炭和稀土矿等地下资源的开采和道路建设同样导致每年都有大量文化遗产被毁[2]。

此外，在跨国考古项目开展期间实施的可持续发展和社区考古项目，也往往面临随着考古工作的结束经费难以保障，使项目无疾而终的困境。如德国多个机构在赞助成立柬埔寨棉末考古中心与博物馆后先后退出了该项目，导致该机构仅仅依靠美国非政府机构"高棉文化之友"的赞助勉强维持。

---

[1] Wilkinson T J, Rayne L, Jotheri J. Hydraulic landscapes in Mesopotamia: The role of human niche construction [J]. Water History, 2015, 7 (4): 397-418.

[2] JCIC-Heritage. Mongolia-Japan Joint Research Project on Archaeological Sites related to Genghis Khan ("Shine Zuun" New Century Project) [EB/OL]. (2011-12-01) [2022-06-15]. https://www.jcic-heritage.jp/en/project/asia_mongolia_201110/.

第五章　中外交往的缩影：跨国考古与中国

中国的跨国考古从空间上可分为他国来华考古与我国学者出国考古两个方面，从时间上则总体上可以以1949年为界分为前、后两个阶段。从最初肆无忌惮的掠夺到20世纪20年代开始逐渐走向科学化与平等化，1949年以前的外国人来华考古既给我国文物考古事业留下了不可磨灭的伤痕，也为考古学科的发展提供了重要动力。而自1949年中华人民共和国成立，尤其是自改革开放以来，跨国考古在中国的面貌发生了翻天覆地的变化。一方面，外国机构来华考古对我国考古水平的提高产生积极影响；另一方面，自"一带一路"倡议提出以来，我国学者出国开展考古步入快速发展时期，跨国考古成为我国考古学科发展的重要新领域。从最初的不平等掠夺，到对我国本土考古力量的发展产生积极作用，再到新时代以来中国考古学界在国际舞台上发挥越来越重要的作用，跨国考古在我国的历程，也可以说是从近代至今中外文明交往史的缩影。

第一节　1949年前他国来华探险与考古

一、早期考察（1890年以前）

从19世纪开始，我国边疆，尤其是西北地区就逐渐成为西方列强，特别是英俄两国探险挖宝的乐土。为了将势力扩展到中亚地区和我国西部，英俄以各种名义派出探险人员，以游历的名义进行地理测量、绘图和刺探情报，同时也将搜集到的文物带回国。自19世纪60年代开始，随着《北京条约》和《天津条约》的签订，清政府开始允许外国人自由进入中国进行游历、传教和经商，各国来华探险考察的活动进一步增加。但总的来说，在19世纪90年代以前，西方国家来华考察和搜集文物尚未形成规模，这一时期的代表性国家是俄国，代表性人物是俄国军官尼古拉·普尔热瓦尔斯基（Nikolai Przhevalsky）。他曾于1870—1885年间对我国西北地区进行了四次考察，涉及内蒙古、新疆、青海、甘肃、宁夏、西藏等地，考察内容横跨生物学、地理学、人种学、考古学等各个学科，并在准噶尔盆地发现了"普氏野马"。

这一时期，也有俄国人对古代新疆龟兹地区进行考察，如在克孜尔石窟后山区第213窟西壁上就发现了铅笔题写的俄文人名"缪恩汉克"，落款时间为1879年1月15日[1]。在尼古拉·亚德林采夫（Nikolai Yadrintsev）的带领下，俄罗斯地理协会东西伯利亚分会还于1889年对当时属于我国的鄂尔浑河流域，尤其是哈拉和林遗址进行了考察。此后不久，俄科学院再次派出考察队，在瓦西里·拉德洛夫（Vasily Radlov）的带领下对鄂尔浑河与图拉河流域进行考察。这两次考察都出版了调查报告，并吸引更多的俄国学者赴当地进行考察[2]。

此外，1877年，英国外交官贝德禄（E. Baber）在对西南地区进行调查的过程中也对当地的崖墓展开调查。

二、黑暗时期（19世纪末至一战）

1890年，英国军官鲍尔（Hamilton Bower）在新疆买到一份用古文字写在树皮上的手稿，并被专家解读为婆罗米文（图二〇）。"鲍尔文书"证实了流传在各国探险家中关于塔克拉玛干沙漠中古城的传说。为此，英属印度当局曾于1893年向驻喀什、列城、吉尔吉特等地的官员下达搜集文物的命令，即中亚考古史上非常有名的"文物搜集令"[3]。从此，发现我国西部

---

[1] 赵莉. 克孜尔石窟壁画流失的历史回顾与现状调查［J］. 新疆艺术（汉文），2018（04）：129-135.

[2] Habu J, Lape P V, Olsen J W. (Eds.). Handbook of East and Southeast Asian Archaeology (Vol. 728) [C]. New York: Springer, 2017: 59.

[3] 贾建飞. 文明之劫：近代中国西北文物的外流［M］. 北京：人民美术出版社，2004：12.

图二〇　鲍尔文书中的一页①

"失落"的古代文明遗迹，并将那里出土的精美文物掳掠回国，成为列强探险的重要焦点。

最早进入中国西部开展系统古迹探险的是瑞典探险家斯文·赫定（Sven Hedin）。1890年他就曾跟随一支驼队从中亚进入喀什，第一次踏上中国的土地。1893年，在得到瑞典国王以及诺贝尔的资助后，他正式开始了中国西部的探险之旅。到1908年，赫定在前后三次探险中既横穿过塔克拉玛干大沙漠，也走遍了西藏羌塘的无人区，他对丹丹乌里克和楼兰古城等的发现轰动了世界。虽然赫定不是专业的考古学家，对发现的遗迹也没有进行系统的考古发掘，但他所做的考察和测量为后人留下了重要参考资料②。

在赫定之后，各国探险者纷至沓来，开启了中国文物史上最令人心碎的一段血泪史。斯坦因（M. A. Stein）是其中最具代表性的人物。他于1900—1901年、1906—1908年、1913—1916年先后三次来到我国新疆及河西地区进行探险考察，发现了尼雅等重要遗址，并出版了相应的考古调查报告[3]-[5]。但斯坦因不仅对所到的古迹遗址造成严重破坏，还将发现的大量文物运回

---

① 图片来源：https://en.wikipedia.org/wiki/Bower_Manuscript#/media/File: 5th_to_6th_century_Bower_manuscript,_Sanskrit,_early_Gupta_script,_Kucha_Xinjiang_China,_Leaf_3.jpg.
② 丁笃本. 中亚探险史［M］. 乌鲁木齐：新疆人民出版社，2009：386.
③ ［英］奥雷尔·斯坦因著，巫新华等译. 古代和田：中国新疆考古发掘的详细报告［M］. 济南：山东人民出版社，2009.
④ ［英］奥雷尔·斯坦因著，巫新华等译. 西域考古图记［M］. 桂林：广西师范大学出版社，1998.
⑤ ［英］奥雷尔·斯坦因著，巫新华等译. 亚洲腹地考古图记（第2版）［M］. 桂林：广西师范大学出版社，2021.

英属印度或英国,其中尤以骗取敦煌藏经洞文物最为臭名昭著,在各国探险家中开启了大肆盗取文物的先例,对我国文物造成了不可挽回的破坏[①]。

这一时期俄国探险者在华也十分活跃。1898年,受圣彼德堡科学院的派遣,克莱门茨(D. Klement)前往吐鲁番考察古代城址。除了证实了沙漠中的古城,他们还开创了在中国切割壁画的恶劣先例。他的同胞科兹洛夫(P. K. Kozlov)也曾多次到新疆、内蒙古等地考察,并于1908年在额济纳地区的黑城遗址盗取大量西夏手稿、文书和钱币等文物。此外,1905年至1915年间,俄罗斯中亚与东亚研究委员会先后派遣别列佐夫斯基兄弟与佛教艺术史和古文字专家谢尔盖·奥登堡(Sergey Oldenburg)前往新疆考察,多有盗取文物和切割壁画的行径。

从1902年开始至1914年,日本西本愿寺法主大谷光瑞派遣其弟子橘瑞超等人,先后三次进入新疆等地。日本考察团在首次调查过程中,就割取了克孜尔石窟壁画,并在之后的调查中获取了包括"李柏文书"在内的大量文物。由于橘瑞超等人没有接受过专门的考古训练,没有对考察做科学详细的记录,回到日本后也不止一次发生过资料丢失和损毁的情况[②]。

同样是在1902年至1914年期间,柏林民族学博物馆组织"德国皇家吐鲁番探险队"在新疆进行了四次考察。前三次的队长由著名的佛教美术史学家阿尔伯特·格伦威德尔(Albert Grünwedel)担任。他主张就地研究,对于文物的欲望比起其他探险家来说要克制一些,但在对高昌故城等的考察中仍然收集了大量的各种文字写本与泥塑、壁画等文物,包括众多摩尼教和景教文物,将其运回柏林。德国探险队的其他队员,尤其是阿尔伯特·冯·勒柯克(Albert von Le Coq)在盗取文物方面则更加肆无忌惮。他先是在前三次考察中不顾格伦威德尔的反对,窃走了部分克孜尔石窟壁画,在他担任队长的第四次考察中,切割的壁画和盗取的文物更是远超过前三次(图二一)。

---

① 贾建飞. 文明之劫:近代中国西北文物的外流[M]. 北京:人民美术出版社,2004:32-53.
② 丁笃本. 中亚探险史[M]. 乌鲁木齐:新疆人民出版社,2009:487-500.

图二一　德国亚洲艺术博物馆藏中国文物
（图片来源：作者自摄）

1906年，法国汉学家伯希和（Paul Pelliot）来到新疆。与当时其他来华考察者相比，伯希和汉语流利，并且熟悉中国礼节，给中国官员留下良好而深刻的印象，这为他在中国的考察和获取文物提供了巨大的便利。他在图木舒克发现3世纪时的佛教寺院遗址，获得大量文字材料和佛像，并于次年在敦煌骗走大量古代经卷，其价值远远超过其他同行所获。此外，伯希和还考察了克孜尔、库木吐喇以及克孜尔尕哈石窟，并发掘了苏巴什佛寺和库木吐喇石窟南侧的都勒都尔阿护尔遗址[①]。

这一时期以日本学者为代表的外国人在陕西地区开展的古迹调查则相对具有更高的学术性。如于1906年至1910年受清政府聘任在陕西高等学堂担任教员的足立喜六在闲暇时对汉唐长安城和帝陵等进行了广泛考察。作

---

① 赵莉. 克孜尔石窟壁画流失的历史回顾与现状调查［J］. 新疆艺术（汉文），2018(04)：129-135.

为自然科学学者，足立喜六开创性地采用近代先进仪器和科学方法对长安古迹展开研究并绘制测绘图。他在回到日本后继续钻研，出版了《长安史迹研究》一书，成为研究长安历史文化的重要史料[①]。日本建筑史专家关野贞在1906年考察汉唐陵墓时，也对唐代的昭陵、乾陵和崇陵做了详细调查。1907年至1908年，日本著名历史学家桑原骘藏对陕西、山东、河南、内蒙古等地的一些重要史迹、陵墓、碑碣等进行了探访，他的《考史游记》对所经之地的山川景物、风土人情及政治、经济、交通、文化等社会状况加以记录，并且配有大量的珍贵图片，是一部具有较高学术文献价值的访古考史游记[②]。

东北与华北地区是这一时期外国人在华开展考古调查的另一重要区域，外国学者对这里丰富的古建筑、石窟寺和考古遗址资源进行了广泛的调查，其中以日本考古学家鸟居龙藏的工作影响最大[③]。1895年，在中日《马关条约》签订后不久，鸟居龙藏受东京帝国大学（东京大学前身）派遣，进入辽东半岛进行人类学和考古学的调查。在4个月的时间里，他调查和发掘了旅顺、大连、辽阳等辽南地区的史前遗址和汉代遗址。此后他又于1905年和1908年两次进入辽东半岛调查。他综合三次考察成果所著的《南满洲调查报告》一书具有较高的学术价值。1906年至1908年，鸟居龙藏将考古活动扩大到蒙古草原地区，发现了不少史前遗存，并于1911年出版了记录其调查情况的《蒙古旅行》一书。

法国汉学家沙畹则是调查东北、华北地区的另一位重要人物。他最早曾于1891年前往泰山考察，以印证《史记·封禅书》的记载。1907年，他再次来华，先到辽宁奉天考察清帝陵墓，还考察了包括"好太王碑"在内的高句丽遗迹。此后他从北京经山东、河南到陕西、山西，一路考察石窟，购买方

---

① 〔日〕足立喜六著，王双怀等译. 长安史迹研究［M］. 西安：三秦出版社，2021.
② 〔日〕桑原骘藏著，张明杰译. 考史游记［M］. 北京：中华书局，2007.
③ 陈星灿. 中国史前考古学史研究：1895—1949［M］. 北京：社会科学文献出版社，2007：43-49.

志，走访陵寝，并将这些资料编写成巨著《华北考古记》①。

这一时期，英俄等国对我国西藏地区也展开了更多的调查。英国人开始改变此前主要依靠喜马拉雅地区当地人探察西藏的方式，由英国皇家地理学会和印度殖民机构直接派出，来自英国本土的探险者、科学家、外交官、军事人员等成为探察西藏的主体，并有多人获得皇家地理学会颁发的奖章。如1891年，在发现鲍尔文书的次年，鲍尔进入西藏考察。虽未获准进入拉萨，但他于1894年出版的游记在欧洲引起了不少关注。1900年到1901年，俄国人崔比可夫和诺祖诺夫在西藏拍摄了50多张照片，留下了关于拉萨最早的摄影资料②。

也有一些外国学者对我国长江以南地区，尤其是西南地区进行人类学和考古学调查。1903年2月，鸟居龙藏在结束了对我国西南半年多的人类学调查后，在乘船从成都前往重庆的路上对沿岸崖墓进行考察，并于次年发表研究成果，从名称、位置、结构、比较研究等方面进行系统探讨，成为我国崖墓科学研究的奠基之作③。1914年，法国学者谢阁兰（Victor Segalen，又译"色伽兰"）从汉中入川，进行了为期五个月的西南考察，沿途的墓葬、石刻和佛教艺术等是他调查的重点，所出版的《中国西部考古记》一书在中国艺术史研究上有重要价值④。此外，日本在1895年通过《马关条约》侵占台湾后，为配合殖民统治的需要，派出学者对台湾进行人类学和考古学调查。1896年7月，田中正太郎氏在台北第一次发现史前石器。鸟居龙藏也曾对台湾石器时代的遗迹进行研究，并对其人种进行了推测⑤。

---

① 〔法〕埃玛纽埃尔-爱德华·沙畹著，袁俊生译. 华北考古记［M］. 北京：中国画报出版社，2020.
② 赵光锐. 皇家地理学会与近代英帝国的西藏知识生产［J］. 史林，2020（04）：206-218，222.
③ 徐坚. 暗流：1949年之前安阳之外的中国考古学传统［M］. 北京：科学出版社，2012.
④ 〔法〕色伽兰著，冯承钧译. 中国西部考古记［M］. 郑州：中州古籍出版社，2017.
⑤ 陈星灿. 中国史前考古学史研究：1895—1949［M］. 北京：社会科学文献出版社，2007：45.

三、自主与合作（两次世界大战之间）

一战结束后，以"五四运动"为代表的一系列爱国运动使得民族意识深入人心，这也深刻影响了外国人在中国开展的考古发掘与调查工作。这一时期外国人在华影响最为深远的考古发掘事件，当数由北洋政府农商部地质调查所聘请瑞典地质学家安特生（Johan Gunnar Andersson）于1921年10月在河南渑池仰韶村进行发掘（图二二）。这次发掘被普遍看作是中国现代考古学产生的标志，社会各界也据此于2021年举行了隆重的纪念中国考古学诞生百年系列庆祝活动。

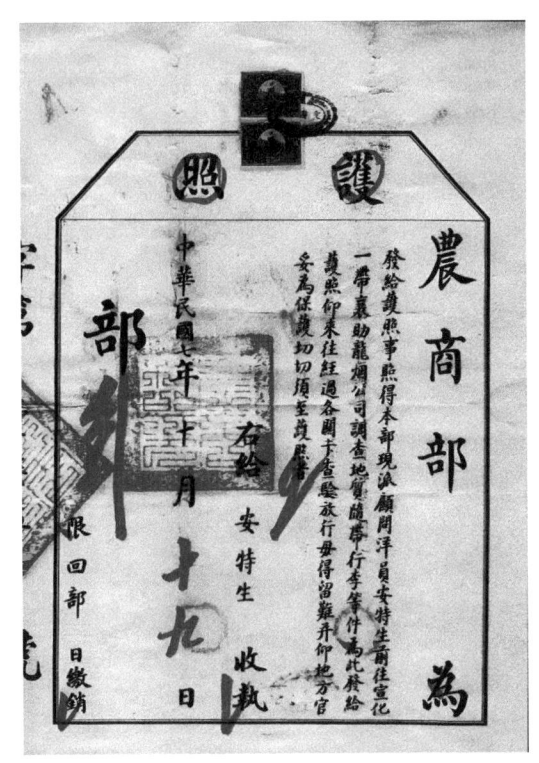

图二二　1918年中国农商部颁发给安特生进行地质调查的护照（复制件，图片来源：周口店北京人遗址博物馆，作者自摄）

事实上，安特生于1921年6月就在辽宁锦西沙锅屯洞穴遗址进行过发掘。仰韶遗址发掘的独特意义，如李新伟先生指出的，主要包括三个方面：首先，它是得到中国政府许可、以探索中国史前文化为目标的第一次科学考古发掘；其次，因仰韶遗址而命名的仰韶文化，是第一个依靠现代考古学方法、理论和技术确立的中国史前文化，开启了以科学方法探索和重建中国史前史的历程；最后，仰韶遗址的发掘引发了第一代中国考古学家主持的西阴村、殷墟、城子崖等一系列对中国考古学发展具有里程碑意义的发掘[1]。此后

---

① 李新伟. 仰韶遗址发掘和中国考古学的诞生［N］. 中国文物报，2021-05-25 (006).

安特生本人还于1923年至1924年前往甘青地区调查，收获了大量彩陶和石器。

1923年，哈佛大学为了丰富该校福格博物馆（Fogg Museum）的远东艺术藏品，委派曾担任过宾夕法尼亚博物馆馆长的兰登·华尔纳（Langdon Warner）对我国西北进行考察。华尔纳在行前就从同事那里要了一个用化学药剂黏取壁画的配方。在敦煌期间，他揭取了大量壁画，还带走了一尊跪姿彩塑菩萨像（图二三）[①]。华尔纳的强盗行径可谓是这一时期的逆流，随着民族独立意识的增强，此后中国社会各界对外国单方面的考古调查计划以及不平等的合作建议都报以警惕和排斥态度。如1925年3月，俄裔学者罗列赫父子一行从克什米尔经拉达克入疆，到达和阗后即被当地官员拘捕。后虽经英国驻喀什领事斡旋释放，但当局并未同意他们在新疆开展考古的请求。而在同年五卅惨案后反帝排外氛围高涨的背景下，由华尔纳带领第二次福格中国考察队的合作建议也被北京大学拒绝。自此外国来华开展考古调查、发掘和研究工作更多采取与中方合作的方式进行。如从1926年起，美国华盛顿弗利尔美术馆派遣毕士博（C. W. Bishop）和李济合作，调查和发掘山西夏县西阴村遗址，并支持了从1928年开始最初几季的安阳发掘。1930年，美国自然历史博物馆在蒙古高原调查石器时代遗址的项目也是与中央古物保管委员会联合组织开展的。

图二三　华尔纳盗走的彩塑菩萨像
（图片来源：哈佛大学博物馆网站）

---

① 贾建飞. 文明之劫：近代中国西北文物的外流［M］. 北京：人民美术出版社，2004：86-90.

这一时期的中外合作考古项目也往往通过跨学科的方式进行，如周口店的发掘就集中了古生物学家、古人类学家、地质学家和旧石器考古学家。来华的外国研究者采用当时最新的考古理念和技术，为萌芽期中国考古学的健康发展打下基础。如桑志华（Emile Licent）、德日进（Pierre Teilhard de Chardin）、步日耶（Abbe Breuil）等人基于欧洲现成的旧石器类型，对水洞沟与萨拉乌苏的旧石器材料作了详细的类型学划分。

1927年至1935年间的中瑞联合科考则是这一时期中外考古合作的典范。1926年，德国汉莎航空公司为了开辟中德间经由中亚的航线，委托斯文·赫定对新疆进行考察。赫定的考察申请在当时的北洋政府没有受到阻挠，但消息传出后在全国引起轩然大波。为了联合发声，北京大学考古学会、清华研究院、京师图书馆、故宫博物院、古物陈列所和地质调查所等十几所学术机构联合起来，于1927年春成立了"中国学术团体协会"，成为我国近代史上第一个以保护文物免于外流为宗旨的民间学术组织。在协会的努力下，中瑞双方达成了中英文双语的19条协定，同意共同组建西北科学考察团，中外各推团长一人，考察经费及全体团员费用由外方负担，考古发掘文物须全部交由协会保存，地质学采掘品如有复本可赠送外方一份，并规定协议内容以中文为准。该协议是中国近代科学史上第一个平等合作文件，也成为民国时期此后中外合作考古调查协议的范本[①]。

基于平等互利的协商合作，中瑞联合考察团取得了丰富的科考成果，不论是从西北科学考察史、开发史还是近代中外关系史的角度看，都是具有代表性和开拓性的事件，具有极为重要的意义。在考古领域，居延汉简和罗布淖尔汉简的发现大大推进了我国简牍学的发展，中方团员黄文弼则成为我国第一个进入新疆的考古学者。他根据所采集的石器特征，纠正了斯坦因提出的罗布石器文化路线自西向东说[②]。

---

① 贾建飞. 文明之劫：近代中国西北文物的外流 [M]. 北京：人民美术出版社，2004：93-98.
② 邓云，王可云. 中瑞西北科学考察团在考古学方面的成就 [J]. 山东科技大学学报（社会科学版），2007(03)：92-94.

进入20世纪30年代，中国考古学者在境内考古活动中进一步占据主导地位，外国学者主要以专家身份参与合作，如地质调查所在周口店项目中继续聘请德日进、布达生、魏敦瑞（Franz Weidenreich）等知名国际学者，或者开展零星的调查和试掘。由外国人主导的大规模调查和发掘已不复存在[1]。其中，斯坦因第四次来华考察的半途而废，显得尤为典型。

1930年，在哈佛大学和大英博物馆的资助下，斯坦因计划开启第四次中国西部考察。在英美驻华外交官的协助下，起初斯坦因顺利收到了由中国外交部颁发的护照，允许他为考古目的在新疆、内蒙古游历三年。但消息传出后遭到社会各界的一致反对，并促成南京国民政府紧急制定并实施了《古物保存法》。作为中国历史上第一部关于文物保护的正式成文法规，该法规定古物保管委员会为全国考古与文物保护的最高专司机构，外国人在华参加考古须经该委员会批准，否则以盗窃论，同时禁止文物流往外国。此后斯坦因虽然得以从印度进入新疆，并在尼雅进行了为期一周的发掘，但他最终还是在重重阻碍中草草结束考察，在未能携带任何古物出境的情况下黯然回到印度[2]。

华西协和大学博物馆和华西边疆研究学会则在这一时期成为我国西南地区考古研究的重镇。虽然其成员多为西方人士，但他们大多拥有深厚的学术素养，并且在研究中具有鲜明的地方特色。如陶然士（T. Torrance）自1908年开始在岷江一带调查崖墓，在研究方式乃至考古学伦理上和早期相比都有显著的改变，对于崖墓研究贡献颇多，并为协和大学博物馆贡献了大量的崖墓文物[3]。此外，1934年，身为博物馆馆长的美国学者葛维汉（David Crockett Graham）组织团队赴三星堆遗址发掘，虽然发掘工作只进行了十多

---

[1] 陈星灿. 中国史前考古学史研究: 1895—1949 [M]. 北京: 社会科学文献出版社, 2007: 203-204.

[2] 王冀青. 奥莱尔·斯坦因的第四次中央亚细亚考察 [J]. 敦煌学辑刊, 1993 (01): 98-110.

[3] 徐坚. 暗流: 1949年之前安阳之外的中国考古学传统 [M]. 北京: 科学出版社, 2012: 340, 355.

天，但是却出土600多件文物。

这一时期也有不少国外学者对西藏进行考察。1925年至1928年，俄裔藏学家乔治·罗列赫（George Roerich）及其父，考古学家尼古拉·罗列赫（Nicola Roerich）等人从印度启程，对新疆、甘肃和西藏等地区展开调查。他们在藏北高原和西藏中部发现了大量的石丘墓以及各种形式的大石遗迹，并提出应对西藏古代的游牧文化遗存予以重视[1]-[2]。他们还在离拉萨以北约二百多千米处的那曲附近发现了一座苯教寺院，搜集了大量苯教文献[3]。

1931年秋天，意大利著名藏学家图齐（Giuseppe Tucci，早年曾译作"杜齐"）沿萨特莱杰河（象泉河流入印度段后的名称）穿越什布奇山口首次进入西藏，到1939年曾先后五次对西藏地区的寺庙和遗址等进行广泛考察，并于1948年最后一次进藏[4]-[5]。除了收集实物和文献，对考察途中的所见所闻予以记录，图齐还对当地尤其是后藏地区的寺庙、佛塔、壁画、擦擦等展开历史与艺术研究，并且是最早对吐蕃王陵作系统科学考察的西方学者[6]-[8]。

1938年，为了寻找雅利安人的祖先，德国纳粹政府派遣五人组成的考察队前往西藏。考察队于1939年1月抵达拉萨，在西藏地区考察直到8月，收集了大量的人种学和民俗学资料，并制作了纪录片《神秘的西藏》。

20世纪二三十年代，日本学者也对我国古迹开展了广泛调查，如佛教史专家常盘大定于1920年至1929年间先后开展了五次中国考察，其足迹遍布我国南北十几个省市的大量佛教史迹，以及道教和其他古迹。他与关野贞合作

---

[1] 童恩正. 西藏考古综述［J］. 文物，1985（09）：9-19.
[2] 霍巍. 西藏早期游牧文化聚落的考古学探索［J］. 考古，2013（04）：2，57-67.
[3] 房建昌. 苏联西藏学研究小史［J］. 青海民族学院学报，1986（03）：16，23-30.
[4] 魏正中，萨尔吉编译. 探寻西藏的心灵：图齐及其西藏行迹［C］. 上海：上海古籍出版社，2009：34-50.
[5] ［意］图齐著，李春昭译. 到拉萨及其更远方：1948年西藏探险日记［M］. 北京：中国藏学出版社，2017.
[6] ［意］图齐著，魏正中，萨尔吉主编. 梵天佛地［M］. 上海：上海古籍出版社，2009.
[7] ［意］G.杜齐著，向红茄译. 西藏考古（第2版）［M］. 拉萨：西藏人民出版社，2004.
[8] 童恩正. 西藏考古综述［J］. 文物，1985（09）：9-19.

出版的《中国文化史迹》对于相当多遗迹的发现、摄影和解说具有开创性的贡献[1]。这一时期中日考古界也曾开展过交流合作，如1926年6月，在日本考古学之父滨田耕作等的促成下，中日双方合作成立了东方考古学协会。但由于双方对合作的态度不一，外加中日关系日趋复杂，协会到1930年就宣告解体[2]。在1931年日本侵华战争爆发后，日本学者大多依托侵华日军开展考古工作，如滨田耕作于1935年率领考古队在内蒙古赤峰市发掘了红山后遗址，并将所有出土文物运至日本，现藏于京都大学[3]。1937年，抗战全面爆发，西方学者在华的田野工作基本停止，日本人则在东北、华北等日占区展开了以历史时期石窟寺、古建筑、墓葬、城址等为主的大规模考察活动，并在台湾发现多处史前遗址，提出台湾史前文化源自中国大陆的看法[4]。

苏联考古学家则主要在蒙古地区展开调查和发掘。如最早曾跟随普尔热瓦尔斯基来华探险的科兹洛夫（P. K. Kozlov）于1924年至1925年在今中央省诺彦乌拉（Noin Ula）发掘了此前被偶然发现的匈奴贵族墓葬，发现了毛毡地毯、丝绸织物、刺绣人像、玉饰和黄金制品等大量珍贵文物。令人惊叹的发现促使苏联科学院派遣考古学家特普罗科夫（S. A. Teploukhov）和波洛夫卡（G. I. Borovka）对这一地区进行进一步调查，并在乌兰巴托以西的图尔河流域发现了92座墓葬。他们对其中一些墓葬，包括一座带有墓道的匈奴墓葬进行了发掘。1925年，波洛夫卡继续对图尔河中游进行考察，发现了400多个小型石板墓和数个岩画遗址。基于贝加尔湖以南的类似墓葬，他们认为这些遗存属于公元前7世纪至公元前5世纪之间。这些调查为后来蒙古国青铜和早期铁器时代的研究提供了框架。此外，1927年，苏联考古学家斯穆科夫（A. D. Simukov）也在诺彦乌拉地区发掘了两座匈奴墓葬，出土的文物包括带有植物纹的金饰品残

---

① 〔日〕常盘大定，关野贞著，李星明主编. 中国文化史迹［M］. 上海：上海辞书出版社，2018.
② 桑兵. 东亚考古学协会述论［J］. 历史研究，2000 (05)：160-169.
③ 刘国祥. 中国考古学的发展历程与时代重任［N］. 中国社会科学报，2021-03-04 (007).
④ 陈星灿. 中国史前考古学史研究：1895—1949［M］. 北京：社会科学文献出版社，2007：273.

片、丝绸残片以及一个带有中文铭文的漆杯，说明它产自四川[①]。

第二节　1949年后的境内国际考古合作

一、发展历程与成果

从中华人民共和国成立到改革开放以前，我国考古界与国外的交流合作总体较少。根据公开发表的文献，这一时期他国来华考古的项目似只有1963年至1965年，由中国科学院考古研究所和朝鲜社会科学院考古学与民俗学研究所组成的中朝联合考古发掘队，对辽宁省、吉林省、黑龙江省和内蒙古自治区的新石器时代、青铜时代，以及高句丽和渤海时期的遗址所进行的调查与发掘[②]。改革开放后，中国考古界的国际合作逐渐增多，中国社会科学院考古研究所及新疆、内蒙古、辽宁、河南、山东等地的考古机构和高校与美国、日本、法国等国同行共同开展考古调查、发掘与研究项目，获得了丰硕的合作成果。

正式拉开中外考古合作序幕的是在张光直先生的倡导下，由中国社会科学院考古研究所与美国哈佛大学皮保德博物馆（Peabody Museum）联合实施的"中国商丘地区早商文明探索"项目。从1990年起，项目组组织多学科考察队对商丘地区的古地貌进行地质考古调查，并对商丘潘庙遗址、枳城山台寺遗址和虞城马庄遗址进行发掘。虽然这个长达十年的合作项目没有实现找到商城的预期目标，但仍然取得了众多创造性成果，被评价为"1949年以来第一次真正意义上的中外田野考古学合作"（图二四）[③]。

---

① Habu J, Lape P V, Olsen J W. (Eds.). Handbook of East and Southeast Asian Archaeology (Vol. 728) [C]. New York: Springer, 2017: 60-61.
② 张良仁. 我国国际考古合作的现状与问题. 收于肖小勇主编. 聚才揽粹著新篇——孟凡人先生八秩华诞颂寿文集 [C]. 北京：科学出版社，2019：395-406.
③ 中国社会科学院考古研究所，美国哈佛大学皮保德博物馆编著. 豫东考古报告："中国商丘地区早商文明探索"野外勘察与发掘 [C]. 北京：科学出版社，2017：5.

图二四　张光直先生等在遗址现场（左）与项目组成员操作探地雷达进行勘察（右）
（图片来源：《豫东考古报告》图版，2017年）

新疆也是中外合作考古，尤其是中日、中法合作的重要区域。从1989年起，新疆维吾尔自治区文化厅开始组织实施中日尼雅遗址学术考察。1994年，中日双方开始合作在遗址现场进行考古清理和发掘工作，并于1995年首次在尼雅发现并揭取了佛像壁画残片，此外还取得其他众多考古发现，被宿白等专家认为是20世纪以来尼雅考古收获最丰硕的一次[1]。2002年10月，中日双方又共同组队考察丹丹乌里克，发现一座佛寺遗址中残存的精美壁画。中日双方于2005年至2006年完成了对遗址的现状测绘，并合作对所揭取的壁画进行了修复加固[2]。

1993年至2005年，新疆文物考古研究所还与法国国家科学研究中心中亚研究所合作开展了"中法克里雅河联合考古"项目。双方先后于1993年、1994年、1996年、2001年与2005年五次进入塔克拉玛干沙漠腹地，在克里雅河流域开展考古调查，发现了圆沙古城遗址，并采集到大量文物[3]。

中外联合考古队还先后对内蒙古和山东等地进行了系统的区域性考古

---

[1] 于志勇. 1995年尼雅考古的新发现[J]. 西域研究，1996 (01)：115-118.
[2] 中国新疆文物考古研究所，日本佛教大学尼雅遗址学术研究机构编著. 丹丹乌里克遗址——中日共同考察研究报告[C]. 北京：文物出版社，2009.
[3] 新华社. 中法联合克里雅河流域考古完成田野调查[EB/OL]. (2005-12-23) [2022-06-10]. https://www.cctv.com/geography/20051223/100292.shtml.

调查与发掘。如由内蒙古文物考古研究所与日本京都中国考古学研究会组成的中日岱海地区考察队，于1995年至1996年间通过对王墓山坡上遗址和石虎山遗址进行合作发掘，为深入系统地研究环岱海地区乃至整个内蒙古中南部地区仰韶时代考古学文化的面貌和特征提供了大量的科学资料[1]-[2]。1999年至2001年，内蒙古文物考古研究所等机构又与美国匹兹堡大学组成中美赤峰联合考古队，对赤峰地区的锡伯河、半支箭河、西路嘎河和阴河流域开展了全面的区域考古调查，初步掌握了赤峰地区西南部自新石器时代经青铜时代至战国—汉，一直到辽代前后古代遗址的分布情况，为进一步的研究提供了较为完整的基础资料[3]。同样是在1999年至2001年，在前期系统区域调查的基础上，中美联合考古队在山东日照市两城镇遗址展开发掘，不仅发现了丰富的龙山文化遗迹，还推动了聚落考古方法在中国的发展与应用[4]。

2000年至2002年，法国高等实验学院、法国国家科学研究中心等法国机构与武汉大学、河南省文物考古研究所合作，发掘了河南南阳龚营遗址。中法双方各自负责一个区域的发掘。在发掘过程中中方采用探方发掘法，法方则主要采用欧洲通行的全面揭露发掘法，以此比较两种方法的长处[5]。

此外，2003年至2006年，中国科学院古脊椎动物与古人类研究所的侯亚梅、黄万波与法国著名的旧石器考古学家、巴黎第十大学的博伊达（Eric Boëda）共同主持了对位于重庆市巫山县庙宇镇龙坪村龙骨坡遗址的发掘。此次发掘对遗址地层进行了系统梳理和详细划分，对出土的遗物、遗迹相关数据进行了科学提取，成为龙骨坡遗址由粗放式考古发掘向精细化科学发掘

---

[1] 杨泽蒙. 内蒙古凉城县王墓山坡上遗址发掘纪要[J]. 考古, 1997(04): 16-23.
[2] 杨泽蒙. 内蒙古乌兰察布盟石虎山遗址发掘纪要[J]. 考古, 1998(12): 1-17, 97-98.
[3] 塔拉等. 内蒙古赤峰地区区域性考古调查阶段性报告（1999—2001）[J]. 边疆考古研究, 2002: 357-368.
[4] 栾丰实等. 山东日照市两城镇遗址1998—2001年发掘简报[J]. 考古, 2004(09): 2, 7-18.
[5] 杨宝成, Alain Thote. 南阳附近的龚营遗址的发掘：方法和结果. 收于陈星灿, 米盖拉主编. 考古发掘与历史复原（法国汉学第十一辑）[C]. 北京：中华书局, 2006: 36-48.

的重要转变[1]。

除了开展区域性的考古调查和重点发掘,中外考古学家还以双方共同设置的学术问题为导向,开展相应的考古发掘与研究工作。如从20世纪90年代开始,以哈佛大学、波士顿大学等为主的美国高校和科研机构与北京大学以及江西、湖南等省的考古机构就陶器与稻作农业起源开展长期合作。1993年和1995年,中美联合考古队对江西万年县仙人洞遗址进行发掘,并合作对出土陶器进行年代研究,证明东亚采集狩猎人群对于陶器的使用要早于开始定居生活和种植植物[2]。2004年和2005年,哈佛大学又联合北京大学、湖南省文物考古研究所对道县玉蟾岩遗址进行联合发掘,发现了一万二千年前的古栽培稻[3]。中美双方还联合以色列维兹曼研究院,对玉蟾岩遗址早期陶器及其地层堆积展开碳十四研究,成为在中国发现制造陶器的最早证据之一[4]。

2011年至2014年,中美双方又合作开展了"澧阳平原稻作农业起源"项目,先后对杉龙岗遗址、华垱遗址、宋家台遗址等进行联合发掘,为研究澧阳平原早期农业与社会形态提供了重要资料[5]。此外,1999年,美国加州大学洛杉矶分校考古研究所与北京大学考古系及成都市文物考古研究所组成"中美盐业联合考古队",对四川省和重庆市的古代盐业遗址展开调查,并参与了忠县中坝遗址的发掘,为探索川西平原及三峡地区的制盐历史提供了重要资料[6]。

在上述中日尼雅合作调查与发掘之外,日本的高校和科研机构也十分积极地在固原、西安、洛阳等丝绸之路沿线的其他重镇开展考古合作。1995年至1996年,中日学者共同组成的"中日原州古墓考古队"先后发掘了固原的

---

[1] 高磊. 龙骨坡遗址:现实与争议[J]. 巴渝文化(第5辑),2021:1-10.
[2] 吴小红等. 江西仙人洞遗址两万年前陶器的年代研究[J]. 南方文物,2012(03):1-6.
[3] 中美联合考古队再探中国水稻起源[J]. 垦殖与稻作,2005(06):6.
[4] 吴小红等. 湖南道县玉蟾岩遗址早期陶器及其地层堆积的碳十四年代研究[J]. 南方文物,2012(03):6-15.
[5] 湖南省文物考古研究所. 世界稻作农业起源地再添新证据[N]. 中国科学报,2014-03-17(004).
[6] 李水城. 近年来中国盐业考古领域的新进展[J]. 盐业史研究,2003(01):9-15.

唐代史道洛墓和北魏田弘墓，取得重大成果①。1996年至2001年，中国社会科学院考古研究所与日本奈良国立文化财研究所（以下简称"奈文研"）合作，对汉长安城桂宫遗址进行调查与勘探，并对其中三座大型建筑遗址展开发掘②。2001年至2005年，双方又对唐长安城大明宫太液池遗址进行了六次合作发掘，丰富了对唐代皇家园林建筑形式的认识，为复原唐代宫殿建筑配置提供了翔实的考古资料和依据③。

在日本秋田县和甘肃省人民政府于2000年签订的"十年文化交流协定"的框架下，2003年至2005年，日本秋田县埋藏文化财中心与甘肃省文物考古研究所及甘肃省博物馆合作发掘了武威磨咀子墓地，为研究两汉时期河西地区墓葬及随葬品的组合及演变提供了较全面的资料④。2008年至2011年，中日双方又先后对汉魏洛阳故城北魏宫城二号、三号和五号建筑遗址进行发掘，为深入探讨北魏洛阳城布局和中国古代都城形制演进等提供了重要的资料⑤-⑦。此外，在日本文部省科研助成金的资助下，由西北大学考古专业、日本赴陕西佛教遗迹考察团与麟游县博物馆组成的考察队于1998至2000年先后三次对慈善寺和麟溪桥的造像窟龛进行了实地考察和研究⑧。

日本学者还深入参与了成都周边史前遗址的发掘及摩崖石刻造像调查。1996年11月至12月，成都市文物考古工作队、四川联合大学考古教研室、日本早稻田大学等组成中日联合考古调查队，对新津县宝墩遗址进行了发掘，

---

① 雷润泽. 宁夏固原中日联合考古发掘获重大成果[N]. 中国文物报, 1996-10-13 (001).
② 中国社会科学院考古研究所, 日本奈良国立文化财研究所编著. 汉长安城桂宫: 1996—2001年考古发掘报告[M]. 北京: 文物出版社, 2007.
③ 安家瑶等. 西安唐长安城大明宫太液池遗址的新发现[J]. 考古, 2005 (12): 3-6.
④ 王辉等. 2003年甘肃武威磨咀子墓地发掘简报[J]. 考古与文物, 2012 (05): 28-38, 115-117.
⑤ 钱国祥等. 河南洛阳市汉魏故城新发现北魏宫城二号建筑遗址[J]. 考古, 2009 (05): 3-6.
⑥ 钱国祥等. 河南洛阳市汉魏故城发现北魏宫城三号建筑遗址[J]. 考古, 2010 (06): 3-6.
⑦ 钱国祥等. 河南洛阳市汉魏故城发现北魏宫城五号建筑遗址[J]. 考古, 2012 (01): 3-6.
⑧ 西北大学考古专业, 日本赴陕西佛教遗迹考察团, 麟游县博物馆编著. 慈善寺与麟溪桥——佛教造像窟龛调查研究报告[C]. 北京: 科学出版社, 2002.

对遗址的文化面貌有了较清楚的认识①。1998年至2000年，中日联合考古调查队又对都江堰市芒城遗址展开发掘，对遗址的年代和分期、布局和构筑方法等有了较全面的认识②-③。2002年3月至2003年9月，中日学者还合作对蒲江、邛崃境内的摩崖石刻造像进行了全面调查。

这一时期的中外考古合作不仅取得了众多重要的考古新发现，也推动了我国考古学技术方法的提升。如通过与美国团队的合作，区域系统调查的方法在我国得到推广。1995年底至1996年初，在山东大学与美国耶鲁大学、威斯康星大学等合作对两城地区进行调查的过程中，首次在国内应用区域系统调查方法，在较短时间内新发现了多处遗址，展现了这一方法在聚落形态研究方面的潜力④。1997年，中国社会科学院考古研究所与美国明尼苏达大学科技考古实验室合作，借鉴区域研究的技术方法，在以殷墟为中心，洹河流域近800平方千米的范围内展开系统的考古与地质调查，为研究洹河流域全新世地质地层与遗址文化层关系提供重要依据，完善了洹河流域的考古学文化序列，还探明了后来被确认为洹北商城的洹北花园庄遗址范围⑤。

中外合作考古还推动了多学科手段在考古研究中的融会以及我国科技考古水平的提高。如在正式发掘两城镇遗址前，项目组聘请美国专家用地磁方法对地下遗迹分布情况进行探测，并对土壤微形态进行分析研究，在发掘过程中还邀请中外专家对植物标本和土壤样品的植硅体化石和孢粉进行分析研究⑥。1997年，通过与奈文研合作，辽宁省文物考古研究所取得了国内首批经过树脂减压含浸法处理的铁器标本，促进了我国铁器保护处理技术的

---

① 江章华等. 四川新津县宝墩遗址1996年发掘简报［J］. 考古，1998 (01)：29-50，100.
② 王毅等. 都江堰市芒城遗址1998年度发掘工作简报［J］. 成都考古发现，1999：54-98.
③ 王毅等. 都江堰市芒城遗址1999年度发掘工作简报［J］. 成都考古发现，1999：99-126.
④ 蔡凤书等. 山东日照市两城地区的考古调查［J］. 考古，1997 (04)：1-15.
⑤ 唐际根等. 洹河流域区域考古研究初步报告［J］. 考古，1998 (10)：13-22.
⑥ 栾丰实等. 山东日照市两城镇遗址1998—2001年发掘简报［J］. 考古，2004 (09)：2，7-18.

发展[①]。

  除了开展田野工作和对出土文物进行科学保护，中外考古学者还合作开展了卓有成效的研究项目。早在20世纪90年代，中日学者就基于山东临淄发现的周—汉代人骨与日本西部弥生时代人骨展开比较研究，发现了两者间相近的种族形态学基础[②]。2004年至2006年，日本奈良县立橿原考古学研究所与山东省文物考古研究所合作，对山东省临淄齐国故城出土的汉代镜范进行考古学研究，其成果成为我国第一部研究古代铜镜铸范的学术著作[③]。2004年至2008年，日本九州大学与山东大学合作开展了"山东半岛地区的稻作农业及其东传的综合研究"，对山东半岛稻作遗存、龙山文化黑陶片、胶东半岛新石器时代石器及龙山文化和商周石器、人骨等展开分析与研究[④]。

  这一时期，也有外国学者自主在西藏等地开展了一些考古调查工作。1992年至2002年，美国弗吉尼亚大学的人类学家约翰·文森特·贝勒沙（John Vincent Bellezza）深入藏北和阿里地区进行多次考古调查，获得了400多个前佛教时期考古遗址和墓葬的详细调查资料，并认为古象雄是西藏文明的起源[⑤]。此外，1997年，瑞士籍藏学家阿米·海勒（Amy Heller）受美国出资人邀请，对青海都兰的吐蕃时期墓葬进行了现场考察与研究[⑥-⑦]。

[①] 万欣等. 辽宁北票市喇嘛洞鲜卑贵族墓地出土铁器的保护处理及初步研究［J］. 考古，1998 (12)：38-45，103.
[②] 韩康信，松下孝幸. 山东临淄周—汉代人骨体质特征研究及与西日本弥生时代人骨比较概报［J］. 考古，1997 (04)：32-42.
[③] 白云翔，〔日〕清水康二主编. 山东省临淄齐国故城汉代镜范的考古学研究［C］. 北京：科学出版社，2007.
[④] 栾丰实，〔日〕宫本一夫主编. 海岱地区早期农业和人类学研究［C］. 北京：科学出版社，2008.
[⑤] 约翰·文森特·贝勒沙，谭秀华. 找寻失落的文化——西部西藏前佛教时期重要考古遗迹调查报告（1992—2002）［J］. 藏学学刊，2004：1-16，298.
[⑥] 阿米·海勒，霍川. 青海都兰的吐蕃时期墓葬［J］. 青海民族学院学报，2003 (03)：32-37，47.
[⑦] 霍巍. 论青海都兰吐蕃时期墓地考古发掘的文化史意义——兼评阿米·海勒《青海都兰的吐蕃时期墓葬》［J］. 青海民族学院学报，2003 (03)：24-31.

二、现状

始于20世纪90年代的国外机构来华开展考古合作项目为重新打开国门的中国考古带来了先进的理念与技术，以及开展考古项目所需要的经费，对提升中国考古学水平产生了积极的影响。基于中外在华合作考古的良好效果，以及各方在长期合作中建立的友好关系，截至2019年底，仍有为数不少的中外在华合作考古项目在稳步进行之中，涉及辽宁、甘肃、山东、湖北、陕西、四川等多个省份。

如从2009年起，辽宁省文物考古研究院与美国夏威夷大学、匹兹堡大学合作在以东山嘴遗址为核心的大凌河上游流域展开了系统性区域调查，对红山文化的聚落形态和社会结构进行了较为深入的研究[1]。自2016年开始，中美双方进一步展开"红山文化社区与分期研究"项目，通过在牛河梁遗址及其周边区域开展联合考古，对其进行更准确的分期分区研究[2]。从2017年起，辽宁省文物考古研究院等还与奈文研共同开展"三燕文化出土遗物研究"项目，对三燕时期出土遗物进行重新记录，探寻三燕文化的真实面貌。

为完善甘肃洮河流域新石器至青铜时代考古学年代框架，揭示不同文化阶段的人群变迁、技术演进和社会结构，从2012年起，甘肃省文物考古研究所、北京大学与以美国哈佛大学为首的多家外国机构联合开展了"甘肃洮河流域新石器至青铜时代文化与社会之演进"项目，先后对齐家坪、灰嘴山、大崖头等遗址进行了系统调查与试掘，不仅发现了东西文化交流的有力证据，还通过举办物探技术和地理信息系统方面的现场培训，提升了项目人员的专业技能[3]。

---

[1] 吕学明等. 辽宁大凌河上游流域考古调查简报［J］. 考古，2010 (05)：24-35，109.
[2] 王臻青. 近十年，辽宁红山文化考古结硕果——发现遗址500余处 [EB/OL]. (2019-10-31) [2022-06-16]. https://ln.qq.com/a/20191031/007605.htm.
[3] 甘肃省文物局. 甘肃考古回放：大崖头遗址 [EB/OL]. (2021-10-08) [2022-06-16]. https://www.sohu.com/a/493997086_121106869.

2018年起，武汉大学等与芝加哥大学组织联合考古队，开始在盘龙城遗址展开为期三年的联合考古项目，计划对盘龙城聚落形态和布局及自然环境变迁与聚落演变等展开深入研究[1]。同样是在2018年，中日合作项目"中国山东省临淄汉代镜范与铜镜的考古学研究"再次启动，计划在三年的时间里对新的镜范和铜镜材料加以系统的对比研究，从而推进中日古代铜镜铸造技术与流通的考古学研究[2]。2019年10月，山东省文物考古研究所等中方机构与以色列希伯来大学、海法大学合作开展的中以弥河流域考古调查项目也正式启动，旨在全域系统调查基础上全面了解弥河流域古代聚落分布状况和社会形态变迁模式，探索史前农业、文明、国家的起源过程，探讨夏商时期海岱与中原地区交流互动关系及其融入华夏文明的历史进程[3]。

　　除了以上中外合作考古发掘与研究项目，新时期的中外在华合作考古项目还具有了新的影响和内容。如2017年，"中美合作九寨沟地区古代人地关系和文化交流考古研究"项目被列入了《首轮中美社会和人文对话行动计划》[4]。由陕西省考古研究院、西北大学、美国加州大学洛杉矶分校与美国田野考古研究所联合举办的杨官寨中美国际田野考古学校则是目前我国境内唯一的国际性田野考古培训项目。自2010年创办以来，该项目已围绕高陵杨官寨遗址的考古发掘连续举办暑期田野考古培训，仅2016年至2018年间就先后培训了来自中国、英国、美国、加拿大和波多黎各等不同国家和地区的40余名学员，取得了良好的教学成果[5,6]。

---

[1] 新华网. 中美学者将对盘龙城遗址开展联合考古 [EB/OL]. (2018-10-19) [2022-06-16]. https://www.chinanews.com.cn/cul/2018/10-19/8654668.shtml.

[2] 新华网. "临淄汉代镜范与铜镜考古学研究"启动仪式举行 [EB/OL]. (2018-12-25) [2022-06-16]. http://zb.sd.xinhuanet.com/2018-12/25/c_1123903166.htm.

[3] 赵益超. 中以弥河流域联合考古调查项目开启两国文化交流新领域 [EB/OL]. (2019-10-15) [2022-06-16]. http://www.ncha.gov.cn/art/2019/10/15/art_722_157029.html.

[4] 新华社. 首轮中美社会和人文对话行动计划［N］. 人民日报，2017-09-30 (11).

[5] 王炜林等. 陕西高陵杨官寨遗址H85发掘报告［J］. 考古与文物，2018 (06)：3-19.

[6] 翟群. 中国考古打开世界视野［N］. 中国文化报，2018-12-26 (002).

第三节　中国学者赴境外考古

一、历程概述

作为一门外来学科，早期的中国考古学在理论和技术方法上都受到欧美考古学界的重要影响。除了从安特生等来华主持和参与考古发掘项目的外国学者身上学习，中国第一代考古学人，如李济、梁思永、吴金鼎和夏鼐等都有赴英美等国进行考古学专业深造的经历[①]。其中，夏鼐先生在海外学习时间最久，对后来中国考古学界的影响也最大。他不仅从惠勒等考古巨匠那里学到了近代考古学的田野发掘方法与技术，还先后参与了在英国梅登堡遗址、埃及艾尔曼特遗址、巴勒斯坦杜韦尔遗址等的发掘，是中国人早期在境外参与考古发掘最重要的代表人物。这些遗址的发掘使他掌握了娴熟的发掘技巧，也极大地开阔了他的视野。这不仅为他自己的成长奠定了坚实的基础，这套田野考古方法被他带回中国后，直到今天仍被广泛地应用于中国的田野考古[②]。

从1949年到改革开放前，我国学者翻译介绍了大量的国外考古文献，尤其是以苏联为代表的社会主义阵营和亚非拉第三世界国家的相关资料[③]。但这一时期，我国学者赴境外开展实地考古工作的机会较少。根据公开资料，这一时期中国学者赴境外考古工地主要以短期的参观和交流为主，如王伯洪和王仲殊先生于1958年7月至10月前往苏联，其间除了访问苏联各地的大量考古研究机构、博物馆、大学考古专业及许多考古工地，还参加了中亚花剌子模和黑海北岸奥利维亚的考古工作，亲身领略了苏联考古工作中的先进经验

[①] 徐玲. 留学生与中国考古学[M]. 天津：南开大学出版社，2009.
[②] 项隆元. 浙江学人与中国近代考古学[M]. 杭州：浙江大学出版社，2021：225.
[③] 张良仁. 我国国际考古合作的现状与问题. 收于肖小勇主编. 聚才揽粹著新篇——孟凡人先生八秩华诞颂寿文集[C]. 北京：科学出版社，2019.

和方法[①]。

20世纪八九十年代，中外考古交流合作明显密切，但初期的合作项目主要以上一部分所述外国专业机构来华开展调查和发掘工作为主。中国考古学家正式在境外开展考古工作始于1998年底的柬埔寨吴哥古迹。作为制定吴哥古迹修复方案的前期工作，中方工作组于1998年12月至1999年1月对周萨神庙周边区域进行考古调查、勘探与发掘，明确了神庙的建筑基础结构，并初步揭示了神庙功能的历史变迁，为修复工作的开展奠定了考古基础[②]。

进入21世纪后，我国的跨国考古工作逐步提速。2000年，中国社会科学院考古研究所首次组队到德国梅克林堡州舍米林市的美伦艾克森遗址参加德方组织的考古发掘[③]，拉开了新世纪中国跨国考古工作的大幕。在2013年"一带一路"倡议提出前，我国学者赴境外开展的主要考古调查、发掘项目见表一。

表一 2013年以前我国学者赴境外开展的主要跨国考古调查、发掘项目

项目时间	中方牵头单位队伍	国外主要合作方	主要工作内容
2004年	吉林大学	俄罗斯科学院西伯利亚分院考古与民族研究所	发掘俄罗斯阿穆尔州特洛伊茨基鞑靼墓地[④]
2005年至今	内蒙古自治区文物考古研究所	蒙古国游牧文化研究国际学院、蒙古国国家博物馆	蒙古国境内古代游牧民族文化遗存考古调查、勘探、发掘[⑤]
2006年12月至2007年1月	四川省文物考古研究院、陕西省考古研究院	越南国家历史博物馆	发掘距今4000年左右的义立遗址[⑥]

---

① 王伯洪，王仲珠. 苏联考古工作访问记（一）——在物质文化史研究所[J]. 考古，1959（02）：101-104.
② 乔梁，李裕群. 吴哥遗迹周萨神庙考古报告[J]. 考古学报，2003（03）：427-458，467-474.
③ 袁靖. 境外考古热中的冷思考[N]. 光明日报，2017-04-11（12）.
④ 冯恩学，阿尔金. 俄罗斯特罗伊茨基墓地2004年发掘的收获[J]. 边疆考古研究，2006：211-215.
⑤ 陈永志等. 中蒙考古合作十周年回顾与展望[N]. 中国文物报，2015-10-09（006）.
⑥ 四川省文物考古研究院等编. 越南义立：冯原文化遗存发掘报告[M]. 北京：文物出版社，2016.

续表

项目时间	中方牵头单位队伍	国外主要合作方	主要工作内容
2008年至今	延边大学	朝鲜社会科学院考古学研究所	对朝鲜境内高句丽和渤海遗迹进行调查和发掘①
2009年至今	西北大学	乌兹别克斯坦、塔吉克斯坦考古机构	以寻找西迁中亚的古代月氏人为主要目标，在西天山地区开展联合考古调查、发掘和研究
2010年至2013年	北京大学	肯尼亚国家博物馆	肯尼亚沿海区域陆地考古②
2010年至2013年	国家博物馆/国家水下文化遗产保护中心（现改组为"国家文物局考古研究中心"）	肯尼亚国家博物馆	拉穆群岛诺美尼沉船③
2011年9月	吉林省文物考古研究所	俄罗斯科学院远东分院远东民族历史·考古·民族研究所	对渤海国盐州州治所在的克拉斯基诺城址及城西的墓葬区域进行考古勘探④
2012年至今	中国社会科学院考古研究所	乌兹别克斯坦科学院考古研究所	发掘位于乌兹别克斯坦安集延州明铁佩古城⑤

（表格来源：作者自制）

2013年，随着"一带一路"倡议的提出，我国学术机构在境外开展的考古项目迅速增加。到2019年，据国家文物局的初步统计，当年我国开展跨国考古项目共计38项⑥。

---

① 郑永振. 最近朝鲜境内的高句丽、渤海遗迹调查发掘成果［J］. 通化师范学院学报，2017, 38 (07): 1-7.
② 曾江. 中肯联合考古进入第二阶段［N］. 中国社会科学报，2012-07-30 (A01).
③ 王亦晨. 西行漫记——中肯联合水下考古发掘工作纪实（上）［J］. 百科探秘（海底世界），2017 (06): 16-18.
④ 梁会丽，解峰. 2011年俄罗斯滨海边疆区克拉斯基诺城址考古勘探报告［J］. 北方文物，2016 (02): 29-34.
⑤ 朱岩石，刘涛，艾力江，何岁利. 乌兹别克斯坦安集延州明铁佩城址考古勘探与发掘［J］. 考古，2017 (09): 2, 22-38.
⑥ 徐秀丽. 中外联合考古项目工作会在京召开［N］. 中国文物报，2019-12-24 (001).

二、区域和研究领域分析

目前，我国考古机构和高校已在亚洲各个地区开展了跨国考古工作，重点研究对象包括亚洲主要古文明、基于丝绸之路的古代民族国家迁徙交流等方面，以下按照区域对其中的重要成果予以总结。

（一）北亚地区

北亚地区主要指蒙古国，兼及俄罗斯的亚洲部分，是目前我国学术机构开展考古工作最多的区域，工作领域主要包括以下几个方面。

1. 北亚地区史前文化研究

欧亚大陆北方草原地带是东西方人群和文化较早发生交流的区域，中国早期文明在形成和演变过程中与北亚地区存在密切交往，对北亚地区新石器时代和青铜时代文化的研究具有重要的学术意义。2014年，南京大学与俄罗斯阿尔泰国立大学签订合作协议，共同调查发掘俄罗斯阿尔泰地区的青铜时代和早期铁器时代遗址，对额尔齐斯河沿岸人群的迁徙、冶金技术和家畜传播等问题展开研究。中俄考古队先后于2015年与2016年对青铜时代的冶炼遗址卡勒望湖I号遗址和苏联路I号遗址进行发掘，发现了铜矿石、铜器和炉渣等冶金遗迹[1]。

2. 北亚地区古代各族群文化研究

北亚草原地带是古代游牧人群活动的重要区域，历史上有匈奴、东胡、月氏、丁零、鲜卑、柔然、突厥、回鹘、黠戛斯、契丹、女真、蒙古等多个族群在这一区域活动过。这些游牧人群与东亚地区的农业文化关系密切，他

---

[1] 吴楠. 中俄阿尔泰考古探秘[N]. 中国社会科学报，2020-09-25 (004).

们与农业人群的南北互动是影响中国古代历史演变轨迹的重要因素。此领域的工作以内蒙古自治区文物考古研究所牵头中方多家单位，与蒙古国合作开展的古代游牧民族文化遗存考古调查与发掘研究项目为代表。自2005年启动以来，基于广泛的遗址调查，该项目开展的重要发掘工作包括后杭爱省浩腾特苏木的乌布尔哈布其勒三号四方形遗址、胡拉哈一号墓园和乌贵诺尔苏木和日门塔拉城址等[1]-[3]。其中，和日门塔拉（Khermental）城址俗称"三连城"，是蒙古国境内保存较好、规模较大的古城群落之一。2014年至2018年，中蒙联合考古队对该遗址进行了首次系统调查与发掘，基本厘清了遗址的布局、结构及营造方法，并对其年代与功能性质等有了初步认识[4]。

本领域内的其他重要项目还有河南省文物考古研究院、洛阳市文物考古研究院与蒙古国乌兰巴托大学考古学系合作开展的后杭爱省高勒毛都2号墓地发掘。中蒙考古队于2017年至2019年期间对墓地进行重新调查测绘，并清理了两座不同规模的匈奴贵族墓葬，取得重要收获[5]。此外，中蒙学者还在草原丝绸之路的视野下开展了相关工作。如在中国人民大学重大规划项目"一带一路视野下的漠北草原考古"的支持下，中国人民大学与蒙古国国立民族博物馆于2018年至2019年合作对鄂尔浑省吉尔嘎朗图（Jargalant）苏木的艾尔根敖包墓地进行考古发掘，为鲜卑时期的历史研究提供了重要资料[6]。

我国考古工作者在北亚地区开展的其他重要考古工作还包括2017年重庆市文化遗产研究院同俄罗斯科学院西伯利亚分院考古学与民族学研究所合作

---

[1] 塔拉等. 蒙古国古代游牧民族文化遗存考古调查报告（2005~2006年）[M]. 北京：文物出版社，2008.
[2] 中国内蒙古自治区文物考古研究所等. 蒙古国后杭爱省浩腾特苏木乌布尔哈布其勒三号四方形遗址发掘报告[M]. 北京：文物出版社，2008.
[3] 中国内蒙古自治区文物考古研究所等. 蒙古国后杭爱省浩腾特苏木胡拉哈一号墓园发掘报告[M]. 北京：文物出版社，2015.
[4] 萨仁毕力格等. 蒙古国后杭爱省乌贵诺尔苏木和日门塔拉城址发掘简报[J]. 考古，2020 (05)：20-37，480.
[5] 周立刚等. 中蒙联合考古实录[N]. 中国文物报，2020-07-10 (007).
[6] 特尔巴依尔等. 蒙古国艾尔根敖包墓地考古发掘主要收获[J]. 西域研究，2020 (02)：69-74，171.

对西伯利亚两处旧石器时代遗址进行考古调查与试掘等[①]。

(二) 中亚地区

中亚地区主要包括乌兹别克斯坦、塔吉克斯坦、哈萨克斯坦、吉尔吉斯斯坦、土库曼斯坦与阿富汗六国。中亚地区位于古代东西方文明交往的中间地带，是丝绸之路的关键路段和区域。目前我国学术机构在中亚地区的联合考古工作主要在乌、哈、塔、吉四国的三个区域开展。

1. 西天山地区

西天山地区主要指天山山脉西端区域，包括今乌兹别克斯坦东南部和塔吉克斯坦西南部。该区域的联合考古研究以古代月氏文化的考古学探索为切入点，主要由西北大学联合国内多家学术机构和乌、塔两国机构合作开展。从2009年起，在对西天山地区进行全面系统的区域考古调查的基础上，联合考古队先后选择撒马尔罕州撒扎干遗址、苏尔汉河州拜松拉巴特遗址、乌尊谢尔哈拉卡特遗址进行了考古发掘，初步确认了古代康居、月氏、早期贵霜的考古学文化特征及分布范围[②-③]。

2. 伊犁河、楚河流域

这一区域主要包括哈萨克斯坦南部的伊犁河中下游区域和吉尔吉斯斯坦北部的楚河流域。2017年5月至7月，陕西省考古研究院与哈萨克斯坦伊塞克国家历史文化博物馆合作对天山北麓的拉哈特古城及其周边遗址展开考古调

---

① 高磊等. 俄罗斯马特盖奇克遗址、卡缅内洛卡遗址试掘简报［J］. 人类学学报, 2022, 41 (01): 148-156.
② 热娜古丽·玉素甫, 习通源, 梁云. 乌兹别克斯坦撒马尔罕市撒扎干遗址M11发掘简报［J］. 文物, 2018 (07): 31-41.
③ 唐云鹏, 王建新. 乌兹别克斯坦苏尔汉河流域考古工作的主要收获——月氏与贵霜文化的考古学观察［J］. 西北大学学报 (哲学社会科学版), 2021, 51 (03): 80-92.

查与发掘。该遗址位于阿拉木图以东约50千米，据传是塞人王族的居所，著名的伊塞克金人墓葬就位于附近[①]。2018年至2019年，陕西省考古研究院与吉尔吉斯斯坦科学院历史考古与民族学研究所联合对红河古城（Krasnaya Rechka）进行了整体测绘，并对西侧佛寺遗址开展了两次考古发掘。红河古城位于吉首都比什凯克以东约36千米，是楚河流域最大的古代城址（图二五）[②]。

图二五　红河古城现状
（图片来源：作者自摄）

3. 费尔干纳盆地

费尔干纳盆地位于中亚东部，处于古代丝绸之路的咽喉要道，是古代大宛国的所在地。该区域历史上与中国关系密切，在汉代曾属西域都护府管辖。2012年至2016年，中国社会科学院考古研究所与乌兹别克斯坦科学院考古研究所合作，对位于费尔干纳盆地东南乌兹别克斯坦境内的明铁佩古城遗址（Mingtepa）展开勘探与发掘，明确了古城的城墙结构和建造方法等情况[③]。

---

① 丁岩等. 拉哈特古城遗址调查与试掘［J］. 考古与文物，2017 (06)：121-122.
② 王小蒙等. 吉尔吉斯斯坦红河古城西侧佛寺遗址2018—2019年度发掘简报［J］. 考古与文物，2020 (03)：37-51，129.
③ 艾力江等. 乌兹别克斯坦共和国明铁佩古城遗址考古工作综述［J］. 考古学集刊，2017：224-231，326.

2019年9月，西北大学联合国内多家单位，与乌兹别克斯坦、塔吉克斯坦、吉尔吉斯斯坦三国学术机构合作启动了费尔干纳盆地四国联合考古项目。各国考古学家联合考察了位于吉尔吉斯斯坦境内费尔干纳盆地东缘奥什地区的苏莱曼圣山、乌兹根（Uzgen）古城等遗址，并就建立费尔干纳考古多边合作交流机制举行座谈[1]。

（三）南亚和东南亚地区

南亚和东南亚地区是历史上丝绸之路南亚路网的所在区域和海上丝绸之路的关键通道。我国学术机构在这一地区开展的联合考古项目主要包括以下几个领域。

1. 印度河文明研究

历史上，我国历史学界和考古学界长期对印度河文明缺乏了解和研究。从2018年起，由南京大学、河北师范大学、湖北省文物考古研究所组成的考古队在巴基斯坦首都伊斯兰堡近郊阿托克市巴哈塔尔遗址开展考古发掘，揭示了一处土墩遗址，这是中国考古学家在巴基斯坦境内进行的首次独立考古发掘[2]。

2. 丝绸之路南亚路网遗产和海上丝绸之路考古研究

在这一领域内开展的联合考古项目主要包括故宫博物院从2014年起与印度喀拉拉邦历史研究委员会合作，参与在印度西南沿海地区对帕特南沿海聚落遗址和奎隆港口遗址进行的考古发掘[3]，四川大学和斯里兰卡凯拉尼亚大学考古系合作对位于斯里兰卡西北部的曼泰港遗址进行的发掘工

---

[1] 西安晚报. 西北大学发起费尔干纳盆地考古四国联合考察活动 [EB/OL]. (2019-10-14) [2022-06-08]. https://www.toutiao.com/i6747652793319817741?wid=1635584839178.
[2] 中国社会科学网. 中国学者在巴基斯坦取得考古新成果 [EB/OL]. [2019-02-02]. http://kaogu.cssn.cn/zwb/xccz/201902/t20190202_4822485.shtml.
[3] 冀洛源. 寻找中印千年贸易通道［N］. 中国社会科学报，2017-03-17 (005).

作[①]，湖南省文物考古研究所和孟加拉国欧提亚·欧耐斯恩考古研究中心合作对孟加拉国毗诃罗普尔古城内的纳提什瓦佛教寺院遗址展开的联合考古项目[②]，以及由西北大学牵头开展的尼泊尔北部木斯塘地区联合考古调查项目等（图二六）。这些项目的开展不仅为研究我国与周边各国的古代海陆交往提供了宝贵的考古资料，也为古代陆海丝路沿线文化遗产的保护和陆海丝路的申遗起到积极的推动作用。

图二六　原木斯塘王国首府珞曼塘古城全貌
（图片来源：作者自摄）

3. 配合文物古迹修复工程开展的考古项目

自1998年启动柬埔寨吴哥古迹周萨神庙的修复工作以来，我国文物工作者陆续在蒙古国、尼泊尔、乌兹别克斯坦等国开展了重要古迹的修复工作。为配合这些文物古迹的修复，也会开展相应的考古发掘。目前此类考古工作主要在东南亚地区展开，包括中国文化遗产研究院配合吴哥古迹茶胶寺、王宫遗址等的修复工作展开的考古工作[③]，云南省文物考古研究所、陕西省考古研究院等针对缅甸蒲甘地区古迹震后修复所开展的考古调查等。

[①] 范佳楠，吕红亮. 再现海上丝绸之路千年繁华[N]. 中国社会科学报，2019-03-28(008).
[②] 柴焕波. 纳提什瓦：孟加拉国毗诃罗普尔古城2013—2017年发掘报告[M]. 北京：科学出版社，2019.
[③] 许言，王元林. 吴哥古迹保护与考古研究的回顾和思考[J]. 中国文化遗产，2018 (02): 64-73.

此外，中国考古机构在南亚、东南亚地区开展的重要工作还包括云南省文物考古研究所与老挝国家社会科学院历史研究所合作对老挝沙湾拿吉省Sepon矿区青铜冶炼遗存展开的发掘[①]等。

（四）西亚地区

从2016年起，南京大学与伊朗北呼罗珊省办公室组成中伊联合考古队，对该省的纳德利土丘展开调查发掘工作，通过测绘、钻探和物探等方法了解了遗址的规模和地层[②]。中国科技大学也从2018年起与伊朗内沙布尔大学合作对伊朗东北部拉扎维呼罗珊省的Borj遗址开展了考古调查与发掘，所获取的史前文化遗存对于研究早期农业起源与发展以及制陶术和金属冶炼技术的发展等有重要意义[③]。此外，国家文物局水下文化遗产保护中心（现已改组为"国家文物局考古研究中心"）与沙特国家考古中心共同组织了沙特塞林港遗址联合考古项目。

三、成果与经验

多年来，中国跨国考古工作不仅在考古学专业研究领域内取得重大突破，在文化遗产国际合作的组织与管理上也积累了大量成功经验，并对中外文明交往作出积极贡献。

（一）取得重大考古发现和研究成果

基于扎实严谨的田野考古调查和发掘，我国跨国考古工作已获得大量重

---

① 东南亚考古研究. 云南考古：老挝青铜冶炼遗存发掘记 [EB/OL]. [2020-01-17]. http://www.ynkgs.cn/view/ynkgPC/1/20/view/531.html.
② 张良仁等. 伊朗纳德利土丘考古调查简报 [J]. 考古学集刊, 2021：215-227, 254-256.
③ 张居中等. 丝路科技与文明：Borj遗址的发掘与欧亚大陆史前的文化交流 [J]. 中国科技史杂志, 2020, 41 (03)：452-461.

要新发现，并取得了一批重要的研究成果。如蒙古国高勒毛都2号墓地M10、M189的考古发掘，是我国考古工作者首次发掘的保存完整的匈奴大型贵族墓葬，是匈奴考古的重大新发现，被美国考古杂志《Archaeology》评为2019年世界十大考古发现之一（图二七）。在蒙古国中戈壁省杭爱山支脉调查发现的东汉永元元年（公元89年）窦宪北征北匈奴后命班固所撰《燕然山铭》摩崖石刻，是研究汉匈历史的重要实物证据，也引起了国内外学术界和社会各界的广泛关注。

经过多年历练，我国多支考古队伍的研究视野和研究水平也得到了长足发展。大量跨国考古项目已经出版了正式的考古报告，我国在游牧考古、丝绸之路考古等领域的国际话语权也得到显著提高。如基于在中亚地区研究古代康居、月氏和贵霜文化的突破和进展，以西北大学为代表的中方团队提出了游牧聚落考古的研究理论与方法，向国际学术界的传统主流观点提出了挑战，改变了中国考古学在游牧考古研究领域的原有面貌[①]。

（二）践行共享理念，促进中外人文交流

在专注于考古研究的同时，中国考古工作者也不忘在工作中践行社会共享考古发现的理念。如湖南省文物考古研究所在与孟加拉国合作开展纳提什瓦遗址发掘的过程中，非常重视对外宣传，每年度的考古发掘都会举行开幕式、新闻发布会、闭幕式等活动，包括孟加拉国权威媒体《每日星报》在内的多家媒体持续多年对此项考古发掘进行报道，在孟加拉国产生了较大的影响[②]。而中乌考古队、中蒙考古队等基于考古发现，在乌兹别克斯坦国家博物馆和蒙古国国家博物馆举办了"月氏与康居的考古发现""从长安到宛都""草原游牧民族与丝绸之路"等展览，广受欢迎。

[①] 张娓. 西北大学教授王建新：游牧聚落考古助力中国特色考古学建设 [EB/OL]. (2021-05-11) [2022-06-08]. http://kaogu.cssn.cn/zwb/kgyd/kgsb/202105/t20210511_5332616.shtml.
[②] Munshiganj. 16 Buddhist stupas found at Nateshwar [EB/OL]. (2016-01-31) [2022-06-09]. https://www.thedailystar.net/backpage/16-buddhist-stupas-found-nateshwar-209926.

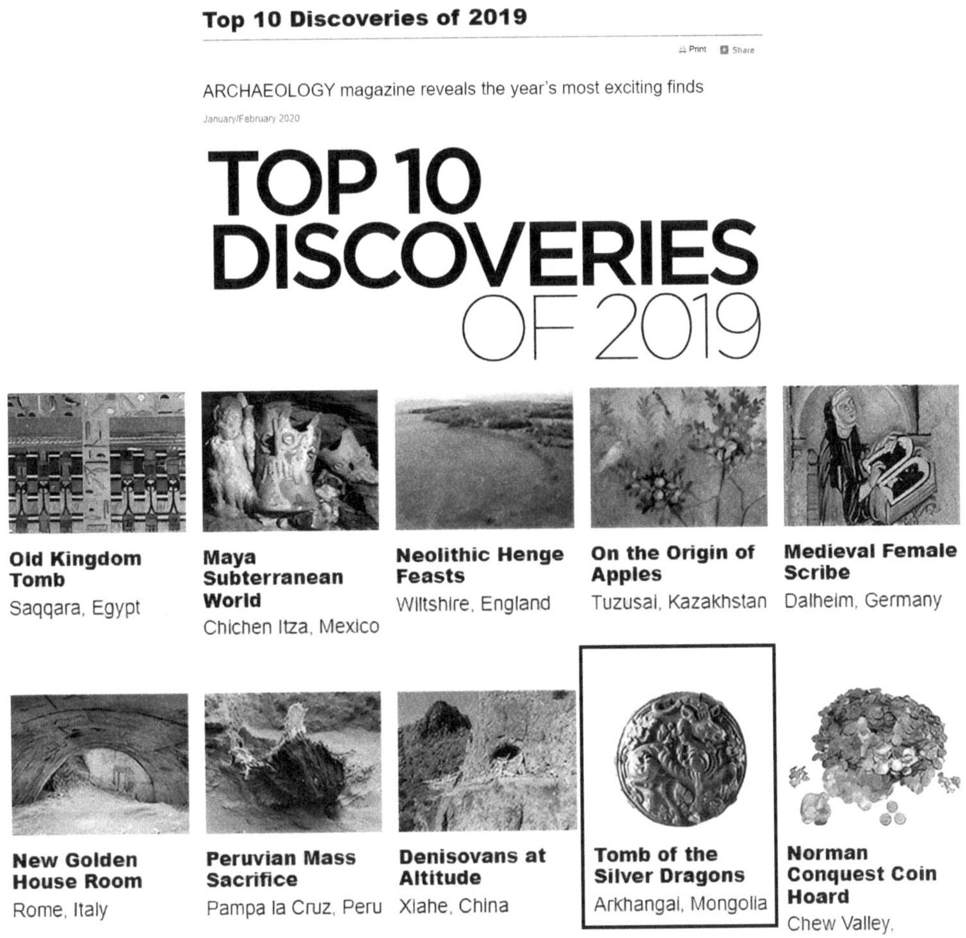

第五章　中外交往的缩影：跨国考古与中国　　·173·

图二七　《考古》杂志公布2019年世界十大考古发现，
画框为高勒毛都2号墓地项目（上）与鎏金银龙出土照片（下）
[图片来源：《考古》杂志网站（上）与《龙出漠北显华章：高勒毛都2号墓地中蒙联合考古记》，
2020年，113页（下）]

（三）创新合作与管理模式，提高中外合作层次

除了与国外考古机构建立稳定友好的双边合作机制，国内已有一些机构基于与多国合作方的良好合作关系，为创建跨国考古的多边合作机制进行了积极的探索。如在费尔干纳盆地吉尔吉斯斯坦、塔吉克斯坦与乌兹别克斯坦三国关系趋于缓和的大背景下，通过学术会议、联合考古调查等多种形式的学术活动，西北大学基本构建起了费尔干纳盆地联合考古及四国合作交流机制的初步框架，实现了由中国学术机构主导、多国合作，开展联合考古工作的新机制、新方式、新内容（图二八）。

图二八　中吉乌塔四国考古学家在奥什座谈
（图片来源：作者自摄）

与此同时，我国跨国考古的机构建设也得到了迅速发展。2017年3月，中国社会科学院考古研究所成立了外国考古研究中心。2020年6月，陕西省文物局和西北大学签订合作协议，在西北大学挂牌成立"陕西省丝绸之路考古

中心",负责统筹陕西全省有关丝绸之路沿线国家考古相关工作,促进丝绸之路考古深入实施,成为国内首个跨国考古的省级协调机制。

2021年5月,国务委员兼外长王毅在主持"中国＋中亚五国"外长第二次会晤时则提出,中方计划在中国西北大学建立"丝绸之路考古合作研究中心",欢迎各方积极参与[①]。2023年4月,在国家文物局指导下,由西北大学整合相关研究力量成立的丝绸之路考古合作研究中心正式揭牌。作为一个开放性的国际化平台,该中心的主要任务是面向中亚、西亚、南亚等地区开展丝绸之路考古合作、遗产保护、文化交流、人才培养等工作。

（四）彰显中国特色的考古工作

经过一个世纪的发展,通过吸取国外经验和总结自身实践经验,中国考古学科形成了当代多学科科技手段与传统技术相结合的工作特色。特别是我国特有的铲探技术和经过长期积累的多地形环境条件下考古调查发掘的经验,在境外也被证明是行之有效的,得到了国外同行的广泛认可。

中国学者也基于多年来丰富的大遗址考古与保护的工作实践,形成了我国特有的大遗址考古理念和工作方式。它主要表现为：重整体研究,即为大遗址的整体保护而重视遗址的整体考古研究,关注遗址的范围和布局；重系统研究,即全面地研究遗址的各个功能部分和细节,系统揭示大遗址的价值内涵,为大遗址保护和展示提供全面系统的科学依据；重保护研究,即重视考古发掘现场出土文物的保护,保护工作贯穿考古工作的全过程,考古工作的成果为大遗址保护提供资料和依据。我国考古工作者将大遗址考古的理念和工作方式运用到跨国考古工作中,与其他国家的考古工作方式形成鲜明的对比,彰显了中国考古工作的特色,获得所在国各界的高度评价。

[①] 外交部. 王毅主持"中国＋中亚五国"外长会晤 [EB/OL]. (2021-05-12) [2022-10-06]. https://www.mfa.gov.cn/web/ziliao_674904/zt_674979/dnzt_674981/qtzt/kjgzbdfyyq_699171/202105/t20210512_9184263.shtml.

四、困难与不足

在讨论中国跨国考古的文章中，各位学者普遍指出我国目前还非常缺乏兼通外语和考古的人才，以及目前大部分的跨国考古项目主要依靠各机构自筹经费，较难保持长期投入的问题[①-③]。此外，跨国考古的开展受到所在国政治、经济局势的影响也较大，合作国考古技术与理念的实际情况也是制约合作成果的重要方面。如不少亚洲国家在国家层面尚无明确的田野考古工作规程，田野考古方法技术与我国也存在差异。除了这些困难，中国跨国考古也还存在以下不足。

（一）项目设置的系统性和规划性有待提升

随着国际合作经验的丰富以及合作程度的加深，越来越多的国内机构开始打破此前基于单个和短期项目的合作模式，更多地注重体系性的中长期项目规划，如始于2005年的中蒙考古合作、始于2009年的中乌考古合作等都是其中的典范。但有外国学者以我国赴肯尼亚和乌兹别克斯坦开展的考古项目为例，指出进一步发掘中国与东道国的共同历史是我国跨国考古的重要目标，从而认为我国赴境外开展考古工作具有外交性和政治性。作者指出，这种历史取向与大多数欧美在后殖民与寻求声望语境中开展的跨国考古形成了对比。他认为中国的考古学家尚未开展以追求纯粹学术声望的科学目标为导向的项目，而主要寻求通过物质文化探索中外共同历史[④]。

---

① 张良仁. 我国国际考古合作的现状与问题. 收于肖小勇主编. 聚才揽粹著新篇——孟凡人先生八秩华诞颂寿文集［C］. 北京：科学出版社，2019.
② 王巍. 中国考古学国际化的历程与展望［J］. 考古，2017 (09)：2-13.
③ 袁靖. 境外考古热中的冷思考［N］. 光明日报，2017-04-11 (12).
④ Storozum M J, Li Y. Chinese Archaeology Goes Abroad [J]. Archaeologies, 2020, 16 (2): 282-309.

这样的评价显然失之偏颇，如除了在我国周边及历史上陆海丝绸之路沿线开展工作，我国考古工作者也已在埃及和洪都拉斯等与古代中国不存在直接联系的区域对古埃及文明和古玛雅文明等的遗迹展开发掘，从而为世界古代文明的探索和研究作出更多贡献。但从中也可以看到，我国跨国考古的成果在国际考古界发声还不够，需要在研究目标设定上加以认真规划。此外，目前我国尚无专门针对跨国考古的管理文件，对跨国考古统筹管理不够，国内各机构间也缺乏充分的协调配合、信息交流与成果共享平台与机制，难以形成合力。

（二）合作内容有待拓展，合作模式有待优化

虽然在实践中已有前述通过公共考古活动和展览推动中外人文交流的成功经验，有部分考古机构也计划将国外遗址开发成考古公园，如中孟双方正积极筹划将纳提什瓦遗址建设成考古遗址公园的可行性，但目前我国开展的跨国考古工作主要还是依托于考古学自身的学术目标，较少将考古遗址作为文化资源，考虑其推动当地社会发展、造福民生的可能性。此外，目前中方考古团队的经费主要来源也比较单一，主要依靠各种官方性质的项目经费。

（三）评估力度有待加强

作为涉外项目，跨国考古工作不只是单纯的考古研究，有必要从人文交流，乃至大外交的角度对项目规划、实施及效果加以把控。由于经费和时间等方面的原因，一些跨国考古项目未能完成设定的工作目标，由于语言障碍及合作模式等方面的制约，部分项目离推动中外人文交流的目标也还有一定距离。因此应在国家层面加强对于跨国考古项目的评估，使其在科学研究与文明交往中发挥更大作用。

（四）与我国企业境外建设项目的结合有待推进

随着"一带一路"倡议的推进和落实，由我国企业在境外承建的大型工程项目，如公路、矿场、水电站等越来越多，其中往往涉及大量的环境和文化遗产保护问题。近年来，各国民众对本国环境与文化遗产保护意识的提升以及各国非政府组织的发展也使得这一问题的严重性日渐突显。而目前我国的跨国考古还基本以研究为导向，与我国企业境外工程的结合度不够。

第六章 从遗址到民心：
跨国考古推动文明交往的机制研究

通过前文对包括我国在内亚洲地区跨国考古的历史考察可以看到，文明交往构成了跨国考古发展的重要线索。从西方中心的文明认知和传播论到多学科融合的古代文明研究，从不平等的文物掠夺到平等互利的科学合作，从被动接受到主动推动跨国考古工作的开展，随着国际关系体系的变化和考古技术与理念的发展，跨国考古不仅对推动各国的专业合作与全球考古学的整体发展发挥了越来越重要的作用，还伴随公共考古与社区考古理念的推广，对遗址所在地民众专业技能和生活水平的提升产生积极影响，成为推动文明交往与民心相通的重要渠道。基于这一认识，本章将对跨国考古推动文明交往的发生机制展开进一步的研究。

在本书第二章曾提到过美国社会心理学家奥尔波特提出的群际接触理论，该理论主要关注不同群体之间的接触交往对群际关系的影响，被认为是改善群际关系最有效的策略之一。该理论认为，群际接触能通过增进了解、缓解焦虑、产生共情等机制来提升群际关系。同时它也指出，群际接触是一个变化的现象，可分为积极接触和消极接触，并归纳出促成积极接触的四个最优条件：平等地位，即群体在接触中保持彼此平等的地位；共同目标，即设立接触双方均认可并经积极努力可以达成的特定目标；群际合作，即接触双方在达成共同目标的过程中处于合作而非竞争状态；制度支持，即官方、法律、道德规范、社会传统对群际接触予以支持和鼓励[1]。

借鉴该理论，本书认为，为了尽可能地促成上述四个最优条件，首先应从文明交往的角度对跨国考古的意义和所面临的困难进行客观分析和全面认识，这是跨国考古得以推动文明交往的前提。依托跨国考古在研究资料与视

---

[1] 郝亚明. 西方群际接触理论研究及启示[J]. 民族研究，2015 (03): 13-24, 123.

野等方面的优势，深化对人类历史和古代文明的科学研究，则不仅是开展跨国考古的重要目标，也是跨国考古推动文明交往的基础。通过对考古遗址的保护利用，以及开展相关公共考古与社区考古项目，使项目所在地的民众从跨国考古工作中受益，将有效地使考古项目成为受到东道国社会各界认可的共同目标，并能在项目开展的过程中推动主客双方的群际合作，这是跨国考古推动文明交往的关键。将跨国考古纳入国家的文化外交体系，则可以更好地为其推动文明交往提供制度支持与保障。最后，通过借鉴各国经验，在跨国考古项目的组织实施过程中积极推动各方的平等地位与合作程度，将真正实现跨国考古推动文明交往的发生（图二九）。

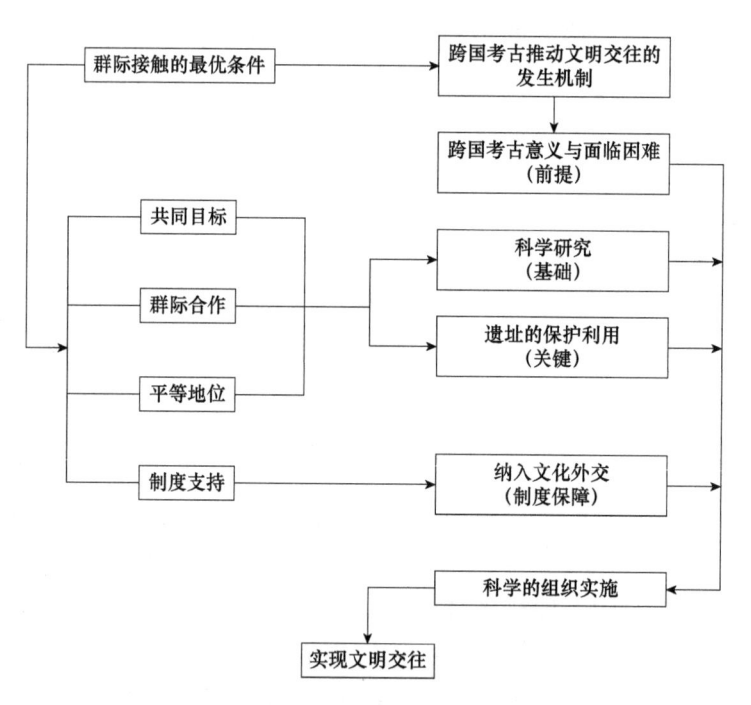

图二九　跨国考古推动文明交往机制示意图
（图片来源：作者自绘）

第一节 跨国考古的意义与面临的困难：
文明交往的发生前提

考古学发展至今，早已从以寻找失落文明和让举世惊叹的文物重见天日为目的的单纯发掘，变成一门跨学科的科学实践。跨国考古所具有的跨文化性，更使其对于推动人类文明交往具有重大价值。对跨国考古的意义与所面临的困难进行深入讨论，将成为其推动文明交往的重要前提。

一、跨国考古的意义

德国考古研究所前任所长，自2008年以来长期担任普鲁士文化遗产基金会主席的德国著名考古学家赫尔曼·帕辛格（Hermann Parzinger）曾在书中这样谈论考古学："今天比以往任何时候都更加清楚，考古学不仅是一门引人入胜的科学，具有国际性和跨学科等特点……而且它在文化上和政治上产生了巨大的影响，因为它能促使社会结构的改变。另外，当国际关系在政治上陷于僵持的时候，它可以作为国家之间对话的敲门砖……考古不再是坐在象牙塔里做学问了"[1]。基于他本人长期在俄罗斯西伯利亚地区及中亚和伊朗开展考古工作的经历，帕辛格对于跨国考古在科学、文化及国际关系等方面重要性的评价可谓精辟而全面。本部分也将基于同样的认识，从文明交往的视角，对跨国考古所具有的积极意义进行探讨。

（一）学科意义

任何一种古代文明都是在特定的区域内产生和发展的，但它总会与其

---

[1] 〔德〕赫尔曼·帕辛格著，宋宝泉译. 考古寻踪：穿越人类历史之旅[M]. 上海：上海三联书店，2019：17.

他区域的文明存在程度和范围不一的联系与交流。这使得考古学研究比其他学科更迫切地需要了解和认识与研究对象相关的其他文明。即使对于在时空上缺乏直接联系的古代文明，也有必要通过深入的比较来认识其各自特点，在揭示各区域文明独特性的前提下，寻找人类文明的普遍性。因此，如有学者提出的，如何充分利用考古发现形成关于全球历史和全人类文明的叙事，是考古学研究在今后面临的最大挑战之一[1]。正是基于这一认识，丹尼尔将印度、中国和美洲史前古代文明的发现作为世界史前考古学形成的重要标志之一[2]。

虽然早期的跨国考古作为殖民时代的产物，带有令人不齿的野蛮性和掠夺性，但随着考古伦理的发展和国家关系的平等化，跨国考古作为考古学的一个重要领域，更多地体现出学科自身的科学性。通过上文的梳理和分析我们可以看到，跨国考古在收获重大考古发现，推动考古学技术和研究水平的发展中发挥了重要作用。可以说，如果没有跨国考古，亚洲乃至全世界的考古学发展都要失色不少。在考古学已经站在科学技术应用最前沿的今天，跨国考古更是为考古学理论、技术、方法的发展提供了广阔的应用空间和无尽的推动力。

尤其是在大尺度的古代文明交往领域，只有通过跨国考古才能突破传统研究的区域和思维局限，通过研究对象的扩展和研究资料的积累，较好地还原历史上文明交往复杂而宏大的场景。如学术界在20世纪上半叶曾普遍认为伊朗高原在与两河流域的贸易中发挥的作用非常有限。但随着20世纪六七十年代哈佛大学皮保德博物馆（Peabody Museum）在伊朗东南部雅赫亚（Tepe Yahya），以及意大利中东及远东研究所（ISMEO）与伊朗考古研究中心（ICAR）合作在伊朗东部沙里索科塔（Shahr-i Sokhta）等地的考古发掘成果陆续问世，学者们认识到当地从公元前4千纪下半期开始就已在以两河流域为

---

[1] 施劲松. 中国考古学与世界古代文明图景［J］. 历史研究，2022（01）：22-29.
[2] 〔英〕格林·丹尼尔著，黄其煦译. 考古学一百五十年［M］. 北京：文物出版社，2009：258.

中心的贸易体系中发挥重要作用[①-③]。

跨国考古也有利于推动古代丝绸之路的交往研究。传统上，不论是借鉴李希霍芬的观点将这条古代人类的交流大通道称为丝绸之路，还是把张骞的"凿空"作为其正式开端，丝绸之路的研究在很大程度上依托于文字资料，丝路的历史周期也由沿线主要农耕文明间的贸易波动来决定[④]。近年来，依托各国考古团队在中亚以及蒙古国开展的跨国考古工作，加上中俄等国学者在本国境内所取得的研究成果，不仅在传统丝路考古领域取得了许多重要的新认识，人们对于古代游牧人群的文明形态及其在文明交往中重要作用的认知也得了显著提高。

（二）交往与认同意义

世界上的各种文明都是特定人群在不同的自然环境和具体历史条件下创造的，每一种文明都拥有它的辉煌和成就，也各有其优势和问题。文明的兴衰是符合辩证发展规律的现象，并不意味着文明本身有优劣之分。正是由于跨国考古的开展，使各种古代文明的发展及相互间的交往史得以更全面地展现在世人面前。考古发现科学地证明，文明不是自我封闭，而是通过与外部世界以及其他文明的交往，才得到新的发展活力的。通过这种方式，跨国考古有助于人们更好地理解自己和世界，并促进不同文明之间的相互了解与尊重。

---

① Magee P, Lamberg-Karlovsky C C, Grave P. Excavations at Tepe Yahya, Iran 1967-1975: The Iron Age Settlement [M]. Peabody Museum of Archaeology and Ethnology, Harvard University, 2004.
② Tosi M, Pracchia S, Macchiarelli R. IRAN: The Joint ICAR/ISMEO Delivering Program: a Constrained Return to Shahr-i Sokhta [J]. East and West, 1984, 34 (4): 466-482.
③ 刘昌玉. 丝绸之路开辟前以两河流域为中心的跨区域贸易探析 [J]. 中南大学学报（社会科学版），2019, 25 (03): 176-183.
④ 大卫·克里斯蒂安，刘玺鸿. 丝绸之路还是草原之路？——世界史中的丝绸之路 [J]. 西北民族论丛，2016 (02): 291-313.

当然，历史上也曾有过文明在激烈的冲突中被大量毁灭的事例，但这种冲突往往不是由于文明之间的差异所引起，而主要是由于背后物质利益的推动，也对人类历史造成了无法挽回的损失。积极开展跨国考古，也有助于我们更好地复原人类文明的冲突历史，并从中汲取反思和教训。

通过为研究者们对于文明的起源、交往与兴衰等提供更丰富的研究资料和更广阔的研究视野，跨国考古对于今天我们科学地开展文明交往也有重要的参考意义。如通过对安德罗沃诺等古代文化与人群迁徙的研究显示，环境、社会和经济因素都在这个复杂的历史过程中发挥了重要的作用，而基于主客双方不同的经济文化发展程度，会伴随有殖民、同化和融合等不同的扩张方式[①]。根据我国学者在新疆地区的研究，安德罗沃诺文化的扩张通常存在着从铜器到陶器，最后到埋葬方式这三个不同的层次，并在扩张过程中受到来自甘青地区，具有东方传统的西进文化和在其影响下的新疆本地文化的顽强阻击，从而止步于新疆中部[②]。俄罗斯学者库兹米娜（Elena Kuz'mina）的研究也显示，安德罗诺沃人群在中亚南部和印度西北部地区采取了不同的扩张方式[③]。

为了更全面地揭示此类古代人群的大规模迁徙及其文化的广泛扩张，除了各国学者研究成果的相互借鉴，推动区域内跨国考古的开展与合作无疑能够起到更加直接和有效的促进作用。跨国考古为各国考古学者间的密切合作所提供的机会和平台将进一步推动知识和研究方法的共享，促成共同的科研活动和学术成果，并有利于加强各国专业人才的培养和锻炼，从而推动世界范围内考古学的整体发展。

除了推动对于古代文明交往的研究和认知，以及推动学者之间的专业交流与合作，跨国考古的交往意义更体现在考古人员与东道国社会各界的交往可能上——考古工作自身的发现和研究规律，外加交通联络、后勤保障、文

---

① 邵会秋，张文珊. 新疆安德罗诺沃文化研究综述 [J]. 西域研究，2019 (02)：113-121.
② 杨建华，邵会秋，潘玲著. 欧亚草原东部的金属之路：丝绸之路与匈奴联盟的孕育过程 [M]. 上海：上海古籍出版社，2016：120-121.
③ Kuz'mina E. The origin of the Indo-Iranians [M]. Leiden: Brill, 2007: 217-224.

化差异、国家关系等各方面因素的制约，使得跨国考古往往比在发掘者国内开展的考古项目更加艰巨，需要耗费更加漫长的时间和精力。从20世纪初至今，以耶利哥等为代表的大量跨国考古项目已经前后持续了几十年甚至近百年的时间，有的至今仍在进行之中，也有大量考古学家将其毕生精力奉献给了跨国考古工作。

也正是由于这种长期性，使得跨国考古成为推动项目人员与当地政府、科研机构和民众交往的重要渠道。跨国考古项目的参与人员，尤其是负责人个人的交往能力和魅力在很多时候成为项目是否能够长期开展和获得成功的重要条件。有许多跨国考古项目的合作机构会随着项目负责人的机构调整而变动，就很好地说明了这一点。如叙利亚Tell Sabi Abyad遗址的发掘最早由荷兰阿姆斯特丹大学在1986年启动，但随着负责人Van Loon教授前往荷国家古物博物馆工作，叙方也随即将项目改为与该馆合作①。

与东道国各界长期非官方的友好交往也有助于增进主客双方的相互了解与认知，并进而推动相互间的认可与认同。社会学中将关于社会归属性的意识称为"集体认同"，它建立在成员享有共同的知识系统和共同记忆的基础之上，通过使用包括语言、仪式、舞蹈、饮食、历史遗迹等共同的象征系统而实现。这种经过共同的语言、知识和回忆编码形成的"文化意义"，即共同的价值、经验、期望和理解形成了一种积累，进而制造出一个社会的"象征意义体系"和世界观②。不论是交往行动理论还是建构主义理论都指出，达成对某种规范、价值或身份的认同是交往的重要目标之一。杜维明等文明对话的倡导者也认为，文明对话就是要通过文化的交流探寻人类的共同精神资源，以求"切近共同的人性源泉"③。

---

① Van der Linde S J, et al. (Eds.). European archaeology abroad: global settings, comparative perspectives [C]. Leiden: Sidestone Press, 2013: 144.
② 〔德〕扬·阿斯曼著，金寿福，黄晓晨译. 文化记忆：早期高级文化中的文字、回忆和政治身份［M］. 北京：北京大学出版社，2015：144-146.
③ 〔美〕杜维明著，彭国翔编译. 儒家传统与文明对话［M］. 石家庄：河北人民出版社，北京：人民出版社，2010：6.

跨国考古对于推动主客双方相互认同的作用，一方面由于它有助于提升本国在考古和遗产保护专业领域内的声望与影响。如法国在世界各地长期开展的高质量跨国考古工作推动了法国考古学所得到的国际认可，法国的考古学家也因此经常被UNESCO和ICOMOS等国际机构聘请为专家，通过提供专家咨询意见和开展国际培训等方式，为巩固法国在国际考古学界、文化遗产保护领域及整个人文历史领域的重要地位，以及塑造法国重视全人类共同文化遗产的良好形象作出了积极贡献。

另一方面，长期在他国开展考古工作的学者也会因其对东道国历史与考古研究的杰出贡献，以及不畏辛劳、刻苦钻研的专业精神，赢得该国，尤其是当地民众由衷的敬佩与认可，从而有助于树立本国的正面形象。如位于乌兹别克斯坦南部的铁尔梅兹博物馆就为曾长年在此开展考古工作、最后以94岁高龄在当地逝世的日本考古学家加藤九祚先生设立了专门的展厅，展示其考古发现与研究成果（图三〇）。2009年11月，帕辛格也在克里姆林宫被时任俄罗斯总统梅德韦杰夫授予友谊勋章（Order of Friendship）。这是俄罗斯授予外国人的最高荣誉，以表彰他在俄罗斯西伯利亚地区的长期考古发掘与研究。

此外，根据文化记忆理论与记忆场所理论，考古遗址等古代历史的实证物有助于建构不同人群间的共同记忆，从而为推动相互认同发挥积极作用。扬·阿斯曼就指出，对某物的再现，如纪念碑、墓碑、庙宇和神像等，都超越了对物的记忆范畴，因为它们使得本来隐而不显的时间和认同索引变得清晰可辨。他还指出，持续向前的当下生产出不断变化的参照框架，记忆在此框架中被不断重新组织，记忆不仅重构着过去，而且组织着当下和未来的经验[①]。

"一带一路"倡议的提出，就向丝绸之路这一受到合作伙伴高度认可的历史概念注入了新时代各国平等交往、互利合作的新内涵，使其具有独

---

① 〔德〕扬·阿斯曼著，金寿福，黄晓晨译. 文化记忆：早期高级文化中的文字、回忆和政治身份［M］. 北京：北京大学出版社，2015：12，35.

第六章　从遗址到民心：跨国考古推动文明交往的机制研究

图三〇　铁尔梅兹博物馆的加藤九祚展厅
（图片来源：作者自摄）

特的魅力和旺盛的生命力。由中国、哈萨克斯坦、吉尔吉斯斯坦联合申报的"丝绸之路：长安—天山廊道的路网"在2014年6月的世界遗产委员会会议上被成功列入《世界遗产名录》，推动了三国以及丝路沿线各国的相互了解与合作，也被认为是世界遗产理论与实践的创新，促进了文明对话与交流[①]。

---

① 李鸿涛. 丝路申遗合作促进文明对话与交流［N］. 经济日报，2020-10-08 (008).

（三）社会发展意义

哈贝马斯主张把人从工具理性的压迫中解放出来，以在主体间社会交往的基础上形成的交往理性取而代之。交往理性不仅成为社会的规范基础，也对现实的人给予价值关怀[1]。在科学性之外，考古学对于个体与社会发展的积极意义也越来越为人们所重视。有学者指出，作为文化的考古学以作为科学的考古学为基础，以文化建设为目的，满足人们的文化生活需要，满足现实社会发展的需要[2]。同样，在文明交往的视野下，除了跨国考古的科学意义，我们也十分关注其对于社会发展的意义。

基于全球公共考古学、社区考古学等考古理论与实践的发展，加上各界对于殖民时期跨国考古的批判与反思，今天各国在开展跨国考古项目时，都会尊重东道国的法律和社会习俗，在关注项目本身的学术目标外，也十分重视与东道国各界的沟通交流。另外，自2008年全球金融危机以来，欧美国家普遍削减了对文化部门的财政支持力度。为此，各国包括跨国考古在内的公共文化项目在申请各种财务支持时也会更加着力阐述其社会与经济效益[3]。在这样的大背景下，如上文众多案例所显示的，有越来越多的跨国考古项目被作为推动与东道国交流，以及促进当地历史文化教育、专业技术力量培养、区域经济发展等的重要动力。

除了通过推动教育、开发旅游等能够带来的社会与经济利益，通过探寻人类起源及其发展的过程，跨国考古对于文明交往、兴衰，人类与环境的长时段互动等问题的研究对今天的社会发展也有十分积极的现实意义。正如贾

---

[1] 宋晓丹. 交往理性规约工具理性：哈贝马斯交往理性理论转型及其中国启示[J]. 西北大学学报（哲学社会科学版），2016，46(01)：153-160.

[2] 陈胜前. 中国文化基因的起源：考古学的视角[M]. 北京：中国人民大学出版社，2021：354.

[3] Burtenshaw P, Palmer C. Archaeology, Local Development and Tourism—a Role for International Institutes [J]. Bulletin for the Council for British Research in the Levant, 2014, 9 (1): 21-26.

雷德·戴蒙德（Jared Diamond）在其名著《崩溃：社会如何选择成败兴亡》一书中所展示的，过去的文明教会了我们很多东西①。

（四）对于中国的特殊意义

除了以上普遍性意义，在今天的世界局势下，开展跨国考古对于作为文明古国的中国来说，还具有特殊的时代意义。就考古学自身的发展来说，跨国考古对于建设中国特色、中国风格、中国气派的考古学有完善学科体系、推动理论方法和加强文明研究三方面的重要意义。

首先，世界上大多数国家都是在全球考古学的体系中展开本国、本地区的考古学教学②，欧美和日本等国长期开展的跨国考古工作为此提供了源源不断的资料和研究成果。虽然外国考古一直也是我国考古学科的有机组成部分，但限于一手资料的欠缺，此领域内的成果与我国本土考古学的重大发展形成了鲜明对比。跨国考古的开展将为推动外国考古领域的研究与人才培养提供良好的契机，进而为完善中国考古学科的体系建设作出重要贡献。

其次，中华人民共和国成立以来，中国考古学科的理论和方法体系是在研究以黄河流域和长江流域为中心的农业文化的实践中逐步形成、发展和完善起来的，虽然也取得了举世瞩目的重要成果，但与更加丰富多样的全球古代文明谱系相比，这一体系是不完善的。如长期以来，我国考古学界对游牧文化的考古研究就很不充分，水平落后于欧美和日韩③。通过开展跨国考古，直面各地区更多元复杂的古代文明形态、历史环境和发掘条件所带来的挑战，才能更好地推动我国考古学理论方法的进一步发展。

最后，在对中华文明特质形成发展的研究中，也十分有必要进一步深入了解世界各大文明，尤其是我国周边国家和地区古代文明的特征和形成发

---

① 〔美〕贾雷德·戴蒙德著，江滢，叶臻译. 崩溃：社会如何选择成败兴亡［M］. 上海：上海译文出版社，2018.
② 王建新. 呼唤世界考古学中的中国考古学［J］. 中国文化遗产，2005（01）：7.
③ 王建新. 丝绸之路考古的实践与思考［J］. 新丝路学刊，2021（02）：1-16.

展过程，及其与中华文明的交往互动关系。开展跨国考古将非常有助于从人类文明发展的总体格局中正确揭示中华文明不同于世界上其他文明的特质和形成发展道路，从根本上认清中国传统文化的来源和特色。观察认识不同文明之间交往、交流与交融的宏大历史图景，也有助于我们进一步讲好中国故事，既吸收外来文化的精华，也向世界贡献中国的历史智慧和经验[1]-[3]。

此外，在世界正经历百年未有之大变局的今天，由美国等西方国家所主导的逆全球化正使全球文化融合与多样性并存的历史进程遭遇重大挑战，我国面临着十分复杂的国际大环境[4]。面对人类发展中越来越多的不稳定性和不确定性，寻找人类命运的最大公约数，成为开展文明交往的重要前提。对古迹遗址进行考古发掘、科学保护与合理利用，正是世界上绝大多数国家和民众的珍贵共识之一。作为当今世界上唯一延续未断裂的文明，中国也拥有积极推动开展包括跨国考古在内的文化遗产国际合作的历史与现实优势。一方面，中华文明拥有开放、包容的基因，这为在考古领域开展国际交流与合作扎下了历史根基；另一方面，近年来国家对于考古学科与传统文化的空前重视，也为跨国考古的进一步发展奠定了坚实的现实基础。

二、跨国考古所面临的困难

在深入认识跨国考古成果和意义的基础上，只有对其面临的困难加以充分认识，才能扬长避短，真正科学合理地让跨国考古在文明交往中发挥其积极作用。如保罗·巴恩在《考古通史》的序中所指出的，考古学无疑是一门"奢侈的"学科，因为其对人类生存并无任何决定性影响[5]。对于大多数普

---

[1] 陈胜前. 理论视角下百年中国考古学的回顾与展望[J]. 江汉考古，2021 (06)：43-51.
[2] 凌晨. 王建新：为丝路考古提供"中国方案"[EB/OL]. (2022-03-28) [2022-07-08]. http://sl.china.com.cn/2022/0328/138763.shtml.
[3] 霍巍. 中国考古学的历史传统与时代使命[J]. 考古学报，2021 (04)：463-474.
[4] 孙英春. 逆全球化趋向下的文化安全与文化治理[J]. 浙江学刊，2021 (05)：32-40.
[5] 〔英〕保罗·巴恩编著，杨佳慧译. 考古通史[M]. 天津：天津人民出版社，2021：序13.

通民众来说，考古并不是生活的必需品。20世纪70年代，就已经有美国考古学家指出，除非考古学家找到方法使他们的研究与现代世界越来越相关，否则现代世界会发现自己越来越有能力在没有考古学家的情况下生存下去[1]。这一论断无疑有其片面之处，但也需要承认，在国际合作中，与医疗、卫生、供水、基础设施等和人们生产生活关系更加密切的领域相比，考古并不是优先得到考虑的方向。而前文介绍的各种社区参与项目，从其前期调研到项目的设计和实施都需要投入大量的人力和物力，以及社会调查与统计，旅游规划与开发等考古学之外的学科知识与技能储备。这些项目的顺利开展往往不能仅仅依靠考古学家自身。

另外，跨国考古基本都在广大发展中国家开展，文化在这些国家的政治构架内往往处于弱势地位，各国能够提供的配套资源常常也十分有限。如在法国印度河考古工作队开展工作的巴基斯坦信德省，这里的文化部门负责人每隔五六个月就会换人，使得部门效率十分低下，对于考古发掘的重要性也缺乏充分认识，所能提供的支持非常少[2]。在这样的条件下要想有效开展公共和社区考古显然是十分困难的。

此外，虽然跨国考古项目通常要维持较长的时间，但大部分现场发掘项目都会有宣告完成的那一天。很多由外国考古团队发起的社区考古项目在发掘进行过程中往往能够顺利开展，但在发掘结束后都会由于外界资金和关注度的减少甚至中断而戛然而止。

如果说上述在人员和资源等方面面临的问题还能通过增加相关投入予以改善，基于文明交往的视角，跨国考古工作在交往领域由于文化差异等所产生的问题更应得到我们的重视。

跨国考古面临着如何被项目当地民众接受的问题。虽然各国在今天的跨国考古项目中已越来越重视与遗址所在国，尤其是当地民众的沟通与交流，

---

[1] Fritz J M, Plog F T. The nature of archaeological explanation [J]. American Antiquity, 1970, 35 (4): 405-412.
[2] Bhutto A. Unearthing History [EB/OL]. [2022-05-24]. https://newslinemagazine.com/magazine/unearthing-history/.

并通过培训、遗址开发等手段提升他们的专业技能和生活水平，但由于大部分跨国考古都是在与本国语言、文化、习俗等都有很大不同的社会环境中开展，其所具有的跨文化性会为项目进展带来与本国考古截然不同的挑战。尤其是大多数跨国考古的东道国都为经济欠发达的发展中国家，即使是在经济水平更高的西亚国家，大量跨国考古项目的所在地也往往位于该国的贫困落后地区。因此，跨国考古项目所面对的往往是受教育程度不高，对考古与文化遗产保护意识不强的民众，他们对于来自外国的考古学家带着与生俱来的陌生甚至畏惧感。如在加泰土丘附近的民众使用"yabancı"（外国人）这个词来称呼考古学家（甚至是土耳其本国考古学家），因为在他们眼里，后者的受教育水平和经济能力与他们自己形成了鲜明对比[1]。此外，也有学者指出，在土耳其等西亚地区，跨国考古在殖民时期的负面形象在一些民众的心目中也被保持到了现在[2]。

  在实际工作中，这种跨文化性很容易被考古工作者有意无意地忽视，从而造成很多误解。长期在西亚开展考古工作的德国考古学家戈贝尔（H. Gebel）就根据他的亲身经历指出，西方考古学者往往忽视对于东道国文化与社会的学习，使当地人感到沮丧[3]。有时候，即使东道国中央政府有意对跨国考古项目予以支持，到了遗址当地层面也会受到额外的阻挠与反对。如虽然约旦王室和政府非常希望通过考古工作对众多部落文化进行整合，强化统一的约旦民族身份认同，但约旦社会，尤其是在乡村地区仍盛行着强大的部落传统。在那里口口相传的非物质文化传统比考古遗址等物质遗存具有更重要的价值，外国团队所开展的考古工作往往得不到当地民众的

---

[1] Atalay S. "We don't talk about Çatalhöyük, we live it": sustainable archaeological practice through community-based participatory research [J]. World Archaeology, 2010, 42 (3): 418-429.

[2] Mehmet Özdogan. Ideology and archaeology in Turkey. In Meskell L. (Ed.). Archaeology under fire: nationalism, politics and heritage in the Eastern Mediterranean and Middle East [C]. London: Routledge, 2002: 111-123.

[3] Gebel H G K. Hardly Dressed. The Misery of Embedded Cultural and Social Learning in Near Eastern Foreign Archaeology. In Isil P C, Eser D B. (Eds.). Half a Century Dedicated to Archaeology. A Festschrift in Honor of Sevil Gülçur [C]. Ankara: Bilgin, 2019: 295-306.

理解与支持①。

此外，一些开展跨国考古的学者作为资金和技术的优势方，也会在有意无意间对东道国的合作伙伴表现出优越感，从而使合作方觉得受到了不平等的待遇。如有柬埔寨考古学家就表示感受到了在与资金充足的外国机构合作时的落差。他们表示，尽管这些项目有助于推进柬埔寨的考古研究，但有一些国际合作在无形中将柬埔寨考古学家贬低为仅仅是为外国研究人员收集数据的受薪工人，而不是研究伙伴②。

由于亚洲各民族普遍的内敛以及对客人的尊重，东道国的合作者和民众很多时候并不会把对这种文化不平等的不满直接表现出来。基于这种文化特性，在跨国考古中对跨文化性的忽视可能不会对项目进展和研究成果造成直接影响，但其对于文明交往与认同的潜在影响显然是负面的。因此，如何妥善地与东道国，尤其是发掘项目当地的民众和同行展开沟通，让他们了解和认可考古项目的目标和意义，并且尝试理解他们自己对于历史和遗产的观念，是一个真正想在文明交往上有所收获的跨国考古项目所需要解决的重要问题。

除了要跨越不同的文化认知，由于不同的需求以及文化遗产保护理念，一些跨国考古项目也会遇到如何平衡遗址保护与开发的问题。早在20世纪60年代，哈佛大学教授汉夫曼在带领美国团队对土耳其萨迪斯古城进行修复和保护时就曾指出，"该项目的最终成败，将取决于我们是否有能力向人们展现古城的模样——一个外观吸引人并且易于公众理解的遗址，而不是一处混乱的，让人无法理解的废墟。这样萨迪斯才能够变成一处重要的旅游景点"③。在土库曼斯坦，考古学家也发现该国政府和媒体更喜欢经过修复的庄严纪念碑，而不是考古发掘后的遗址原状，因为前者更能表现该国在历史

---

① Gebel H G K. Site presentation and cultural "heritage education" in tribal environments. In A Pioneer of Arabia. Studies in the Archaeology and Epigraphy of the Levant and the Arabian Peninsula in Honour of Moawiyah M. Ibrahim [C]. 2014: 45-58.
② Habu J, Lape P V, Olsen J W. (Eds.). Handbook of East and Southeast Asian Archaeology (Vol. 728) [C]. New York: Springer, 2017: 85.
③ Luke C, Kersel M. US cultural diplomacy and archaeology: soft power, hard heritage [M]. New York: Routledge, 2019: 35.

上的伟大①。由此可见，如何在东道国发展旅游和经济的需求与古迹遗址真实性和最小干预等保护原则之间做好平衡，这也成为部分跨国考古项目需要思考和解决的问题。

与在本国开展的考古项目不同，跨国考古项目还更易受到世界政治经济局势变化的影响，显示出特殊的不稳定性。不论是最早的英法、19世纪末的美国和德国，还是二战后的日本，各国往往在其经济大发展的时期开始显示出对于跨国考古的兴趣。当本国自身经济面临困难或对外政策进行调整时，跨国考古项目也往往会受到较大影响。如在荷兰政府于20世纪80年代起缩减财政开支后，设在雅典的荷兰考古学院就不得不扩大研究领域并改名为驻雅典荷兰研究所（Netherlands Institute at Athens），以便从更多渠道获得资助②。而当2011年4月美国国会宣布从高等教育项目，包括对美国海外研究中心的资助中削减约8亿美元的预算后，就极大地影响了当时美国众多跨国考古项目的开展③。项目所在国局势的动荡更是会对跨国考古造成直接影响，如在阿富汗、叙利亚等国爆发的战争就打断了在该国开展的跨国考古项目。

此外，虽然通过发掘能够增强民族凝聚力和自豪感的历史遗迹，考古学能在巩固和强化身份认同中发挥重要作用，如伊恩·霍德所指出的，在全球化的今天，考古学的这种身份认同作用有两种相互对立的影响模式。一方面，随着各地考古遗址和古迹被解释为全人类遗产的一部分，全球化造成了全球文化和身份的同质化；另一方面，也会有小众人群将当地的古迹遗址当作他们个人或本土身份的象征，从而也导致了全球文化的碎片化④。在国际良知遗址联盟（International Coalition of Sites of Conscience，ICSC）受UNESCO世界遗产中心的委托，于2018年1月编写的《记忆场所的阐释》报

---

① Thomas S, Lea J. (Eds.). Public participation in archaeology (Vol. 15) [C]. Woodbridge: Boydell & Brewer Ltd., 2014: 127.
② Van der Linde S J, et al. (Eds.). European archaeology abroad: global settings, comparative perspectives [C]. Leiden: Sidestone Press, 2013: 146.
③ Luke C, Kersel M. US cultural diplomacy and archaeology: soft power, hard heritage [M]. New York: Routledge, 2019: 21.
④ Hodder I. Archaeology Beyond Dialogue [M]. Salt Lake City: University of Utah Press, 2004: 1-7.

告中也指出，记忆场所既可以通过人类学的方法和对历史与现实语境的考虑而具有积极的一面，也可以通过民族主义或特殊主义的方法而具有消极的一面，导致不接受外部或不同的观点[1]。

在考古学的长时段视野里，这种区域和民族意识是相当晚近才兴起的，而学术界也会在国际考古合作中试图努力跨越民族主义的束缚。尤其是在欧洲，以《欧洲考古学杂志》为代表的学术刊物就有意识地超越民族国家的边界和民族主义考古学的分析框架[2]。但不可否认，主权国家仍然是当今国际关系中最主要的行为主体，如何妥善处理好与东道国民族主义之间的关系，也是很多跨国考古项目需要面对的难题。

第二节 跨国考古中的科学研究：文明交往的发生基础

通过上文对跨国考古意义的深入挖掘可以看到，跨国考古对于推动文明交往具有巨大的潜力。但同时我们也应清楚地认识到，跨国考古首先是考古，基于跨国考古的特有优势，积极推动对于人类和各古代文明的起源、交往、与环境互动等的科学研究，是发挥跨国考古潜在交往职能的重要基础。本部分将对早年西方国家针对亚洲地区古代文明的阐释模式加以回顾和分析，并对各国考古队在当代跨国考古研究中值得借鉴的经验进行总结。

一、早期的文明阐释模式

亚洲地区跨国考古的最初动力来自于欧洲人对以古希腊和古罗马为代

---

[1] International Coalition of Sites of Conscience. INTERPRETATION OF SITES OF MEMORY [R]. 2018.
[2] Kohl P L, Fawcett C P. (Eds.). Nationalism, politics, and the practice of archaeology [C]. Cambridge: Cambridge University Press, 1995: 17.

表的古典文明的热衷。基于文明交往的视角，当他们通过在亚洲各地区的发掘，使大量当时不为人知，超出想象的古代文明成果重见天日后，他们如何对其加以诠释和解读，是比考古发现本身更值得本书探讨的话题。

国外学者主要从后殖民主义的角度对这一问题加以讨论。他们普遍认为，帝国主义和殖民主义的进程不仅限于经济和政治活动，包括考古与历史在内的人文与自然科学的一整套分类和叙事系统对于帝国主义的扩张也是至关重要的[1]。有学者在探讨西方对于两河地区的文明叙事时指出，两河地区的早期文明具有双重性——它们既是全人类从野蛮迈向文明的最早阶段，同时也是后世东方专制主义的源头。为了将这种双重性纳入以西方为中心的文明进步叙事中，西方人采用了"美索不达米亚"这样一个与现实地理地形相分离的模糊称谓，从而使早期的苏美尔、巴比伦和亚述文明摆脱了与公元7世纪伊斯兰化以后伊拉克文化，包括奥斯曼统治的联系[2]。

就这样，两河文明在西方文明发展叙事中的地位得以确立——作为已经死去的文明，它们是欧洲文明不完美的远祖。始于两河的"文明火炬"通过希腊人和犹太人这两个被西方所接受的主体，传递到欧洲。这种阐释巩固了人类文明单线进化，最终形成了现代西方文明这一理想状态的叙事方式，作为对立面的落后、专制的东方则等待西方的拯救。

基于这样的文明叙事，当时在西亚地区开展考古的主要目标也变得十分明确，即寻找西方文明的"根源"以及验证《旧约》的记载。如英法两国都曾花费巨大精力寻找《旧约》中的名城尼尼微，当地伊斯兰化时期之后的遗迹则在很长一段时间内被忽视。列强从当地源源不断运回的出土文物，也由于是欧洲人自己遥远过去的遗存而不完全被认为是对奥斯曼帝国的掠夺。在当时欧洲人的眼里，奥斯曼政府也没有资格保留这些文物。如谢里曼以

---

[1] Liebmann M, Rizvi U. (Eds.). Archaeology and the postcolonial critique [C]. Lanham: Rowman Altamira, 2008: 4.

[2] Zainab Bahrani. Conjuring Mesopotamia: Imaginative geography and a world past. In Meskell L. (Ed.). Archaeology under fire: nationalism, politics and heritage in the Eastern Mediterranean and Middle East [C]. London: Routledge, 2002: 159-174.

科学的名义解释他违反禁令将特洛伊文物运回德国的行为："我没有将这些发现交给奥斯曼政府……通过把它们留在自己手上，我为科学拯救了它们。所有文明世界都会感激我所做的"[1]。事实上，他的行为也的确得到了同时代人的理解和认可，"他（谢里曼）与他那个时代的欧洲人一样普遍不喜欢奥斯曼帝国……他的霸道行为……是可以被原谅的，甚至是值得称赞的"[2]（图三一）。相较之下，希腊政府的禁止文物出口令则得到了较好的遵守。

对于亚洲其他地区与欧洲文明不像两河文明那样存在"亲缘"的文明体，以欧洲为中心的文明叙事方式依然清晰可见。如在南亚和东南亚地区，虽然印度河文明和吴哥古迹等古代文明的发现为这里赢得了一些"尊严"，但欧洲人通过文明传播

图三一　佩戴着特洛伊王冠和黄金
首饰的谢里曼夫人
（图片来源：《发现特洛伊——寻金者谢里曼的故事》图版，2006年）

的论调，将这些成就的功劳归为自己的祖先。根据这种观点，是欧洲人的祖先，优越的雅利安人先后进入印度、印度支那和印度尼西亚，带来了梵文和高级的建筑和艺术形式，从而创造了这些地方的黄金时代，原住民则被描述为落后的接受者。印度教和佛教的兴起被视为是对早期纯洁形式的倒退，梵文铭文在印度支那和印尼的消失也被认为是这些地区文明衰落的开始。就这样，这种理论很自然地将亚洲文明未能一直沿着西方世界所指示的进步路线

---

[1] Mehmet Özdogan. Ideology and archaeology in Turkey. In Meskell L. (Ed.). Archaeology under fire: nationalism, politics and heritage in the Eastern Mediterranean and Middle East [C]. London: Routledge, 2002: 111-123.

[2] Runnels C D. Traill, Schliemann of Troy: Treasure and Deceit [J]. Journal of Field Archaeology, 1997, 24 (1): 125-130.

发展的原因解释成种族上的劣势[①]。

也正是由于"落后"的南亚和东南亚文物不符合以希腊艺术为代表的雅利安理想，与两河流域文物不同，它们最早的目的地通常是伦敦的维多利亚和阿尔伯特博物馆、巴黎的印度支那博物馆以及柏林的民族学博物馆等以人类学民族学藏品为主要目标的收藏机构——大英博物馆直到19世纪70年代才对印度文物表现出兴趣，而印度支那古代艺术作品进入卢浮宫更是要等到20世纪初。

由此可见，以西方中心为特征的文明阐述模式使得早期的跨国考古成为支撑西方优越论，使殖民主义合法化的重要工具——如迪亚兹-安德罗（Díaz-Andreu）所指出的那样，"19世纪的考古话语是由国家并为国家而建立的"[②]。

进入20世纪后，虽然考古发掘技术和理念有了长足的发展，但欧洲中心的文明法则在很长一段时间里依然盛行。张光直先生就曾指出，长期以来，西方社会科学家在讨论社会科学法则时都是以其自身，包括作为其源头的近东作为基本法则，如果哪个地区的文明发展史不符合这些观点，那么他们或者认为这种文明属于一种变体或例外，或是上述一般法则有待于充实[③]。

可以与之形成印证的是柴尔德于1925年首次出版的名著《欧洲文明的曙光》。如他在序言中指出的，在早期青铜时代的欧洲，"我们已经可以看到活力、独立性和创造性的品质，它们将西方世界与埃及、印度和中国区分开来"[④]。在书中他这样对青铜时代的克里特岛与埃及和美索不达米亚进行比较："我们已经看到米诺斯文明深受美索不达米亚和埃及的影响。现在我必须坚持指出它不仅仅是对这两种文明的复制，而是一种原生和创造性的

---

① Díaz-Andreu M. A world history of nineteenth-century archaeology: nationalism, colonialism, and the past [M]. Oxford: Oxford University Press, 2007: 241.
② Van der Linde S J, et al. (Eds.). European archaeology abroad: global settings, comparative perspectives [C]. Leiden: Sidestone Press, 2013. 56.
③ 〔美〕张光直. 考古学专题六讲 [M]. 北京：文物出版社，1986：16.
④ Childe V G. The Dawn of European Civilisation [M]. London: Kegan Paul, 1925: Preface.

力量。因此，克里特岛在本质上是现代的。米诺斯精神是彻底属于欧洲，而不是东方的。与埃及和美索不达米亚的比较将使这种对比变得明显。我们在克里特岛没有发现那些象征着东方暴君专制权力的巨大宫殿，也没有发现像金字塔那样巨大的寺庙和奢侈的坟墓，显示出对死后事务的过度关注……同样，在产业方面，由于没有可供专制者支配的无限劳动力，因此必须集中精力发明和制作工具和武器，这预示着欧洲文明的最显著特征"[1]。由此可见，在当时的主流观点中，近东虽然被视为农业和文明最初传播的摇篮，但是，充满活力的西方文明的真正萌芽发端于青铜时代的欧洲，近东则只是作为"摇篮"而从未长大。在柴尔德看来，它变得停滞和专制，最终成为了欧洲的"他者"和反面[2]。

印度学者查克拉巴蒂（D. Chakrabarti）也在其著作《1947年以来的印度考古史》中指出，殖民时期的第三世界考古学是一项由政府管理的小型活动，在其教育体系或民族主义运动中几乎没有发挥任何作用[3]。当时的考古发现大都在种族-语言文化的框架内加以解释，这一框架本身就与种族等级概念联系在一起。如南亚虽然由于印度河文明的发现得到重视，但当时西方学者对它的兴趣主旨还是在于确定它是雅利安文明还是前雅利安文明。

同样，在东南亚，由高棉人和占族人留下的古迹也为法国人说明文化如何在没有外部刺激的情况下枯萎和衰败提供了完美的例子。如20世纪20年代至30年代，法国考古学家和民族志学家让·克雷耶（Jean-Yves Claeys）在越南中部的古代占族地区开展了广泛的调查工作，并将其现实的悲惨状态与过去的伟大进行了对比[4]。

---

[1] Childe V G. The Dawn of European Civilisation [M]. London: Kegan Paul, 1925: 29.
[2] Ian Hodder. The past as passion and play. In Meskell L. (Ed.). Archaeology under fire: nationalism, politics and heritage in the Eastern Mediterranean and Middle East [C]. London: Routledge, 2002: 124-139.
[3] Chakrabarti D K. A History of Indian Archaeology from the Beginning to 1947 [M]. New Delhi: Munshiram Manoharlal, 1988: 213.
[4] Glover I C. Letting the past serve the present—some contemporary uses of archaeology in Viet Nam [J]. Antiquity, 1999, 73 (281): 594-602.

但也要看到，亚洲地区蓬勃开展的跨国考古与古代文明研究，还是逐渐开拓了人们的视野，一些开明和富有洞察力的学者逐渐开始更加客观地思考各地文明的起源、发展与交往。如尽管当时还没有任何确凿证据，而且对印度历史研究的主流殖民主义范式仍然热衷于将印度的一切高等文明归功于西方的影响，马歇尔本人却从一开始就认定，印度河文明是印度河谷及其周边地区原生的独立文明[①]。

二、他国跨国考古研究镜鉴

二战后殖民体系的瓦解推动了国与国关系的平等化，古代文明研究中的欧洲中心思想也逐渐瓦解。在柴尔德写于1950年的《城市革命》一文中，就基于对埃及、两河、印度河与玛雅文明的比较，归纳出关于早期城市的十条标准[②]。冷战的结束和文明对话与文化多样性话语的兴起，也使得进入21世纪后的跨国考古研究朝着更为科学和综合的方向推进，此前以西方为中心的认识论有了较为根本性的转变。如法国在巴基斯坦的考古团队通过常年专注于信德省和俾路支省的前印度河文明遗址和印度河文明遗址之间的联系，尤其是基于梅尔伽赫遗址的发现，证明了印度河文明的本土性。总体来说，各国的跨国考古研究有以下几个值得借鉴的方面。

（一）研究议题的科学设置

开展跨国考古，能够获得本土考古无法提供的新材料、新视野，而研究议题的科学设置，对于发挥好跨国考古的优势至关重要。总体来说，基于长时段、大尺度的跨国考古工作对古代人类的迁徙、接触与文明交往展开研究，是各国跨国考古的一个重要议题。如为了研究起源于西亚的农业和畜牧业向高加

---

① John Marshall. First Light on a Long-forgotten Civilisation: New Discoveries of an Unknown Prehistoric Past in India. Illustrated London News, 1924-09-20.

② Childe V G. The urban revolution [J]. The town planning review, 1950, 21 (1): 3-17.

索地区的传播，以及与当地狩猎-采集人群的互动，日本考古学家从2008年开始对阿塞拜疆Göytepe遗址进行调查和发掘。该遗址是南高加索地区最古老的新石器聚落之一[1]。基于长期深入的考古工作，日本学者还逐渐开展了跨区域考古项目间的比较研究。如从2005年至2012年，日本国士馆大学（Kokushikan University）在叙利亚东北部拉卡市附近的比什里山脉（Bishri Mountains）展开发掘工作，对公元前2000年前后该地区亚摩利游牧族群（Amorite）的形成和发展进行研究。在此基础上，日本学者联合吉尔吉斯斯坦学者，以位于天山山脉北麓的吉尔吉斯斯坦纳延高地（Naryn Heights）地区为对比对象，从2013年至2016年对中亚和西亚的游牧社会发展过程展开比较研究[2]。

目前，剑桥大学考古系正与印尼、欧洲、美国和新西兰等多国合作伙伴共同开展"东南亚岛屿热带狩猎采集者的移动网络和遗传进化（MOBILE）"项目。该项目的主要目标是研究与农耕人群的接触对印尼传统狩猎-采集人群健康和生物多样性的影响，以便更好地了解人类在热带森林环境中的生存经验和进化历程[3]。该系与奈良国立文化财产研究所合作开展的"相遇"项目，则旨在通过考古、有机化学、孢粉学等技术方法，以及开发一套计算技术来重建人口变化和文化传播模式，对日本绳纹时代向弥生时代过渡时期不同人群对农耕技术的不同反应及后果加以研究，从而增加对于驱动文化变化主要因素的认识[4]。

此外，在泰国，意大利国际地中海和东方研究协会与泰国文化部美术局的考古处合作，于1988年启动了持续至今的华富里（Lopburi）地区考古

---

[1] JCIC-Heritage. Study and conservation of the Neolithic settlement of Göytepe [EB/OL]. (2013-03-01) [2022-05-28]. https://www.jcic-heritage.jp/en/project/europe_azerbaijan_201301/.

[2] Formation of Nomadic Societies in Ancient Eurasia: A Comparative Study [EB/OL]. [2022-05-31]. http://homepage.kokushikan.ac.jp/kaonuma/kyrgyz/e/overview.html.

[3] MOBILE: Movement networks and genetic evolution among tropical hunter-gatherers of island Southeast Asia [EB/OL]. [2022-07-15]. https://www.arch.cam.ac.uk/research/projects/current-projects/mobile-movement-networks-and-genetic-evolution-among-tropical.

[4] Department of Archaeology. ENCOUNTER [EB/OL]. [2022-07-15]. https://www.arch.cam.ac.uk/research/projects/current-projects/encounter.

项目。通过对位于泰国中部大平原东缘华富里洪泛区的调查，该项目旨在了解公元前2000年至公元1000年期间，在泰国中部复杂社会的形成过程中，水稻种植的传播、手工艺活动的增长和远距离交流所发挥的作用，并尤其关注与中国和印度文明的关系。在项目启动至今的三十余年里，在华富里府开展了众多考古发掘项目，在此基础上建立了适用于整个泰国中部的区域年代序列，并发现了当地与中国及印度文明早期交流的证据[1]。

丝绸之路考古与文化遗产保护议题的兴起也极大推动了对陆海丝路沿线古代文明交往的跨国合作研究。除了在前述陆丝沿线，如我国西北部与中亚地区的重要发现，古代海丝途经的西亚、东南亚等各地区也取得了重要的发掘和研究成果。如在法国外交部与法国国家科学研究中心的资助下，法国考古学家于1993年至1999年对也门哈达拉毛（Hadramawt）省沿海地区和阿曼沿海地区进行了两期普查，发现了从旧石器时期到近代的大量居住遗址。这些遗址中以多座9世纪至12世纪时期的港口城市最为重要，为中古时期的海洋贸易研究提供了崭新的考古资料，其中在也门的舍尔迈（Sharmah）遗址还发现了大量中国瓷片[2]。

在此基础上，美国加州大学伯克利分校的考古学家萨拉·克努森（Sara Knutson）总结出国际丝路考古研究四个主要且相互关联的主题：前丝路时代的人类交流及游牧民族的生活方式；对丝绸等贸易品及其制作工艺，以及食物等的研究；关于不可移动遗址和建筑，以及丝路景观的研究；对宗教等无形文化实践的研究。她还进一步提出了对跨区域和全球性现象进行考古学研究的"丝绸之路模式"，指出要重视丝路网络的动态性和多层级性，提倡用跨学科的方法对丝路上的文化传播、交流和演变进行研究[3]。

---

[1] ISMEO. Lopburi Regional Archaeological Project [EB/OL]. [2022-05-12]. https://www.ismeo.eu/portfolio_page/lopburi-regional-archaeological-project-lorap-central-thailand/.

[2] 赵冰. 中世纪时期贸易中转港——也门舍尔迈遗址出土的中国瓷片. 收于陈星灿，米盖拉主编. 考古发掘与历史复原（法国汉学第十一辑）[C]. 北京：中华书局，2006：79-116.

[3] Knutson S A. Archaeology and the silk road model [J]. World Archaeology, 2020, 52 (4): 619-638.

除了对古代人类迁徙与交往的研究，在全球极端气候日渐频繁的今天，研究古代人类对于环境的利用，并从中吸取经验与教训，也成为各国开展跨国考古的重要主题。如英国考古学家格雷姆·巴克（Graeme Barker）于2000年至2003年间在马来西亚牵头展开尼亚洞窟项目（Niah Cave Project）。项目成员以英国考古学家、人类学家、环境科学家和研究生为主，致力于确认早期现代人类在当地的广泛存在，并寻找他们生存和适应气候变化的证据[1]。2007年至2010年间，巴克又在沙捞越的克拉比特高地地区（Kelabit Highlands）启动了人工雨林项目（Cultured Rainforest Project），对当地原住民与热带雨林从历史持续至今的互动展开研究[2]。

剑桥大学考古系也在亚洲地区围绕古代人地关系展开了大量考古发掘与研究项目。如该系与印度合作开展的"可持续食物供应研究与赋能"（TIGR2ESS）项目，通过考古发掘对印度河文明和卡卡提亚（Kakatiya）王朝时期的可持续农业实践加以研究，为今天印度的粮食安全提供参考。该系的"两季降雨"（Two Rains）项目则致力于对印度夏冬两季降雨系统及印度河文明对其的适应展开研究，从而对气候变化与印度河文明衰亡的关系进行探讨。此外，该系还在中亚和东亚展开"作物、传粉者和人类"（Buckbee）项目，对荞麦在欧亚大陆的传播和进化与蜜蜂种群及其管理的关系展开研究[3]。

从2011年起，日本人类与自然研究所（Research Institute for Humanity and Nature）也在印度河流域开展了"环境变化与印度河文明"项目，致力于通过考古和古环境调查，确定环境因素是否以及如何导致印度河文明的迅速衰落。通过对印度河文明时期海平面变化的研究，以及从小喜马拉雅地区拉拉湖（Rara Lake）提取岩芯加以分析，项目组还试图加强对长时间段内人类文明

---

[1] Barker G. The archaeology of foraging and farming at Niah Cave, Sarawak [J]. Asian Perspectives, 2005, 44 (1): 90-106.
[2] Barker G, Janowski M. The cultured rainforest project: the second (2008) field season [J]. Sarawak museum journal, 2009, 66: 119-184.
[3] Research Projects in the Department of Archaeology [EB/OL]. [2022-07-01]. https://www.arch.cam.ac.uk/research/projects/project-status/current-projects.

与环境变化之间关系的认识,从而为更好理解当代环境的变化作出贡献[①]。

(二)长远规划与逐步实施

如前文所述,考古学发现与研究的自身规律以及跨国考古在文化差异、后勤保障等方面的限制决定了跨国考古项目的长期性,尤其是当发掘对象规模巨大、情况复杂时,对考古项目进行长远规划与科学实施就显得非常重要。由著名考古学家伊恩·霍德主持,持续了25年的土耳其加泰土丘发掘项目由点到面,逐步推进,为此树立了一个标杆(图三二)[②]。

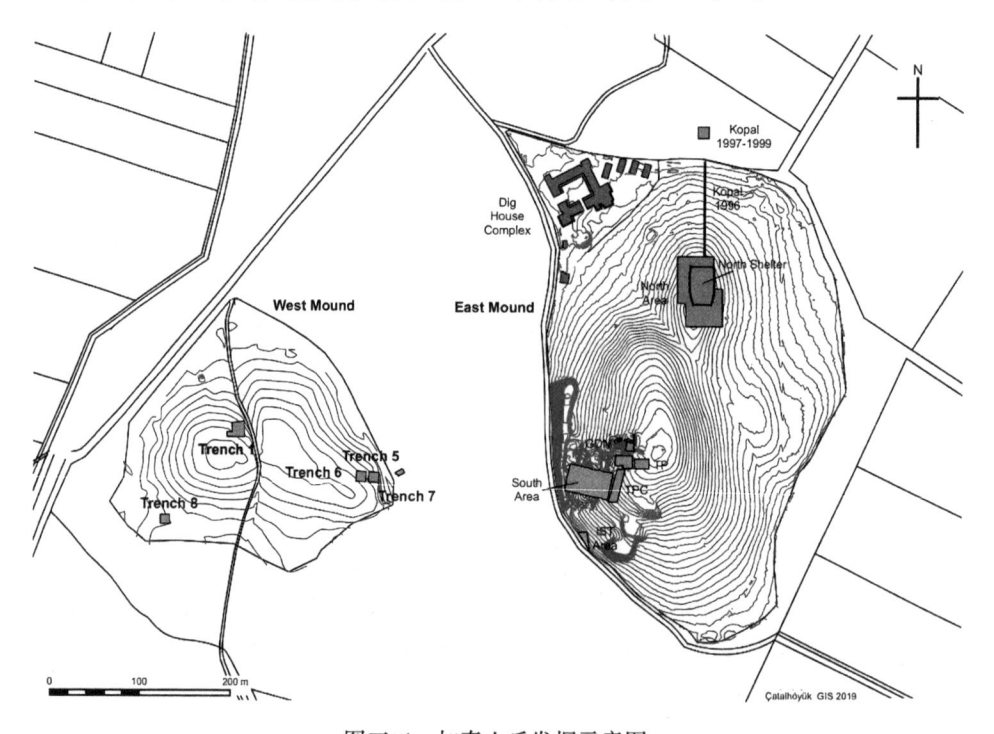

图三二　加泰土丘发掘示意图

(图片来源:Twenty-Five Years of Research at Çatalhöyük,2020年)

[①] Research Institute for Humanity and Nature. Environmental Change and the Indus Civilization [EB/OL]. [2022-06-12]. https://www.chikyu.ac.jp/rihn_e/project/H-03.html.

[②] Hodder I. Twenty-Five Years of Research at Çatalhöyük [J]. Near Eastern Archaeology, 2020, 83 (2): 72-79.

在项目于1993年启动时，前期的工作主要以区域性调查、地表文物采集、绘制早年探沟的现状剖面图以及开展物探为主。此外项目组还对由梅拉特发掘，收藏在各地博物馆中的出土文物进行了重新研究。于1996年至1999年开展的第二阶段工作将焦点集中在个体建筑上，试图弄清其使用功能，并在此基础上了解遗址的形成过程。到了第三阶段（2000年至2008年），研究重点从单体建筑转向了整个聚落的社会结构。与梅拉特认为他在遗址内发现了一个由祭司住所和神庙组成的区域不同，霍德的团队认为遗址存在统一性，没有发现可以证明这里存在社会和经济差异的证据。

第四阶段的现场发掘于2009年至2017年间展开，重点是试图了解当地社会和经济的历史变化。根据前阶段对东丘早期和最晚期层位的集中发掘，越来越多的证据表明，随着人类生活范围向西丘扩散，在公元前6500年左右以及最晚期的层位中，当地在许多方面都发生了重大转变。因此本阶段的发掘对这一时期的层位给予了更多关注，力求实现对遗址更为全面的认识。而以上每一期发掘的研究成果都会在发掘完成的两至三年内及时出版。

（三）普遍议题与本国实际的结合

各国在开展跨国考古的过程中，除了围绕学术界普遍关心的议题，也注意将其与本国的具体学术兴趣及跨国考古团队力量实际相结合。如在多国同时开展考古工作的蒙古国，德国学者的工作范围就主要集中在以哈拉和林为中心的鄂尔浑河上游地区。1999年至2007年，蒙古国-德国联合团队在哈拉和林古城进行考古发掘，并对窝阔台建造的大型宫殿建筑和四个琉璃瓦窑展开调查，发现了铺石街道和广泛的排水系统，对于了解当地早期的城市化和定居形式有重要意义。2007年，蒙德哈拉和林考察队改组为鄂尔浑流域考察队。该团队继续通过地理激光扫描勘测和考古发掘等方式，对鄂尔浑河上游河谷的古遗址进行记录和多学科研究。

同样是在蒙古国，韩国主要专注于匈奴时期的考古。1997年，为通过调查亚洲不同地区的历史古迹来追踪各地古代文化的形成过程，进而通过比较研究来阐明韩国的文化特性，韩国国家博物馆与蒙古国科学院考古研究所、历史研究所以及蒙古国国家历史博物馆签订了名为"Mon-Sol"的联合考察协议。该合作项目以五年为一期，先后开展了四期，重点对多处匈奴墓葬遗址进行调查和发掘。

跨国考古规模更大的日本，其区域布局也与欧美国家不同，具有自身特色。虽然日本的跨国考古队伍也出现在世界各地，如日本考古学家曾先后赴美洲的秘鲁、萨尔瓦多、危地马拉及大洋洲的密克罗尼西亚等地开展考古调查和发掘，但主要还是以在亚洲各国开展考古为主。除了在前述普遍性议题内开展广泛研究，日本对于古代丝绸之路沿线的考古发掘与研究有着尤为浓厚的兴趣。1988年，日本奈良县在举办丝绸之路博览会时向叙利亚商借了部分文物，并借此机会于1990年组织研究团队赴帕尔米拉进行考察，自此拉开了长达十年的首期现场发掘。日本工作组的成员来自奈良大学、京都大学、九州大学、东京古代东方博物馆等机构，负责人是著名考古学家樋口隆康（Takayasu Higuchi）。日本队着重对帕尔米拉古城墓园东南部的三座墓葬展开发掘，并对其中建于公元128年的F墓葬进行了修复（图三三）。2001年至2005年，由奈良县立橿原考古学研究所牵头（Archaeological Institute of Kashihara），日本队开展了名为"帕尔米拉的葬礼习俗和社会背景研究"的第二期发掘和修复项目。考古队对另三座墓葬进行了发掘，其中包括帕尔米拉现存最古老的一座墓葬，并对其中一座建于公元117年的地下墓室进行了修复和复原。2006年，日本队开始了第三期工作，并将发掘场所转移到了墓园北部的一座地面房屋式墓葬，以便更加全面地研究帕尔米拉丧葬习俗的发展过程[①]。除此之外，前文所述20世纪90年代以来日本在我国新疆、甘肃和陕西等丝路沿线地区所开展的考古调查与发掘工作，以及其在碎叶城等地开展的长期发掘，也都体现了丝路考古在日本跨国考古中的重要性。

---

① JCIC-Heritage. The Archaeological Research Project on the Sites of Palmyra [EB/OL]. (2011-12-01) [2022-06-13]. https://www.jcic-heritage.jp/en/project/middle_east_palmyra_201109/.

第六章　从遗址到民心：跨国考古推动文明交往的机制研究　　　　　　　　　　·207·

图三三　发掘中及修复后的F墓葬[1]

---

[1] 图片来源：https://www.jcic-heritage.jp/japan-projects/projects/middle_east_palmyra_201109/.

英国的跨国考古机构则十分注重古为今用。除了上文提到的对于古代人类利用环境研究的重视，2019年，剑桥大学遗产研究中心还启动了为期五年的"仰韶文化：100年研究历史和遗产影响"项目，对仰韶文化的百年发展历程、其作为中华民族遗产标志的功能，以及它的各种社会影响包括商业应用展开研究[①]。

（四）对早期遗址的重新发掘与研究

随着考古技术和理念的进步，即使是在此前已经发掘过的遗址，往往也能得到新的收获，各国跨国考古团队也十分重视对于早期遗址的重新发掘与研究。如Rashaan Khad遗址作为蒙古国第二个被发现带有地层的旧石器时期遗址，最早曾由苏联与蒙古国考古团队于1980年至1981年进行过发掘。2006年，在蒙日双方组成联合考察队对蒙古国东部旧石器遗址进行调查的过程中，对该遗址进行了重新发掘。2011年，韩国首尔国立大学考古与古代艺术系与蒙古国科学院考古研究所合作，对该遗址进行了进一步的发掘与研究。韩蒙项目组共发掘了四个探坑，从中发现50多件石器，并对动物骨骼材料进行测年分析。

剑桥大学考古系则与伊拉克库尔德地区文物局合作，在伊拉克的沙尼达洞穴（Shanidar Cave）对索莱基于20世纪50年代发掘的探沟进行重新清理和记录，并采集少量沉积物样本用于土壤化学、孢粉和古DNA测试及测年，还在现场发现了新的尼安德特人遗骸。同样，接续马勒雷40年代所做的开创性工作[②]，远东学院的曼金（Pierre-Yves Manguin）于1997年至2002年再次对湄公河三角洲前吴哥时代（公元1—7世纪）的沃奥港口遗址展开调查和发掘，不仅出土了以陶瓷品为主的几万件文物，还通过碳测年等技术使马勒雷的资

---

① Cambridge Heritage Research Centre. Yangshao Culture: 100 Year Research History and Heritage Impact [EB/OL]. [2022-07-02]. https://www.heritage.arch.cam.ac.uk/research-projects/yangshao.

② 参见本书3.3.2.3.

料与新的成果更好地衔接起来①。

第三节　跨国考古中的文化遗产保护利用：文明交往的发生关键

在以挖宝为主要目标的跨国考古实践早期，各国对发掘后的考古遗址没有保护意识，大量遗址在时间的流逝中面目全非，珍贵的历史信息遭到不可逆的破坏。随着考古与文化遗产保护技术与理论的发展，人们日渐认识到遗址保护的重要性，可持续发展观念的兴起，更使学界认识到遗址对推动地区发展的重要可能性。在此背景下，尤其是进入21世纪以来，跨国考古与文化遗产保护利用的关系越来越密切。总体来说，基于跨国考古的文化遗产保护利用，可以分为对遗址本身的展示利用，面向遗址所在地民众的交往和能力建设，以及冲突和落后地区的濒危文化遗产保护这几个方面。

一、考古遗址的展示利用

近年来，各国考古团队对于在他国发掘的大型考古遗址，往往都会伴随发掘项目的进行在遗址边上修建展示说明设施，在经费充裕的情况下还会修建遗址博物馆，并对现场道路和水电等基础设施进行改造。如从1985年起，在三笠宫崇仁亲王（Takahito Mikasa）的推动下，成立于1979年的日本中东文化中心每年夏季都会对位于土耳其中部克尔谢希尔省（Kırşehir）卡曼市恰克尔坎村（Çağırkan）的卡曼-卡莱土丘遗址（Kaman-Kalehöyük）展开系统发掘，并在每年发掘季结束后在周边开展考古调查。历年的发掘与调查积累了大量的考古资料和出土文物。为了妥善保护、研究和宣传这些材料，该中心于1998年在遗址附近设立了日本安纳托利亚考古研究所（Japanese Institute

---

① Pierre-Yves Manguin. 关于扶南国的考古新研究. 收于陈星灿，米盖拉主编. 考古发掘与历史复原（法国汉学第十一辑）[C]. 北京：中华书局，2006：247-266.

of Anatolian Archaeology，简称JIAA），为日本、土耳其以及来自世界各地的学者提供研究和交流的场所，并向土耳其国内外民众，尤其是当地儿童和青年传递遗址与文化遗产保护的知识①。

  2004年，为了改善研究所的工作环境，在崇仁亲王及其子宽仁亲王的支持下，日方开始将先前的预制建筑改为永久性的研究设施，宽仁亲王更是担任了JIAA建设基金委员会的主席。通过日本各界的踊跃捐款，新的JIAA大楼作为考古遗址文化综合体的一部分，于2008年5月正式开放。综合体内还包括遗址发掘现场、三笠宫亲王纪念园和由日本外务省援建的考古博物馆（图三四）。多年来，JIAA除了对卡曼-卡莱土丘遗址展开持续发掘，还对周边地区进行考古调查，并逐渐开辟了新的考古工地。该所从1992年起发布年度刊物《安纳托利亚考古研究》（Anatolian Archaeological Studies），用以发布最新的调查和发掘成果。从2000年起，该刊内容从日文改为以英文为主，从而面向更广大的读者分享工作成果，并且推动与日本之外学者的交

图三四　JIAA综合体②

---

① About JIAA [EB/OL]. [2022-06-01]. http://www.jiaa-kaman.org/en/about_us.html.
② 图片来源：https://www.ishimoto.co.jp/e/products/2612/.

流。此外，JIAA还会组织对当地的文物古迹进行修复和保护，定期举行研讨会和讲座，通过实训、研习班、实习、开放图书馆等形式对年轻的研究人员和技工进行培训，以及向当地民众宣传和展示遗址等。

在中亚，英国团队也在古代丝路重镇、土库曼斯坦最重要的历史古迹梅尔夫现场开展了展示利用项目。1992年，英国伦敦大学学院（UCL）考古研究所、大英博物馆与土库曼斯坦国家历史研究所牵头开展了为期十年的国际梅尔夫项目（International Merv Project），获得了丰富的考古成果[1]。从2001年起，在UCL考古学家蒂姆·威廉姆斯（Tim Williams）教授的带领下，英土双方启动了新一期的古代梅尔夫项目（Ancient Merv Project）。除了调查、发掘与保护，该项目也致力于让土库曼人更好地了解梅尔夫[2]。

虽然项目启动前梅尔夫在土库曼斯坦就已家喻户晓，当地的学校也会定期组织学生到现场参观，但根据项目组对当地教师以及民众的调研，土媒体更多地把梅尔夫作为一个笼统的历史象征，而不是一个具体的遗址及旅游和教育资源来加以宣传。为此，基于最新的考古成果，项目组设计了新的现场展示牌，制作土库曼语、英语和俄语的导览手册，并培训考古公园的工作人员为观众提供讲解服务。他们还基于古城重要遗址点开发了数条旅游路线提供给旅游公司，并对公园入口处的小型遗址博物馆进行重新布展。在此基础上，项目组编写了36页的彩色教案，内容包括世界遗产简介、历史年表、丝绸之路、梅尔夫及其古迹的历史、考古技术、梅尔夫保护和教学策略等内容，涵盖了多个课堂教学单元，并配以历史照片等附件和现场活动表，以免费的方式提供给土库曼斯坦的教师（图三五）[3]。

同样，在土耳其，当英土双方的考古学家在1991年至1992年为加泰土丘制定发掘计划时，也清楚地认识到现场发掘只是遗址整体工作的一部分，其

---

[1] Herrmann G. Monuments of Merv: traditional buildings of the Karakum [M]. London: Society of Antiquaries, 1999.

[2] UCL. About About Ancient Merv Project [EB/OL]. [2022-08-01]. https://www.ucl.ac.uk/archaeology/research/ancient-merv-project/about-ancient-merv-project.

[3] Corbishley M. Ancient Cities of Merv: Handbook for Teachers [EB/OL]. [2022-08-16]. http://www.ucl.ac.uk/merv/our_research/education.

图三五　英国项目组编写的梅尔夫遗址教案[1]

保护和展示同样重要。为此，各方在遗址基础设施和保护研究等方面投入了大量时间和资金。2005年，作为欧盟TEMPER项目的一部分，遗址的管理规划得以编制。目前的遗址管理规划由土文化和旅游部在为遗址申报世界遗产时编制，用以指导现场的发掘、保护和展示工作。根据该规划，现场一座包含七个实验室、三个库房、一个游客中心和可容纳八十人住宿的发掘综合体

---

① 图片来源：https://www.ucl.ac.uk/archaeology/sites/archaeology/files/teachers_handbook_en.pdf.

已经完成,加泰土丘也于2012年顺利列入《世界遗产名录》[①]。

此外,近年来,各国考古团队也开始利用数字化技术加强考古遗址的展示与宣传。如位于阿曼的美国研究中心(ACOR)于2022年对紧挨着中心建筑的Khirbet Salameh遗址进行了数字化复原,人们可从苹果或安卓应用商店下载其展示APP。该遗址是一个农舍,从公元2世纪一直使用到8世纪,ACOR于20世纪90年代初完成了对其的发掘[②]。

二、当地民众的参与

进入21世纪,随着公共考古与社区考古理念的推广以及可持续发展观念的深入人心,各国跨国考古项目对遗址所在地民生与福祉的关注逐渐增加。在传统的考古发掘与研究项目之外,各国考古科研机构也会与东道国管理机构一起,尝试实施一些由当地民众共同参与的公共项目,以期加强与项目所在国社会各界的交往,提升其对考古与文化遗产保护的认知,并推动通过遗址造福当地社区。

在尼泊尔的佛教圣地蓝毗尼地区,从2017年起,英国杜伦大学考古系基于其负责执行的UNESCO"文化遗产中的考古伦理与实践教席"(UNESCO Chair in Archaeological Ethics and Practice in Cultural Heritage),在当地的印度教社区多哈尼(Dohani)开展了社区参与微型考古遗址保护利用的研究项目[③]。多哈尼位于蓝毗尼和当地另一重要遗址提罗拉科特(Tilaurakot,被认为可能是迦毗罗卫城所在地)之间。2015年,日本学者和尼泊尔考古局曾在此合作开展了物探工作,发现了一座小型堡垒的遗址,被认为是连接蓝毗尼及其西部佛教遗址的古老朝圣之路上的一个驿站(图三六)。

---

① Hodder I. Twenty-Five Years of Research at Çatalhöyük [J]. Near Eastern Archaeology, 2020, 83 (2): 72-79.
② ACOR. Khirbet Salameh [EB/OL]. [2022-08-13]. https://acorjordan.org/khirbet-salameh/.
③ Lewer N, et al. Community engagement in the greater Lumbini area of Nepal: The micro-heritage case study of Dohani. In Coningham R, Lewer N. (Eds.). Archaeology, Cultural Heritage Protection and Community Engagement in South Asia [C]. Singapore: Springer, 2019: 59-74.

图三六　多哈尼遗址范围及现场①

杜伦大学项目的主要目标是与村民展开交流，探讨他们合作参与保护考古遗址的方式，并讨论旅游业和朝圣的未来发展，从而使当地人在保护文化遗产的同时在经济上受益。在调查开始前，项目组组织了由蓝毗尼发展基金、考古局官员以及来自当地学校和行政部门的志愿者组成的调查小组，并对其展开了简单培训，包括由考古学家带领他们对周边遗址进行实地考察，并对调查问卷加以讨论和完善。

调查人员按照每组三人的规模分成六组，基于问卷上的开放式和封闭式问题对村民展开访谈。问题的范围很广，包括人们对于遗址的了解和使用，与未来考古发掘及潜在朝圣活动相关的社区发展需求（教育、经济、基础设施等），人们的现有技能，以及遗址附近的土地所有权和非法采石的历史等等。调查显示，村民对遗址所知甚少，但很有兴趣了解更多。与当地教师的交流也表明，他们对当地遗产和古代历史，尤其是早期的佛教历史了解非常有限，也缺乏相应的教学资料。

---

① 图片来源：University of Tokyo. The Archaeological Site Catalogue—Kapilvastu District (DRAFT): 68 [EB/OL]. [2023-12-19]. https://unesdoc.unesco.org/ark:/48223/pf0000372558.

据此，各方同意共同组建一个社区小组，致力于提高人们对当地遗产的认识。杜伦大学的代表与尼泊尔考古局官员合作编写了一本关于该地区考古遗产的小册子作为教学资源在当地学校试用，并在听取教师的反馈后加以完善。项目组还与当地教师及教育官员共同组织了"提罗拉科特遗产节"，多哈尼的学生在节日期间受邀参加了绘画和演讲比赛。

美国的科研机构对基于考古项目在东道国实施可持续发展项目也持非常积极的态度。以位于阿曼的美国东方研究中心（ACOR）为例，早在1987年，该中心就在美国国际开发署的资助下，与约旦古物部合作，启动了文化资源管理（CRM）试点项目，对保护约旦的文化景观进行长期规划[1]。2011年，美国文化遗产保护大使基金向ACOR拨款60万美元，除了用于对佩特拉的翼狮神庙进行修复、加固和改善其可达性，还提供文物保护培训的机会，并向当地民众进行有关该遗址的宣传和教育[2]。

在这些工作的基础上，ACOR于2014年启动了"当地社区参与可持续文化遗产项目"（Sustainable Cultural Heritage Through Engagement of Local Communities Project，SCHEP），与约旦各地的合作伙伴一起，致力于在文化遗产资源的可持续保护、管理和推广中推行社区优先的理念[3]。SCHEP项目的主要目标是帮助约旦考古遗址附近的社区更好地对其文化遗产资源加以利用，从而为教育、就业和经济发展创造机会，并最终实现约旦文化遗产资源的可持续保护与传承。为此，项目组为学生和遗产专业人士提供培训课程和能力建设机会，并通过支持专注于文化遗产和社区旅游的当地小微型企

---

[1] Lapp N. The ACOR Odyssey: A History of the American Center of Oriental Research, Amman, Jordan 1968-2000. In Seger J. (Ed.). An ASOR Mosaic. A Centennial History of the American Schools of Oriental Research [C]. Atlanta, GA: American Schools of Oriental Research Publications, 2001: 241-316.

[2] Tuttle C A. Preserving Petra Sustainably (One Step at a Time) The Temple of the Winged Lions Cultural Resource Management Initiative as a Step Forward [J]. Journal of Eastern Mediterranean Archaeology & Heritage Studies, 2013, 1 (1): 1-23.

[3] USAID SCHEP. Introduction [EB/OL]. [2022-06-15]. http://usaidschep.org/en/page/56/Introduction.

业，促进约旦旅游业的多元化增长。

美国印第安纳大学人类学系副教授索尼娅·阿塔莱（Sonya Atalay）则从2006年起在加泰土丘周边村落开展了以"基于社区的参与式研究法"（Community-based participatory research）为指导的社区项目，充分展现了考古资源在激发社区活力中所具有的潜力[1]。

首先，为了确定当地居民是否有兴趣参加项目，阿塔莱在离遗址最近的五个村镇中选了100多名居民进行家庭访谈。受访者大多对遗址表现出兴趣，但访谈也反映出他们大多对考古了解有限，无法直接对研究作出贡献。基于这一结果，在最初的几年，项目组主要致力于通过漫画、面向儿童的考古实验室体验、社区会议等周边居民欢迎的方式，提升他们对遗址、考古、文化遗产管理以及文化旅游等事务的了解（图三七）。

在此基础上，在离遗址最近的Küçükköy村村长的协助下，项目组从村里邀请两位年轻女性参与有偿实习。她们是村里的第一批大学生，具有较好的知识和能力储备，在项目组负责组织与当地妇女的沟通会，以及合作编写经费申请书等工作。实习生的参与使当地妇女在与项目组沟通的过程中感到自在。她们在沟通会上提出了不少好的建议，并被加以实施。如根据她们的建议，项目组在遗址的游客中心为这些妇女提供场地，供她们了解加泰土丘遗址出土的代表性图像，并在一年的时间内制作以其为特色的手工艺品，然后进行展览和售卖。这个项目不仅为妇女们提供了经济收入，还为她们提供了一个正常情况下无法实现的全年聚会和交谈的场所。

在第一期实习计划成功结束后，项目组又为村庄提供了四个新的实习机会，借此加强与村里年轻人的沟通，使他们更加了解遗址的研究和管理，并能够更加积极自信地参与到遗址的未来规划中去。随着知识的普及和能力的提高，新一期的实习生已经开始与现场考古学家合作，对遗产管理策略展开研究。

阿塔莱团队开展的另一个项目是在Küçükköy村小学校长的建议下组建的儿童考古剧团。根据校长的建议，大家同意把加泰土丘作为每年4月23日举行

---

[1] Atalay S. "We don't talk about Çatalhöyük, we live it": sustainable archaeological practice through community-based participatory research [J]. World Archaeology, 2010, 42 (3): 418-429.

第六章　从遗址到民心：跨国考古推动文明交往的机制研究 ·217·

图三七　阿塔莱团队制作的遗址宣传材料[①]

的乡村儿童节的主题，在节日上由学生为村民和游客表演戏剧。根据分工，阿塔莱负责编写剧本，并与实习生一起填报资金申请，校长则负责服装和布景，并带领学生学习相关资料。剧团项目不仅得到村民的广泛支持，还吸引了参加现场发掘的土耳其考古学家以及专业的戏剧制作人为孩子们提供指导。

三、濒危文化遗产的保护

近年来，各国团队也开始利用数字化手段，提高对于冲突或落后地区考古遗址与其他文化遗产的保护。法国政府与考古团队就在其中做了许多工作。如法国从二战前就开始发掘的，位于叙利亚和伊拉克边境的马里遗址，

---

① 图片来源：Atalay S. Community-based archaeology: Research with, by, and for indigenous and local communities [M]. Univ of California Press, 2012: 176, 192.

虽然自2011年以来由于当地局势的动荡不能开展现场工作，法方工作队仍在持续系统地发布工作成果，并通过展览和研讨会，对先前的发掘资料进行数字化，以及对古迹进行三维复原等措施，吸引人们对该遗址的关注[1]。在当地局势缓和后，法方也会依托其长期积累的研究成果和持续的合作关系，基于与UNESCO和国际古迹遗址理事会（ICOMOS）等国际组织的密切合作，率先恢复现场工作。如自20世纪70年代因柬埔寨内战中断在吴哥古迹的工作后，当1991年柬国内重现和平时，法国就致力于将吴哥古迹列入《世界遗产名录》，并参与主持吴哥古迹国际保护项目至今。而在"9·11"事件后，随着阿富汗新政府的上台，法国一方面与阿恢复外交关系，一方面安排资深考古学家、集美博物馆馆长让-弗朗索瓦·贾里奇（Jean-François Jarrige）访问阿富汗，帮助修复喀布尔的阿富汗国家博物馆，使其于2004年重新开放。这也推动了法国在阿富汗考古项目的恢复。基于这种传统，在武装冲突情况下保护濒危遗产成为法国的一个重要优先事项，冲突地区遗产保护国际联盟就是在法国政府的牵头和时任法国总统奥朗德的亲自推动下于2016年成立的。

  法国还十分重视在工作中推动预防性考古的理念和实践，并为此于2002年成立了国家预防性考古研究所（Institut National de Recherches Archéologiques Préventives，Inrap）。该所不仅负责在法国本土及海外领土上开展预防性和抢救性考古工作，也致力于在国际上分享研究技能和遗产管理价值观，以便在全球范围内推动1992年1月欧洲理事会成员国在马耳他首都瓦莱塔签订的《欧洲保护考古遗产公约》的实施。该公约又称《瓦莱塔公约》，指出考古遗产是欧洲集体记忆的来源，并要求将城乡发展规划与考古遗产的保护要求进行衔接[2]。

---

[1] French Ministry of Foreign Affairs and and International Development. Focus Syria: Tell Hariri-Mari site [EB/OL]. [2022-05-24]. https://www.diplomatie.gouv.fr/en/french-foreign-policy/scientific-diplomacy/archaeology-humanities-and-social-sciences/french-archaeological-missions-are-key-actors-in-international-scientific/safeguarding-endangered-heritage-in-conflict-zones/article/focus-syria-tell-hariri-mari-site.

[2] Council of Europe. European Convention on the Protection of the Archaeological Heritage (Revised) [EB/OL]. (1992-01-12) [2021-11-08]. https://rm. coe. int/168007bd25.

为此，该所与UNESCO世界遗产中心、俄罗斯科学院考古研究所、德国马普研究所、以色列古物管理局、柬埔寨吴哥古迹管理局等建立合作关系，与各方开展人员培训和政策制定等方面的交流。该所还积极参与亚洲地区的一些抢救性发掘项目，如从2011年起，该所参加了由远东学院与印尼国家考古研究中心主导的对于苏门答腊岛科塔西纳（Kota Cina）遗址的发掘。该遗址是北苏门答腊地区11至14世纪最重要的城市之一，但受到了现代工业和住房密集发展的严重威胁[1]。

此外，各国团队也会基于现场考古调查和发掘协助东道国建设考古与文化遗产的数据库，从而提高对于遗产资源的记录和管理。如美国的"遗产观察"组织从2005年起开始建设柬埔寨文物管理历史与考古法规数据库（Database of Historical and Archaeological Regulations for the Management of Antiquities，DHARMA），向律师、考古学家、执法人员、政府官员和收藏家等提供与柬埔寨遗产资源管理相关的国内外立法信息。2012年7月，该数据库被正式移交给柬文化和美术部以及UNESCO柬埔寨办事处。此外，剑桥大学考古系正在联合巴基斯坦与印度的考古管理机构，合作开展"绘制南亚考古遗产"（MAHSA）项目，将印度河流域及周边地区的濒危考古和文化遗产加以记录，并将这些信息发布在一个开放的地理空间数据库中[2]。

四、小结

通过以上分析可见，将跨国考古项目与文化遗产保护利用相结合，是通过跨国考古推动文明交往的关键一环。一方面，在文化遗产展示利用项目策划实施过程中与项目所在地社会各界的沟通交流有助于增进双方的相互了解与认同；另一方面，文化遗产展示利用项目的开展对于提高项目当地民众教

---

[1] Inrap. Mission archéologique Kota Cina, Sumatra [EB/OL]. (2017-03-10) [2022-05-23]. https://www.inrap.fr/en/node/10516.

[2] Mapping Archaeological Heritage in South Asia [EB/OL]. [2022-05-15]. https://www.arch.cam.ac.uk/research/projects/current-projects/mapping-archaeological-heritage-south-asia.

育水平、专业技能和生活水平等都有积极作用。

也需要看到，虽然近年来各国在跨国考古工作中加大了对遗址的保护和展示利用力度，但总体来说仍然缺乏有效手段，无法将遗址保护充分融入当地的社会发展。以"丝绸之路：长安—天山廊道的路网"吉尔吉斯斯坦段的遗产点为例，申遗时修建的保护展示设施由于疏于维护而破败，现在各遗址也基本处于自然状态，与世界遗产的称号不符（图三八）。

图三八　吉尔吉斯斯坦丝路世界遗产点红河古城中已经破败的展示和保护设施
（图片来源：作者自摄）

与之形成鲜明对照的是，近年来，随着国家的空前重视，我国的文物保护得到切实改善，文化遗产事业全面发展。在考古遗址方面，以大遗址公园为代表的一大批重要考古遗址在考古发掘、规划与展示以及活化利用等方面都取得了重要成果，大遗址的科学保护与利用已成为中国特色、中国风格、中国气派考古学的重要组成部分。基于这种优势，我们应进一步将跨国考古工作与文化遗产保护利用相结合，在发掘后通过对他国遗址的科学保护与合理利用，更好地发挥跨国考古的文明交往功能。这也必将成为中国跨国考古的鲜明特色和风格。对于遗产管理水平有待提高的亚洲国家，我们也可基于跨国考古项目的开展，在遗产资源调查、数字化记录和数据库建设等方面提供支持。

第四节 跨国考古与文化外交：文明交往的制度保障

  基于跨国考古在推动考古与相关人文自然学科发展、促进民间交往、加强相互认同、实现可持续发展等方面的积极意义，跨国考古对于树立正面国家形象、推动国家间的交往也能产生重要作用。跨国考古的这些特征也十分契合近年来国际关系学界提倡在外交关系中开展与他国基层交往的趋势。如美国前外交官多娜·奥格勒斯比（Donna Oglesby）就指出，新型的公共外交应基于以"真实对话、关系建立与交流"为特征的基层交往，以便与国际人文交往产生重合[①]。美国著名国际政治学者，哈佛大学教授约瑟夫·奈曾也指出公共外交推动巧权力（smart power）的三个方面，即日常沟通、战略性沟通及与关键人物建立持久关系[②]。通过对东道国历史的研究和阐释，以及与其社会各界的积极联系，跨国考古也具备从这三方面推动公共外交的巨大潜力。如法国考古学家罗兰·埃蒂安（Roland Étienne）所指出的那样，除了其科学价值，考古学还提供了研究和政治之间的主要接口。他认为，考古学与政治的密切历史联系归功于它既作为科学，又作为文化载体所能提供的机会，以及它与记忆政治、国际关系和发展战略的内在联系[③]。

  因此，在欧美国家，通过跨国考古与项目东道国建立的长期伙伴关系被看作是一种特别有意义的外交资产。有美国学者指出，考古学家的关系网络对于在国外创造良好印象和加深对美国人和美国的认识非常有用，无论考古学家是否意识到，他们都是美国软实力根深蒂固的代理人和长期的非官方

---

① Oglesby D M. Statecraft at the Crossroads [J]. The SAIS Review of International Affairs, 2009, 29 (2): 93-106.

② Nye Jr J S. Soft power: The means to success in world politics [M]. New York: Public affairs, 2004: 107-109.

③ Van der Linde S J, et al. (Eds.). European archaeology abroad: global settings, comparative perspectives [C]. Leiden: Sidestone Press, 2013: 40.

文化外交官。他们还将美国研究人员与国外学者的非正式关系称作"茶圈"（tea circuit），意指学者间在共同喝茶或咖啡时形成的非官方友好关系[1]。法国外交部也曾指出，考古学是国家和人民骄傲和自尊的来源，对于实现真诚合作非常重要[2]。

在实践中，法国、日本等国家也从项目规划到经费安排上将跨国考古项目有机融入其对外发展援助战略。如法国外交部优先团结基金（Fonds de Solidarité Prioritaires）的代表就曾指出，"我们确实认为，考古研究、保护和遗产利用是发展援助战略的一个组成部分；将这一领域纳入合作战略是法国公共援助理念的特点之一……在未来的岁月中，考古领域的国际合作将继续保持它对于外交部至关重要的作用。"[3]

在此趋势下，除了纯粹的学术项目，各国也会将跨国考古有机融入与对象国文化交流合作的整体框架之中。如基于巴林的迪尔蒙时期（Dilmun，约公元前2200年至公元前1700年）墓冢遗址与日本古坟时代（公元3至6世纪）的古墓群在遗存特征和保护需求上存在的相似性，并且都在推动世界遗产申报的情况，2011年，日本文化遗产国际合作联盟对巴林进行了一次国际合作的需求评估调查（图三九）。在这次调查中，巴林文化部表示希望派专家到日本学习历史古迹的保护案例，并邀请日本团队对迪尔蒙墓冢进行考古发掘。

据此，日方邀请巴文化部的两位专家于2012年在两周的时间里广泛考察了日本各地的古坟时期考古遗址公园和博物馆。在此基础上，日方于2014年组织发掘队伍对迪尔蒙墓冢展开调查和发掘。除了考古工作，日本工作队还通过在遗址现场和当地学校举行讲座等方式积极地向巴林民众宣传迪尔蒙

---

[1] Luke C, Kersel M. US cultural diplomacy and archaeology: soft power, hard heritage [M]. New York: Routledge, 2019: 13, 20.

[2] Van der Linde S J, et al. (Eds.). European archaeology abroad: global settings, comparative perspectives [M]. Leiden: Sidestone Press, 2013: 62.

[3] Bazzana A, Bocoum H. (Eds.). Du Nord au Sud du Sahara, Cinquante Ans d'Archéologie Française en Afrique de l'Ouest et au Maghreb: Bilan et Perspectives [C]. Paris: Éditions Sépia, 2004: 13.

第六章　从遗址到民心：跨国考古推动文明交往的机制研究　·223·

图三九　巴林迪尔蒙墓冢群（上）和日本古市古坟群（下）
（图片来源：世界遗产中心网站）

墓冢遗址[①]。在日巴双方的积极努力下，日本的百舌鸟-古市古坟群（Mozu-Furuichi Kofun Group）与巴林的迪尔蒙墓冢群（Dilmun Burial Mounds）均于

---

① JCIC-Heritage. International Cooperation with Bahrain—The Land of Pearls, Oil and Burial Mounds [EB/OL]. [2022-08-16]. https://www.jcic-heritage.jp/en/column/bahrain01/.

2019年顺利列入《世界遗产名录》。

法国则曾应朝鲜文化遗产保护局的邀请，于2011年组建了法国-朝鲜开城联合考古队，由远东学院首尔中心负责人、考古学家伊丽莎白·沙巴诺尔（Élisabeth Chabanol）任项目领队。该团队汇集了法国、朝鲜以及柬埔寨的历史学家、考古学家和建筑师，工作的重点是通过对城门、城墙等重要段落的发掘，对开城古城遗址进行定位、记录和测年。项目进行过程中，法外交部为两名朝鲜学者提供了培训机会，并促成了在韩国国立民俗博物馆所举行的开城出土文物展。

此外，近年来跨国考古中也有越来越多的多边合作项目，不仅更好地实现了各方在专业上的优势互补，在文化和政治上也为促进各方的相互交往和了解产生积极影响。如2012年至2015年间，在美国国务院的资助下，美国威斯康星大学麦迪逊分校南亚中心主任、人类学教授乔纳森·肯诺耶（Jonathan Kenoyer）牵头与印巴学者合作开展了"印度与巴基斯坦考古研究和保护"项目（Archaeological Research and Conservation Program India and Pakistan，ARCPIP）。由于巴基斯坦和印度学者无法获得前往对方国家的签证，现场发掘工作由美方团队与印巴两国学者分别展开，三方间的交流与合作主要通过国际会议和互联网来推动。如巴美考古学家合作对巴基斯坦塔克西拉地区的巴马拉（Bhamala）佛教遗址群进行了发掘，该遗址最早曾由马歇尔于1929年至1931年间进行过发掘。此次发掘不仅发现了500多件陶器、灰泥雕塑、建筑装饰等文物以及14枚贵霜时代的硬币，还在美国学者的推动下，成为哈里斯矩阵（Harris Matrix）在此前一直沿袭惠勒和马歇尔考古传统的巴基斯坦的首次正式应用[①]。

在发掘过程中，三国的参与机构都发布了项目网站，对调查和记录的方式加以统一和规范，通过数据库分享数据和分析结果，并纳入威斯康星大学的主数据库——该数据库已收纳了南亚地区的近3000个考古遗址。基于在印

---

① Express Tribune. The Dreamcatchers: Archaeologists strike the spade to unravel Bhamala's secrets [EB/OL]. (2014-10-11) [2022-05-24]. https://tribune.com.pk/story/773466/the-dreamcatchers-archaeologists-strike-the-spade-to-unravel-bhamalas-secrets.

巴现场发掘的成果，美方先后在阿曼的马斯喀特（Muscat）和威斯康星州麦迪逊组织了两次国际会议，邀请印巴学者共同与会。此外，研究人员还通过电子显微镜、X射线衍射分析等技术，对印巴遗址出土的印章、珠子和纺织品残片等展开检测分析，对其制作技术、材质等加以研究，并与阿曼出土的相似器物进行比较，从而进一步弄清古代印度河地区与周边地区的贸易情况[①]。

由此可见，跨国考古作为一种重要的国际学术合作方式，对于国家关系也有重要的润滑和促进作用，应从理论上加强对于跨国考古外交作用的研究，并在实践中积极将跨国考古纳入国家文化外交的统筹安排，使其得到更多制度支持与保障。

第五节 跨国考古的组织实施：文明交往的实现

跨国考古推动文明交往的最终实现有赖于项目的科学实施。本部分将基于法国、日本、美国、英国各国在跨国考古实施中的成功案例与经验，对其中的核心特征予以总结。

一、政府的重视与主导

跨国考古从其诞生之日起就带有鲜明的国家特征。除了将文物运回母国的大型博物馆、并在思想和理论上为殖民主义和西方优越论背书之外，早期的大多数欧洲发掘者都带有政府公职。其中的佼佼者莱亚德更是在西亚考古中功成名就后投身政界，最后成为英国外交大臣。

另外，以法国为代表的欧洲大陆国家（后期也包括日本）和以英美为代表的盎格鲁-撒克逊国家对于跨国考古的不同组织方式，即使是在跨国考古发展的早期便已初见端倪。前者更加倾向于由国家出资组织大型的跨国考古工作。

---

① Kenoyer J. Archaeological Research and Conservation Program India/Pakistan 2013-2014 [EB/OL]. (2015-01-19) [2022-06-06]. https://southasiaoutreach.wisc.edu/wp-content/uploads/sites/757/2020/02/ARCPIP_MTR_2014-1.pdf.

如当博塔在豪尔萨巴德取得重大发现后，法国政府拨给他的专款超过了英国财政部给大英博物馆的全部拨款，还曾派法国海军军舰到巴士拉接运文物。与之相比，虽然英美政府也会在获取发掘许可证等事务上提供外交支持，并提供发掘所需的部分经费，但更多的经费来自巴勒斯坦探索基金会和亚述发掘基金会（Assyrian Excavation Fund）等非政府社团和企业财团，或者发掘者的私人渠道。如莱亚德在出版其发掘报告时，主要依靠东印度公司和朋友的赞助；史密斯的发掘能够成行，也仰仗《每日电讯》老板的大力支持；芝加哥大学东方研究所在西亚地区考古中的突飞猛进，更是要感谢洛克菲勒家族的慷慨解囊。这种国别差异也延续至今，成为跨国考古组织实施中的重要特征。基于这种差异，法日两国政府对跨国考古项目的管理尤为值得我国借鉴。

法国的跨国考古主要由法外交和国际发展部通过其下设的跨国考古研究咨询委员会（Advisory Commission for Archaeological Research Abroad）进行统筹管理。1945年二战结束不久，该委员会就在戴高乐和考古学家亨利·塞里格（Henri Seyrig）的推动下成立。目前它由约30名来自法国主要科研机构、高校和博物馆的顶级考古学家，以及法国文化与交流部、海外学院等机构的代表组成。为了尽可能有效地对项目进行监督，委员会下设五个地理分委会，包括古代东方（以两河流域为主）、欧洲和马格里布、亚洲和大洋洲、非洲和阿拉伯半岛，以及美洲。分委会的主席和成员是在这些地区开展工作的考古学家。

每年8月，委员会开始征集下一年度的海外发掘申报项目，每个申报项目以四年为一个周期。到了12月，委员会对收到的申报进行集中审议。除了项目的科学性和创新性、工作成果的发表与宣传、东道国的态度等专业标准，委员会也会对法外交部的地缘优先目标加以考虑，并对在冲突国家以及法国团队尚未发掘地区开展的项目和培训计划予以重点支持[1]。据统计，

---

[1] French Ministry of Foreign Affairs and and International Development. Excavations Commission, leader of French archaeology abroad [EB/OL]. (2017-01-06) [2022-05-23]. https://www.diplomatie.gouv.fr/en/french-foreign-policy/scientific-diplomacy/archaeology-humanities-and-social-sciences/french-archaeological-missions-are-key-actors-in-international-scientific/excavations-commission-leader-of-french-archaeology-abroad-january-6-2017/.

2018年，该委员会共批准对近60个国家的159个发掘项目予以资助[1]。获准立项的发掘项目负责人会得到授权开设专门账户，按年度收到资助经费，并需上报年度开支情况。

二战后，以参加叙利亚拉卡地区的考古调查与发掘工作为代表，日本考古队伍越来越多地在世界各地，尤其是亚洲地区开展跨国考古项目。随着战后日本经济的腾飞，跨国考古作为文化遗产国际合作的一部分，也日益得到日本政府的重视。1989年，在时任首相竹下登的推动下，日本政府设立了UNESCO/日本保护世界文化遗产信托基金，并开始着力加强文化遗产在日本对外官方发展援助（ODA）中的比重，借此进一步改善日本国际形象，并加强与各国，尤其是亚洲国家的文化联系。

2006年，日本还颁布实施了《推动海外文化遗产保护国际合作法》，对政府以及高校和科研机构等各方在文化遗产国际合作中的职责予以明确，尤其指出日本政府应努力采取必要的财政和其他措施，实施推动文化遗产国际合作的相关政策[2]。该法是世界上少有的关于文化遗产国际合作的专项法律，体现出日本对于文化遗产国际合作的重视，为其开展跨国考古、古迹修复等文化遗产国际合作提供了充分的政策、组织、经费等各方面的保障。

二、多元的参与主体与经费渠道

在政府的统筹管理下，大学和科研机构是各国开展跨国考古的主要力量。如英国的剑桥大学与伦敦大学学院目前在世界各地都有考古项目在进行之中。美国高校中参与跨国考古历史最悠久的是宾夕法尼亚大学和芝加哥大学。芝加哥大学的东方研究所于1919年在洛克菲勒家族的资助下成立，最初的目标是从西亚地区人类起源时期开始追溯早期的人类发展史，并致力于成

---

[1] Ruffini P B. France's science diplomacy [J]. Science & Diplomacy, 2020, 9 (2).
[2] Law on the Promotion of International Cooperation for Protection of Cultural Heritage Abroad [EB/OL]. [2022-06-15]. https://en.unesco.org/sites/default/files/ja_law_cltral_heritage_engtno.pdf.

为全球古代近东文明研究的中心。作为一个跨学科研究中心，该所基于在西亚地区长期开展的考古调查和发掘，通过文本分析、文物研究、数据库建立、古代语言词典编纂等工作，对人类早期文明发展史的研究作出了重要贡献。今天，该所仍然在约旦、叙利亚、伊拉克、以色列和土耳其等国开展考古工作，并且有专门的出版部门负责学术期刊和专著的出版[①]。

除了与欧美国家一样，拥有以东京大学、早稻田大学等为代表的一流高校力量，日本在跨国考古与文化遗产国际合作领域还有两支专业而优秀的"国家队"，即分别位于东京和奈良的国立文化财研究所。东京国立文化财研究所（以下简称"东文研"）的前身是日本艺术学院于1930年成立的艺术研究所，于1952年正式挂牌。除了直接参与跨国考古及他国文物古迹的修缮和研究等工作，东文研内设的日本国际保护合作中心还承担了日本文化遗产国际合作联盟的秘书处工作，是日本推动文化遗产国际合作的国家中心[②]。

新冠肺炎疫情期间，除了在条件允许的地区继续开展跨国文化遗产项目，该中心还积极通过线上活动维持日本与外国同行的交流。如从2022年2月起，该中心推出了为期五年、以"考古与国际贡献"为主题的系列讲座活动。首次讲座邀请了以色列自然与公园管理局的两位研究人员介绍以色列考古遗址的发掘、展示和管理情况，还邀请日本学者介绍日本在以色列发掘的历史和最新进展[③]。奈良文化财研究所作为日本另一所综合性的国家级文化遗产科研机构，也在日本的跨国考古与文化遗产国际合作中发挥了重要作用。

在高校与科研机构之外，各国的非政府组织也会积极参与跨国考古的相关工作。如2003年，在柬埔寨西北部的铁器时代巨大墓地Phum Snay遗址惨遭偷盗后，美国考古学家杜加尔德·欧瑞利（Dougald O'Reilly）和同事一起

---

① Oriental Institute. History of the Oriental Institute [EB/OL]. [2022-07-09]. https://oi.uchicago.edu/about/history-oriental-institute.
② 该联盟情况参见本节第四部分.
③ Tokyo National Research Institute for Cultural Properties. A Seminar "Archaeology and International Contribution-Archaeology and Cultural Heritage in Israel" [EB/OL]. [2022-07-10]. https://www.tobunken.go.jp/materials/ekatudo/956801.html.

创立了非政府组织"遗产观察"（Heritage Watch），致力于加强人们对柬埔寨文物破坏的认识，并对柬文物的非法贸易展开研究。在美国国务院的资助下，该组织通过广播、电视和宣传漫画以及展览、广告等手段，向当地村民和外来游客宣传破坏文物和购买非法文物的负面影响。2006年，在美国驻柬大使馆的资助下，该组织对柬西北部的另一处铁器时代墓地Wat Jas展开抢救性发掘，并在项目开展过程中对柬皇家美术大学的学生进行了考古发掘培训。此外，"遗产观察"还对柬各地受威胁的考古遗址进行记录，并将资料提供给柬文化和美术部。

2007年，该组织在柬埔寨贡开（Koh Ker）启动了可持续旅游和社区发展项目。位于柬埔寨北部的贡开是吴哥之前高棉王国的故都，当地寺庙群遗址的规模也十分壮观。由于地处偏僻，当地属于柬埔寨最贫困的地区之一，且有相当数量的民众是战争时期地雷的受害者。在项目的实施过程中，遗产观察组织为当地民众提供遗产保护培训，帮助他们组织和装备社区巡逻队，以保护寺庙免遭抢劫。此外，项目组还向民众提供环保和旅游方面的培训，使村民能够在寺庙附近开展可持续的经营业务，包括茶点摊、寺庙的牛车之旅和传统的陶瓷工艺品销售等。这些举措使得当地的妇女和地雷受害者等最弱势的群体都有机会从遗产保护和旅游中受益[1]。

目前，该组织正在开展名为"为了儿童的遗产"（Heritage for Kids）项目，旨在激发当地儿童对遗产和文化的兴趣，并强调遗产保护和历史教育对新一代柬埔寨年轻人的重要性。该项目与吴哥遗址管理机构合作开展，设计了供教师使用的教育包，以及遗产漫画和儿童读物，在2018年入围了世界旅游理事会"明日旅游奖"的决赛。

除了多样化的参与主体，各国开展跨国考古的经费来源也非常多元。如法国跨国考古研究咨询委员会批准的资金仅能用于支付发掘，以及相应的研究和遗址修复的费用，不包括考古人员的开支。法国境外发掘团队可争

---

[1] Stone P, Hui Z. (Eds.). Sharing Archaeology: Academe, Practice and the Public [C]. New York: Routledge, 2015: 215.

取的其他经费渠道包括其他公立机构，如国家科学研究中心、国家研究署（National Research Agency）以及各高校提供的经费，来自法国各非政府组织与基金会，以及UNESCO和欧盟层面，包括东道国的资助。据统计，这些外部资金的总额与外交部的经费相近，其中一半以上来自法国其他公共机构，其次是东道国的拨款和私人机构的赞助，来自欧洲和国际的资金大约占10%[①]。

伊恩·霍德团队在加泰土丘为期25年的发掘与研究经费来源也非常广泛，其中，来自包括波音、壳牌、Visa信用卡等大型跨国公司的商业赞助约占总经费的30%，这也是项目最长期和最稳定的经费来源。尤为值得一提的是，到了项目后期，土耳其本土企业成为商业赞助的主要来源。除了从1997年就一直对项目给予大力支持的土耳其Koç银行集团，当地的水泥企业Konya Çimento与制糖公司Konya Şeker也从2011年起对项目给予长期赞助[②]。团队的其他经费来源包括约翰-坦普尔顿基金会（John Templeton Foundation）、英国国家科学基金会、牛顿信托、土耳其文化基金会、全球遗产基金等基金，英国驻安卡拉研究所、《国家地理》杂志、英国和美国大使馆等机构，以及波兹南大学（University of Poznan）、斯坦福大学和剑桥大学等高校。

这些不同来源的经费各有侧重，为不同领域的研究提供支持，并为整体研究带来了多样化的视角。如来自国家科学基金会和艺术与人文研究理事会的资金使详细的测年和对动植物考古数据的分析成为可能，而约翰-坦普尔顿基金会的资助则侧重于对遗址发现图像和符号的原始宗教意义进行研究，并要求宗教、哲学和人类学领域的专家每年到现场与考古学家共处

---

① French Ministry of Foreign Affaris and and International Development. Research grants for archaeological missions [EB/OL]. [2022-05-23]. https://www.diplomatie.gouv.fr/en/french-foreign-policy/scientific-diplomacy/archaeology-humanities-and-social-sciences/research-grants-for-archaeological-missions/.

② Hodder I, Tsoraki C. Communities at Work: The making of Çatalhöyük [M]. Ankara, Turkey: British Institute of Archaeology, 2022: 15.

一周。这增进了遗址研究的多元性和跨学科性，促成了许多创新性成果的产生[①]。

三、英美法的海外研究机构网络

基于历史上对亚洲各地区的殖民统治或深度的政治文化影响，英美法三国在亚洲都设立有为数众多的海外研究机构。这些机构主要致力于支持本国的研究人员就所在国和地区的历史、社会、政治、经济、文化等各方面展开研究，并通过提供奖学金和助学金，资助本国学生到现场开展研究。在此基础上，这些研究机构通过其自身的图书馆、档案馆和出版物，以及定期开展学术会议等方式，推动各国学者的交流与共同研究。这些海外研究机构成为三国在亚洲开展跨国考古的重要抓手。如英国在亚洲地区设立的海外研究机构中以考古作为主要研究领域的包括英国驻安卡拉研究所（British Institute at Ankara）、英国驻伊拉克考古学院（British School of Archaeology in Iraq）、英国黎凡特研究理事会（Council for British Research in the Levant）、南亚研究学会（Society for South Asian Studies）等。这些研究机构都定期发行学术刊物，并面向研究者和爱好者开放会员服务。

其中，英国驻安卡拉研究所主要对土耳其和黑海沿岸地区的艺术、人文和社会科学研究提供支持，其自身的学者则主要开展土耳其考古方面的研究。该中心拥有超过42000册藏书，长期以来搜集的动植物标本、碑文和陶器藏品，以及地图、照片和实地考察档案等资料和一个小型实验室。该研究所每年根据英国与国际学界关注的议题发布研究计划，并对入选的研究项目加以资助。此外该所还提供一系列助学项目以支持英国学生前往土耳其开展研究。该所发行有年度学术刊物《安纳托利亚研究》（Anatolian Studies）以及介绍最新研究进展的通讯杂志《安纳托利亚考古》（Anatolian

---

[①] Hodder I. Twenty-Five Years of Research at Çatalhöyük [J]. Near Eastern Archaeology, 2020, 83 (2): 72-79.

Archaeology），并出版系列专著，以及定期举办学术讲座和会议。该研究所每年的会费为30英镑（学生或无薪人员为15英镑）。会员能收到研究所发行的刊物以及学术活动通知，免费使用该所图书馆的学术资源，并以合理的价格获得土耳其境内住宿、测量和摄影设备以及车辆方面的服务[①]。

成立于1932年的英国驻伊拉克考古学院的组织架构和运行模式与之类似。该学院旨在推动对伊拉克和邻国在考古及相关学科，如历史学、人类学、地理学、语言学等领域的研究。学院每年定期出版刊物《伊拉克》，内容涵盖伊拉克及邻国的历史、艺术、考古、宗教和社会生活等各个方面[②]。

1998年，英国驻安曼考古与历史研究所与驻耶路撒冷的英国考古学院合并，成立了英国黎凡特研究理事会（Council for British Research in the Levant）。该机构旨在促进黎凡特地区国家（包括塞浦路斯、以色列、约旦、黎巴嫩、巴勒斯坦和叙利亚）的艺术、人文和社会科学研究。理事会的总部位于安曼，拥有图书馆、实验室、暗室和宿舍等研究和后勤设施，在东耶路撒冷设有分支机构。理事会每年在英国举办两次讲座，并在黎凡特地区各国举办各种研讨会、展览和讲座，也发行有年度刊物《黎凡特》[③]。

美国在世界各地设有二十余个海外研究中心，这些机构主要通过提供奖学金、外语学习和合作研究项目来促进国际学术交流。它们推动对所在国及地区研究资源的访问，为业界联系和交流提供平台，并向研究者提供必要的专业和后勤支持。在考古领域，亚洲地区的美国海外研究中心中较有代表性的是美国驻土耳其研究所（American Research Institute in Turkey，ARIT）和美国研究中心（American Center of Research，ACOR）。成立于1964年的ARIT的成员包括45所美国和加拿大的大学和研究机构，通过其会费和捐款维持日常运行。其主要目的是为有兴趣在土耳其进行学习和研究的美国和

---

① British Institute At Ankara. About the BIAA [EB/OL]. [2022-09-02]. https://biaa.ac.uk/about/.
② British Institute for the Study of Iraq. About the Institute [EB/OL]. [2022-09-02]. https://bisi.ac.uk/content/about.
③ Council for British Research in the Levant. What we do [EB/OL]. [2022-09-02]. https://cbrl.ac.uk/what-we-do/.

加拿大研究人员提供服务，并负责管理在土耳其进行研究和语言学习的奖学金[1]。与美国其他海外研究中心不同，ARIT由位于伊斯坦布尔和安卡拉的两个中心组成，前者收藏有丰富的奥斯曼帝国时期的档案和其他历史资料，后者则主要协助美国考古学家办理获取发掘许可的相关程序。由于土耳其文化和旅游部经常对外国来土考古项目的工作条件和标准加以调整，与土各界保持密切联系的ARIT对在土耳其开展工作的美国考古学者来说发挥了至关重要的作用。

位于约旦首都安曼的ACOR成立于1968年，原名为美国东方研究中心（American Center of Oriental Research），旨在对约旦及其周边地区开展的历史和当代学术研究，尤其是为考古学研究提供支持。中心首任负责人鲁道夫·多内曼（Rudolph Dorneman）同时还在约旦大学教授近东考古学课程，并担任约旦文物局局长的顾问。自成立以来，该中心成为美国在约旦及叙利亚等周边国家考古发掘的重要基地，并为约旦本国学者与国际同行开展学术交流提供场所和机会。该中心还向约旦学生提供奖学金，使他们能够对中心考古藏品进行研究，以及参加中心组织的考古发掘和学术会议[2]。

法国的跨国考古工作也能得到法驻外使领馆及法国驻海外研究机构（IFRE）的协助。除了提供部分经费支持，它们会为考古团队提供必要的后勤保障，并为培训和研讨会提供场地。法国的海外研究机构网络包括在34个国家开展工作的27家机构和7个分支机构，共有约150名常驻研究员。这些机构主要致力于对象国和所在地区历史、社会和政治方面的研究，其中驻苏丹和阿富汗的研究机构专职从事考古工作。最新设立的法海外研究机构包括1992年在塔什干设立的中亚研究所（Institute for Central Asian Studies）以及2001年在曼谷设立的当代东南亚研究所（Research Institute on Contemporary Southeast Asian Studies，IRCASEC）。从2007年起，这些海外研究机构由法

---

[1] American Research Institute in Turkey. About ARIT [EB/OL]. [2022-09-02]. https://aritweb.org/home/about/.

[2] American Center of Research. About Us [EB/OL]. [2022-09-02]. https://acorjordan.org/aboutus/.

外交部和国家科学研究中心共同监管①。

四、本国机构间的沟通与协调

出于打造良好国际形象的统一目标，各国都十分重视本国跨国考古队伍间的相互沟通与协调，其中尤以日本在这方面的努力最值得称道。为了推动日本文化遗产国际合作项目的统筹管理与相互协调，日本于2006年组建了日本文化遗产国际合作联盟（Japan Consortium for International Cooperation in Cultural Heritage，简称JCIC-Heritage）②。该联盟的成员包括来自与文化遗产国际合作相关各个领域的专家、政府部门、高校和科研机构，以及参与合作的企业和非政府组织。目前该联盟共有四百多名个人会员和二十多个团体会员。

联盟设有指导委员会、规划委员会以及6个区域分委会③，秘书处设在东文研的日本国际保护合作中心。联盟主要致力于通过会议、网站、电子通信等形式推动成员之间的信息共享和沟通协调，以及文化遗产国际合作的成果发布与宣传。如联盟已经建立了记录日本文化遗产国际合作基本信息和实施情况的数据库，并向会员提供服务。通过这个数据库，可以根据项目名称、研究人员、实施机构、合作伙伴国、项目类型等，对已录入的2500多个项目的资料进行搜索，有效地推动了成员间的信息共享④。联盟也会定期举办面向业内的研讨会和面向公众的讲座，对文化遗产国际合作的挑战和趋势等进行讨论，并使公众更加了解此项工作的重要意义。如在2018财年，联盟就专

---

① French Ministry of Foreign Affaris and and International Development. The network of French Research Institutes Abroad (IFRE) [EB/OL]. [2022-05-23]. https://www.diplomatie.gouv.fr/en/french-foreign-policy/scientific-diplomacy/archaeology-humanities-and-social-sciences/the-network-of-french-research-institutes-abroad-ifre/.

② JCIC-Heritage. Japan's International Cooperation in Cultural Heritage 2019 [R]. Tokyo: JCIC-Heritage, 2019.

③ 这6个分委会分别是：非洲、拉丁美洲与加勒比、欧洲、东亚与中亚、西亚、南亚与东南亚.

④ JCIC-Heritage. Japan Consortium for International Cooperation in Cultural Heritage [EB/OL]. [2022-05-23]. https://www.jcic-heritage.jp/wp-content/uploads/2022/03/Pamphlet-2021.pdf.

门对日本学者参加文化遗产保护相关国际会议的情况进行了统计，并对日本在受自然灾害地区开展的文化遗产修复项目展开讨论。

此外，该联盟也会通过境外的现场调研，了解对象国的合作需求以及其他国家开展文化遗产国际合作的情况。如同样在2018财年，联盟曾组织东亚和中亚分委会的成员对蒙古国的文化遗产保护情况进行调查。该次调查确定了蒙古国文化遗产的整体情况以及与上次调查时发生的变化，对日本和其他国家在蒙古国开展的文化遗产国际合作项目进行对比，为探索新的合作模式提供了有力的参考。

除了该联盟，日本也还有其他一些基于境外区域考古的专业协会。如1997年，在西亚国家开展发掘工作的日本考古学家在东京成立了西亚考古学会（Japanese Society for West Asian Archaeology），致力于促进成员间信息和观点的交流，并加强对公众的分享，从而推动日本在西亚、埃及和周边地区的考古研究。学会定期举办学术会议和讨论会，出版期刊、书籍和宣传册，并通过网站宣传日本考古队在西亚地区的实地研究和发掘的最新成果[①]。

---

① Japanese Society for West Asian Archaeology. About Us [EB/OL]. [2022-05-31]. http://jswaa.org/en_aboutus/.

第七章 在交往中前行：中国跨国考古实施建议

近年来，跨国考古作为我国加强国际人文交流的重要内容，屡次被党和国家领导人提及。2018年8月27日，习近平主席在推进"一带一路"建设工作5周年座谈会上发表讲话，前所未有地将考古与教育、科学、文化等领域并列作为"一带一路"建设中人文交流的重要内容[1]。2019年4月26日，习主席在第二届"一带一路"国际合作高峰论坛开幕式上发表的主旨演讲中再次指出要积极架设不同文明互学互鉴的桥梁，深入开展包括考古在内等各领域的人文合作[2]。2019年6月和2022年9月，习主席又先后在吉尔吉斯斯坦、塔吉克斯坦和乌兹别克斯坦媒体上发表署名文章，提出要深化与三国在考古等领域的合作水平[3-5]。

在此背景下，在文明交往的视野中，对我国跨国考古工作进行更为科学系统的规划、设计、管理与实施，也具有了特殊的时代意义。具体来说，一方面需要在实施跨国考古的过程中遵循文明交往的要求，重视主客体之间的平等与互动，增进与当地社会各界的联系与沟通；另一方面则要将推动文明交往作为跨国考古的深层次目标，通过跨国考古工作切实推动国家间的相互

---

[1] 习近平出席推进"一带一路"建设工作5周年座谈会并发表重要讲话[J]. 紫光阁，2018 (09): 2.
[2] 习近平. 齐心开创共建"一带一路"美好未来——在第二届"一带一路"国际合作高峰论坛开幕式上的主旨演讲[J]. 中华人民共和国国务院公报，2019 (13): 6-9.
[3] 愿中吉友谊之树枝繁叶茂、四季常青——习近平在吉尔吉斯斯坦媒体发表署名文章[J]. 中华人民共和国国务院公报，2019 (18): 7-9.
[4] 携手共铸中塔友好新辉煌——习近平在塔吉克斯坦媒体发表署名文章[J]. 中华人民共和国国务院公报，2019 (18): 9-10.
[5] 携手开创中乌关系更加美好的明天[N]. 人民日报，2022-09-14 (001).

了解与认知，加强民心相通，为人类命运共同体的建设作出贡献。基于第五章所分析的我国跨国考古工作现状以及第六章所讨论的跨国考古推动文明交往发生机制，本章将从以下几个方面对我国跨国考古工作提出建议（图四〇）。

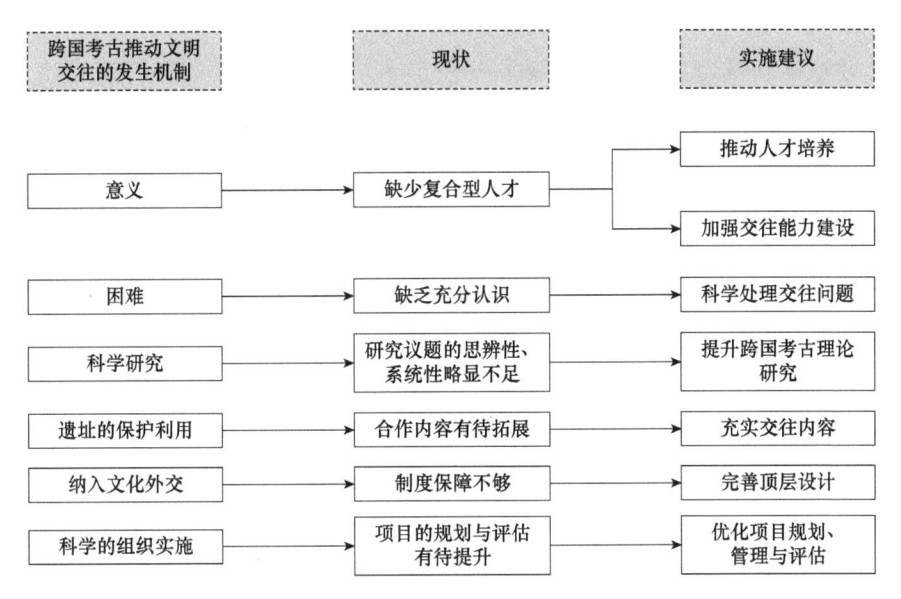

图四〇　基于文明交往发生机制的中国跨国考古实施建议

（图片来源：作者自绘）

第一节　推动跨国考古人才培养

张光直先生曾提出过中国考古学走向世界的三部曲：一是跳出中国的圈子，彻底了解学科主流的关键和核心问题；二是我们的研究成果为解决全人类的问题作出新贡献；三是采用世界通用的语汇与国际学界进行平等的交流[1]。要解决中国跨国考古中人才缺乏的问题，培养出具备宽广的研究视野及充分交往能力的复合型人才，首先与科学的考古学基础教育密不可分。面对新的时代要求，陈淳先生就曾指出，中国考古学在培养学生的方法上必须

---

① 〔美〕张光直. 考古人类学随笔［M］. 北京：三联书店，1999：81.

有所变革，不应只传授学生田野发掘技术和分辨器物类型这类经验知识，更重要的是培养他们理性思维和分析问题的能力[①]。从2017年起，为了解决工作中缺乏兼通语言和专业的复合型人才的问题，北京大学考古文博学院、外国语学院和元培学院联合设立了外国语言与外国历史专业（考古学方向）这一复合专业，就为今后我国跨国考古人才培养提供了重要的参考模式。

此外，西北大学通过奖学金激励招收乌兹别克斯坦、印度等国家具有考古及文物保护等专业基础的留学生来华攻读研究生学位，并让其在跨国合作中发挥重要的桥梁作用。南京大学则在开展跨国考古的过程中鼓励学生学习当地语言，以解决沟通不畅的问题，并提高了学生的研究水平。这些成功经验都值得推广。

各国将跨国考古项目作为培养本国和外国青年考古人才重要平台的做法也值得我们借鉴。如从2013年起，法国外交部就通过支持年轻研究人员发表跨国考古的研究成果来帮他们在考古圈站稳脚跟，并通过与高校合作将跨国考古项目变成学术培养平台。一方面，法方通过各种渠道为本国博士与博士后赴境外发掘现场研究提供资助，另一方面，还联合本国高校基于跨国发掘项目对东道国的博士和博士后提供培训和联合培养。据统计，2016年，共有800多名博士生和博士后参与了法国的跨国考古项目，其中超过三分之一来自东道国。法方共提供了近350个项目实习或助学金机会，其中有一半颁发给当地学生。法外交部还提供经费邀请国外学生来法学习。2016年，共有15名世界各地的博士生获得资助，在法国最好的考古实验室进行为期一个月的工作实习[②]。

参考以上做法，在我国今后的跨国考古项目中，项目组织方可考虑向中外研究人员和学生提供奖学金和到工地进行研究和实习的机会，并可通过发

---

① 陈淳. 考古研究的经验主义与理性主义 [J]. 南方文物, 2010 (01): 13-18.
② French Ministry of Foreign Affairs and International Development. French archaeology abroad: a driver for developing training and partnerships [EB/OL]. (2016-12-16) [2022-05-24]. https://www.diplomatie.gouv.fr/en/french-foreign-policy/scientific-diplomacy/archaeology-humanities-and-social-sciences/french-archaeological-missions-are-key-actors-in-international-scientific/french-archaeology-abroad-a-driver-for-developing-training-and-partnerships/.

掘项目推动中外高校合作，共建考古实验室，开展联合培养项目。应鼓励年轻的中国考古科研人员赴合作国家进行访学，使他们在三至五年内成长为精通所在国语言、系统掌握所在国历史和考古资料、在国际某一研究领域有话语权的学者。也可结合国外合作方的要求，针对国外考古工作者举办田野考古、科技考古、文物保护等方面的专题培训研讨班，实现中外考古研究水平的共同提高。

除了通过以上措施推动中外跨国考古人才的培养，我们也应看到，欧美国家和日本等国在跨国考古中取得的丰硕成果与其拥有一大批常年工作在跨国考古一线的考古学者密不可分。不论是出于考古研究还是文明交往的需要，我们也需要有这样一批能够长期在国外工作，既能取得令国际学界认可的专业成果，又能与所在国社会各界打成一片的中国学者。长期的境外考古工作无疑是艰辛的，不能仅仅依靠学者们自身的学术热情与职业情怀。相关部门应就跨国考古人员的职称评定、经费补助等出台相应的鼓励措施，从而使更多的专业人员能够真正扎根于跨国考古事业，为考古研究和文明交往作出更多贡献。

第二节　加强交往能力建设

文明交往的主体是人——这里的人既是大写的，作为文明共同体的人类群体，又是小写的，承载着文明的每一个具体而鲜活的个体。虽然早年英法大量跨国考古项目的负责人在地区外交场合上也能纵横捭阖，甚至像莱亚德那样最后成为英国外交大臣的历史是不可复制的，但在文明交往的命题下，我们仍应积极鼓励跨国考古工作者更多走出工地与书斋，参与到与东道国社会各界，以及其他国家考古团队的交往中去。

要实现这样的目标，除了提供相应的外语学习机会，加强跨文化知识与技能的培训也是非常必要的。被称为系统研究跨文化传播活动第一人的美国人类学家爱德华·霍尔（Edward Hall）在其名著《超越文化》中就指出，若是想顺应环境，不太扎眼，就应该按照当地的节律动作，顺应当地的节拍①。跨文化知识与技能的训练也历来被西方视为整合多元文化社会冲突、实现有效跨文化传播的重要手段②。

首先，应让跨国考古的参与者对文明交往中的一些经典概念与常见的文化差异有所了解。如霍尔在著作中提出了一元时间和多元时间（polychronic time）以及高低语境的概念。采用一元时间的民族着重时间的安排、切割和快速行事；采用多元时间的民族则习惯同时进行几件事，事先安排的日程表往往得不到遵守。高语境交流指大多数信息或存于物质环境中，或内化在人的身上，需要经过编码进行显性传输的信息非常之少；低语境交流则与之相反，大量信息编入了显性的代码之中。霍尔进一步指出，高语境文化的人往往趋于使用多元时间，他们的行为链围绕人际关系建立起来，而常常把完成一件事置于很低的位置③。由此可见，做同样一件事，采用一元时间和多元时间的人会从完全不同的视角看待整个过程，并且排列出截然不同的轻重缓急次序。也正因为此，不同国家对待"截止日期"态度就不一样，采用一元时间的国家往往会十分严格地遵守约定的时间期限，流行多元时间的国家对待最后期限则相对灵活。

经过数十年的改革开放实践，虽然总体来说我国仍然是一个高语境文化的国家，但在公务交往，尤其是对外的正式合作中，我国更习惯于采用欧美的一元时间和低语境工作方式，通过协议、项目进度表等书面文件对双方的权责以及合作项目的进度予以明确的安排。但在亚洲广大地区，如西亚、中亚和东南亚，仍然盛行高语境和多元时间的行事风格。很多合作项目在我方看来效率低下、进展缓慢，实际上只是对方文化传统的体现。如果受过文明交往的相关训练，能够从文化差异的角度对这一现象加以理解，无疑更有益于与这些国家开展合作。

此外，对于上文提到的遗址当地民众对外国考古学家的疏离陌生感，以

---

① 〔美〕爱德华·霍尔著，何道宽译. 超越文化［M］. 北京：北京大学出版社，2010：71.
② 单波. 国家形象与跨文化传播［M］. 北京：社会科学文献出版社，2017：94.
③ 〔美〕爱德华·霍尔著，何道宽译. 超越文化［M］. 北京：北京大学出版社，2010：17, 82, 133-134.

及外国考古工作者对于当地民众教育水平低下的认知，从跨文化传播来看就属于一种相互的刻板印象。一般认为有三个层面的刻板印象[1]，首先是概念层面，即出于认知上的经济性，或是群体一致性，人们倾向于采用一些简化的解释，如加泰土丘的民众将国内外考古学家一概称为"外国人"；其次是身份认同层面的刻板印象，具体表现为人们对异文化的兴趣或者漠视，从而接受或者排斥，如在没有考古传统的约旦部落，当地民众下意识地对考古项目持排斥态度；最后是情感层面，主要涉及对不同价值观的接受或者排斥，如很多民众对于墓葬的发掘存在抵触情绪。这些跨文化理论知识无疑可以指导我们更好地开展跨文化交往，破除因文化差异而带来的误会和疏离。

对于文明交往会产生影响的重要文化差异还包括权力距离，即社会成员接受不平等和上级特权的程度，以及男性社会与女性社会的差别等等——男性社会偏爱物质上的成功和成就，且性别的角色差异很大，而女性社会则偏重生活质量和人际关系，性别之间的角色差异相比更小[2]。澳大利亚的考古学家就在与越南同行的合作中感受到该国严格的等级制度，以及作为一个男性社会的特征——大多数最高级职位都由男性担任。但他们也发现，由于在越南很多部门机构中具体负责项目实施的副手往往由妇女担任，对于她们来说，建立相互间的良好关系似乎比取得项目成果更为重要。澳洲团队也因为成功地借用了这个妇女间的关系网络而使合作项目获得了成功[3]。跨文化交往能力在跨国考古中的重要性可见一斑。

第三节　提升跨国考古理论研究

多年来，基于田野考古的不断发展和丰富收获，我国的考古发掘技术与

---

[1] 单波. 国家形象与跨文化传播[M]. 北京：社会科学文献出版社，2017：48.
[2] Thorne L, Saunders S B. The socio-cultural embeddedness of individuals' ethical reasoning in organizations (cross-cultural ethics) [J]. Journal of Business Ethics, 2002, 35 (1): 1-14.
[3] O'Toole P, Staniforth M. Choice, Values and Building Capability: A Case Study from Vietnam [J]. Journal of Maritime Archaeology, 2019, 14 (3): 355-368.

研究水平得到了长足的发展，在聚落考古、游牧考古等众多领域内也实现了举世瞩目的理论突破。但总体来说，我国的跨国考古研究主要还聚焦于具体的田野问题，与国外同行相比在思辨性和系统性上略显不足。在文明交往的视野下，在跨国考古的以下领域内加强研究，将是提升中国跨国考古理论水平的重要途径。

一、古代文明的起源、交往与比较研究

张光直先生曾指出，中国古代社会的基本特征与西方社会科学家所提出的文明产生法则有广泛的不同之处。他将文明演进的方式归纳为中国为代表的以连续性的人与世界、人与自然的关系为特征的世界式（非西方式）演进方式，和以经过技术、贸易等新因素的产生而造成对自然生态系统束缚的突破为特征的西方式演进方式[1]。他还进一步指出，对中国、玛雅和苏美尔文明的初步比较显示，中国的形态很可能是全世界向文明转进的主要形态，而西方的形态是个例外，并提醒西方社会科学理论一般都是从西方文明的历史经验里产生出来的，对非西方的经验可能适用也可能不适用[2]。

在各国考古的实践中，也有大量新的田野发现提醒我们应对人类文明的定义、起源和各地早期文明的不同特质加以重新思考。如碳测年表明，位于土耳其东南部的两处气势雄伟的祭祀建筑群哥贝克力石阵和卡拉汉遗址都始建于12000年前，比此前普遍认为农业和畜牧业的起源时间还要早2000年，从而对文明和农业的兴起提出了新的问题。我国良渚古城遗址等新石器晚期大规模城址的发现也表明，世界各地的古老文明在物化形态上具有丰富性与多样性，仅仅根据物化标准去探索人类文明的要素和特征是缺乏普世性学术价值的[3]。

对此，我国的跨国考古工作一方面要立足田野，通过一个个项目的日积

---

[1] 〔美〕张光直. 考古学专题六讲[M]. 北京：文物出版社，1986：16-18.
[2] 〔美〕张光直. 美术、神话与祭祀[M]. 沈阳：辽宁教育出版社，1988：后记.
[3] 李禹阶. 国家是文明发展的里程碑[J]. 齐鲁学刊，2022 (01)：48-52.

月累，逐步取得关于古代人类和文明起源、发展和交往的研究成果；另一方面也要站位高远，力求通过跨国考古的实施对于人类古代文明的兴衰更迭形成全景式的认识。对于中华文明探源工程所提出的文明定义和认定进入文明社会的中国方案为世界文明起源研究所作出的原创性贡献，也要积极借助跨国考古的国际舞台加大宣传和进一步的研究，进而为建立中国特色、中国风格、中国气派的文明研究学科体系、学术体系、话语体系和为人类文明新形态实践提供有力理论支撑[1]-[2]。

对于文明的交往与比较研究，曾有学者指出，为了避免在"原始"或"纯粹"的文化结构间进行死胡同式的搜索或比较，理解跨文化互动最有成效的理论方法都坚持认为文化不是一个孤立的单体，而是由人类日常或世代的实践不断地重新创造的动态和相互关联的系统[3]。也就是说，在跨文明的交往与比较研究中，我们应认识到文明体的自身认同不是静态或单一的。我们应超越表面的物质、图像和艺术手法等的交流，关注文化传统和文化心理等被重新创造与解释的方式。这样不仅能够实现对历史上文明交往更加深入和综合的认识，对于今天的文明交往也能提供更多有益的参考与借鉴。如被中国学者广泛研究的北朝至隋唐时期粟特人的逐渐中华化，随着粟特人故乡中亚考古的推进，无疑可以为这个特殊人群在其故乡传统和中华文明间的复杂抉择提供更加全面的研究视角和资料。

崔格尔的名著《理解早期文明：比较研究》可被看作开展文明比较研究的典范之一。他以文明发展的早期阶段为标准，选取了古王国和中王国时期的埃及（公元前2700—前1780年）、从第三王朝早期到古巴比伦时代的美索不达米亚南部（公元前2500—前1600年）、商代晚期和西周早期的华北（公元前1200—前950年）等世界各地的七种以独立发展为主的早期文明，对其

---

[1] 王巍. 中华文明探源研究主要成果及启示[J]. 求是，2022 (14)：45-52.
[2] 把中国文明历史研究引向深入推动增强历史自觉坚定文化自信[N]. 人民日报，2022-05-29 (001).
[3] Canepa M P. Preface: Theorizing Cross-Cultural Interaction among Ancient and Early Medieval Visual Cultures [J]. Ars Orientalis, 2010, 38: 7-29.

社会政治组织、经济和认知与象征层面展开细致的比较，从而实证性地判断人类行为和信仰的哪些方面受到全人类共享因素的影响，哪些受到该文明特质性特征的影响。在该书最后，崔格尔指出，在阐释早期文明的相似性和差异性时，必须考虑更广泛范围内的诸多因素，而不是套用流行理论[①]。同样地，对于古代文明间跨越广袤空间，甚至时间界限的相似性，如从安特生时代就已关注到的中西彩陶间的相似性，西北大学已故教授段清波先生所指出的古波斯帝国与秦始皇治国理政中的诸多相似性，以及北京大学两河文明专家拱玉书先生指出的原始楔形文字造字所同样存在的"六书"理念等[②]，一方面，我们应在跨国考古中大胆假设、小心求证，不放过古代文明间可能存在关联的任何蛛丝马迹；另一方面，我们也应从马克思主义哲学的普遍性理念出发，通过古代文明间的诸多相似性，对人类的共通性有更加深刻的认识，从而为今天文明交往所力求实现的"各美其美，美美与共"的目标提供更多支撑。

在基于跨国考古开展古代文明研究的过程中，我们也应注意中西研究视角和思维的不同，着力推动中外研究成果的相互借鉴与相互补充。如欧美和日本学者在中亚巴克特里亚地区开展长期考古的过程中，基于传统认识，发现和发掘了一大批从青铜时代直到贵霜时期的古城遗址，但却很少发现同时期的墓葬。中国学者通过对当地近现代农业人群墓地的观察和分析，选择在以往很少做考古工作的苏尔汉河上游河谷两岸阶地展开调查，发现了谢尔哈拉卡特（Serkharakat）墓地，填补了当地早期贵霜至贵霜帝国时期大型墓地发现的空白[③]。当然，这种交流互鉴不是一蹴而就的。牛津大学中国考古学副教授、现任东亚考古学会主席、长期在我国开展考古发掘的安可（Anke Hein）在谈到西方的中国考古研究时就曾指出，欧洲和中东从史前时代到今

---

① 〔加〕布鲁斯·G.崔格尔著，徐坚译.理解早期文明：比较研究［M］.北京：北京大学出版社，2014：485.
② 拱玉书等.苏美尔、埃及中国古文字比较研究［M］.北京：科学出版社，2009：198.
③ 唐云鹏，王建新.乌兹别克斯坦苏尔汉河流域考古工作的主要收获——月氏与贵霜文化的考古学观察［J］.西北大学学报（哲学社会科学版），2021，51（03）：80-92.

天的发展方式代表了一种规范，基于欧洲中心主义的世界观，其他地方也应根据这种方式发展。她同意来自中国的材料有助于质疑和动摇这一观念，但也指出这无疑是令人感到不舒服的——"我们喜欢异质的东西，但也不能太异质了。这是很难改变的"[1]。同样，中国学者在跨国考古的文明研究中也应该避免与之类似的自我中心主义。

二、考古学思想与理论研究

欧美的考古实践一直与考古学理论的发展密不可分，如20世纪40年代末美国考古学家罗伯特·布雷德伍德在西亚新月沃地开启多学科交叉研究的先河，就是为了检验柴尔德关于农业起源的"绿洲理论"[2]。而从20世纪70年代中期起，以伊恩·霍德为代表的一批欧美考古学者将后现代主义与后结构主义思想引入考古学，认为知识具有主观性，对科学的客观性提出质疑，并对所有形式的宏大理论进行批判，从而使考古学的"多义性"（multivocality）变得可能[3]。考古学思想发展也自此进入了所谓的"后过程主义"阶段，开始更加强调文化差异和社会身份的多样性，并将更多的研究主体和议题纳入考古学科[4]。

美国宾夕法尼亚大学人类学教授林恩·梅斯克尔（Lynn Meskell）曾这样评价考古学理论的发展：考古学理论的发展现在与人文和社会科学的发展

---

[1] Peter Harmsen. The Indiana Jones Syndrome and the golden age of Chinese archaeology [EB/OL]. (2021-08-20) [2022-11-29]. https://www.arch.ox.ac.uk/article/indiana-jones-syndrome-and-golden-age-chinese-archaeology.

[2] 陈淳. 建立历史、科技和人文整合的考古学 [N]. 中国社会科学报, 2022-07-07 (006).

[3] Habu J, Fawcett C, Matsunaga J M. Introduction: Evaluating multiple narratives: Beyond nationalist, colonialist, imperialist archaeologies. In Habu J, Fawcett C P, Matsunaga J M. Evaluating Multiple Narratives: Beyond Nationalist, Colonialist, Imperialist Archaeologies [M]. New York: Springer, 2008: 1-11.

[4] 〔加〕布鲁斯·G. 特里格著, 陈淳译. 考古学思想史 [M]. 北京：中国人民大学出版社, 2010：335-361.

保持一致，将社会和文化多样性的问题置于中心地位。意义系统以及文化意义在个人和群体中的变化过程是后过程主义的核心问题。在此基础上，她指出，未来的考古学问题可以被更多指向意义和身份被赋予和协商的方式，而不是指向起源[①]。

虽然西方考古学理论的发展受到其自身历史和西方思想界大环境的影响，如后过程主义就是在对过程主义考古学的批判和反思中发展起来的，有很多内容并不适用于我国，但其对于多元性、身份认同等的关注，对于进一步探讨和发挥跨国考古在文明交往中的作用具有重要的借鉴意义。美国新墨西哥州立大学人类学教授Fumi Arakawa就基于他在日本成长和在美国接受考古学教育和开展考古学研究的经历，借鉴李约瑟在《中国科学技术史》第二卷《科学思想史》中提出的以阴阳五行为代表的中国人的"相互联系的思维"（correlative thinking）[②]，提出了"相互关联的考古学"。他在著作中结合文化历史考古学、过程考古学、后过程考古学等对于美国原住民陶器的不同阐释，指出应借鉴中国道家的五行哲学理念，对各种考古学理论取长补短[③]。同样，我们有必要加强对于考古学思想与理论的研究，并将西方的相关理论思潮与中国传统思想文化与本土考古实践相结合，形成具有中国特色的考古学思想理论。

在此需要指出的是，目前我国主流考古学刊物一般都以田野发掘、遗址与出土文物研究、科技考古等为主要关注点，基于一级学科考古学范畴设置栏目的专业刊物较少，这对于考古学理论的研究无疑有很大的制约。今后可通过增设考古学史与理论研究等专题栏目的方式，鼓励和推动对于考古学思想与理论的研究，为作为文明交往的考古学发展提供更多指引和支撑。

---

① Meskell L. (Ed.). Archaeology under fire: nationalism, politics and heritage in the Eastern Mediterranean and Middle East [C]. London: Routledge, 2002: 7-8 .
② 〔英〕李约瑟著，何兆武等译. 中国科学技术史（第二卷 科学思想史）[M]．北京：科学出版社，上海：上海古籍出版社，2018：302-315．
③ Arakawa F. Correlative Archaeology: Rethinking Archaeological Theory [M]. Lanham: Rowman & Littlefield, 2022.

三、作为文化外交的跨国考古研究

如前文所总结的,作为文明交往形式的跨国考古,其内涵与外延在很大程度上已经超出了考古学自身,进入了跨文化传播、文化外交与国际关系学的领域,目前国内从这些角度开展的理论研究与跨国考古蓬勃发展的实践并不相称。学术界应加强对包括跨国考古在内我国新时代文化遗产国际合作的重视,将其作为文化外交的重要组成部分,对其特征、意义和实施策略等加以深入研究,构筑有中国特色的文化遗产外交理论体系,并将文化遗产外交融入国家软实力和国家形象建设。与此同时,学界也应对通过跨国考古项目所获得的历史研究成果及对他国的现状认识给予更多重视,将其与区域国别等领域的研究相衔接,使跨国考古发挥出更大的学术和现实意义。

第四节　充实交往内容

英国学者杰弗里·丘比特(Geoffrey Cubitt)曾指出,如果人们不能找到过去意识与他们自身生活经历的相关之处,这样的过去意识就是无意义的[1]。由此可见,跨国考古的科学实施,应以具体的合作项目为基础,以增进主客双方的相互认知为目标,并致力于推动双方的价值交流与相互认同。具体来说,可以通过科学的项目设计,将考古发掘、遗址保护等工作作为文明交往的载体,提升与东道国社会各界,尤其是遗址当地民众的交往程度与效果。如参与发掘的考古工作者及项目组的其他人员可以在现场工作之余,通过拉家常、访谈、讲座等形式与遗址周边的村民、学生、教师等展开交流,向他们解释遗址的历史,发掘的目标与意义等。特别需要强调的是,要

---

[1] 〔英〕杰弗里·丘比特著,王晨凤译.历史与记忆[M].南京:译林出版社,2021:130-131.

对后者关于遗址和当地历史的认知和理解加以认真倾听。

虽然考古学研究被普遍认为是科学客观的，但后过程主义考古学认为考古具有"多义性"以及巨大公共性潜力的观点，也值得我们参考。如霍德就认为，通过让古迹和文物重见天日，考古学将它们带入了公共领域，从而比任何其他社会科学都具有更重要的制造场所和历史的能力。他指出，考古发现与社会所产生的相互作用可以是积极的也可以是消极的，考古学家有责任对受到影响人群的权利加以考虑[①]。为此，他提倡"多义性"（multivocality）的遗址阐释过程，认为考古学家在对遗址加以解释时有责任推动外界团体和个人的参与。通过这种方式，遗址将与来自具有不同背景的人产生联系，并将提供多种互补甚至矛盾的解释[②]。

在国际良知遗址联盟编写的《记忆场所的阐释》报告中也指出，由于同一个场所对不同的群体可能具有不同甚至相互冲突的价值，所有这些群体，不仅仅是遗产专业人士，都应该参与决定这些地方会发生什么。该报告还指出，大多数遗产地都具有无形价值，这来源于人们对这个地方历史和传统用途的感受、理解和关系。人们对无形价值的兴趣通常表现为希望更多地了解曾经在这个地方生活和工作的人们，而不是了解特定的建筑风格或考古学文化[③]。

由此可见，在跨国考古工作中引入"多义性"虽然可能对学术研究没有实质性的帮助，但却可以借此增进当地民众与考古遗址及发掘项目的关联，对于了解东道国各界的传统知识与文化习俗等也有积极作用。德国柏林自由大学的考古学家汉斯·戈贝尔（Hans Gebel）就基于常年在西亚发掘所体会到的国际团队与当地民众间的文化差异，提出应通过嵌入式的文化和社会学习来加以解决。他指出，首先应对当地人的文化表达和价值观保

---

① Hodder I. Cultural heritage rights: From ownership and descent to justice and well-being [J]. Anthropological Quarterly, 2010: 861-882.
② Hodder I. Archaeology Beyond Dialogue [M]. Salt Lake City: University of Utah Press, 2004: 23-28.
③ International Coalition of Sites of Conscience. INTERPRETATION OF SITES OF MEMORY [R]. 2018.

持开放和敏感，对其表示尊重，并进行观察和倾听。在此基础上，对东道国文化产生共情，并参加当地社区的婚丧等社交活动，从而逐渐与当地民众拉近距离[①]。

在基于考古遗址的历史和价值认知，初步实现主客双方的相互了解之后，可以着力在提升当地民众遗产保护意识及相关技能方面进一步做出努力。值得注意的是，如有学者所批评的，那些寻求帮助他人提升能力所开展的行动存在的问题是，这些行动往往反映了一种潜在的、通常是无意识对于保留权力的希望[②]。由此可见，必须以平等互动的方式开展与东道国民众的交往，对潜意识中可能存在的优越感抱以警惕并努力回避，使交往变成一种双向的学习和了解过程。如可邀请当地民众参观发掘工地，并接受简单的发掘技术培训，增加其对考古项目的兴趣；也可通过在重要点位设立介绍遗址的说明牌，制作简单的宣传材料等方式提升民众的关注度；还可以通过组织非正式的讨论会，介绍遗址发掘和保护的重要性及对当地的潜在好处，并邀请当地民众发表意见。

对于更加重视无形遗产的传统村落和部落，也可以通过开展口述史调查等方式，为当地非物质文化遗产的传承作出贡献，从而使遗产教育真正变成一个双向的过程，既将考古遗址及其保护带入当地人的意识，又推动对于当地传统文化的保护。而这一相互了解的过程也将使主客双方的相互认同变得水到渠成。

在民众对遗址的了解以及双方的相互认知达到一定程度后，可以考虑着手开展一些社区发展项目，如遗址的宣传与展示、当地旅游的规划与开发、传统手工艺品的推广、节庆活动的策划组织等。还可在前期交往的基础上，

---

① Gebel H G K. Hardly Dressed. The Misery of Embedded Cultural and Social Learning in Near Eastern Foreign Archaeology. In Isil P C, Eser D B. (Eds.). Half a Century Dedicated to Archaeology. A Festschrift in Honor of Sevil Gülçur [C]. Ankara: Bilgin, 2019: 295-306.

② Eade D. Capacity building: who builds whose capacity? In Cornwall J, Eade D. (Eds.). Deconstructing development discourse buzzwords and fuzzwords [M]. Practical Action Publishing, Rugby, 2010: 203-214.

邀请在教育背景、综合能力等方面符合条件的民众代表共同参与这些项目的设计与实施。通过这些基于社区参与的互动项目，进一步加强主客双方的交往，并为遗址当地的可持续保护作出贡献。

第五节　完善顶层设计

　　文明交往的职能在很大程度上已超出了跨国考古项目本身的目标，基于传统考古项目的管理模式逐渐显得捉襟见肘。这对我国完善跨国考古的顶层设计提出了新的要求。法、日等国摸索出的应对方式值得借鉴。如对于跨国考古项目至关重要的经费问题，除了通过跨国考古研究咨询委员会提供传统的跨国考古专项经费，当在跨国考古中涉及合作与发展事务时，法国外交部还可以通过其他渠道提供经费支持。首先是该部负责制定和实施文化与发展领域合作行动的合作与文化行动局（Service de Coopération et d'Action Culturelle，SCAC），可以为跨国考古提供相应的奖学金项目，并提供必要的技术支持。如SCAC曾协助在阿尔巴尼亚的Apollonia遗址建立了一个新的游客标识系统，还与法国驻阿富汗考古工作队合作在喀布尔大学建立了一个考古计算机室。与此同时，法外交部附属的发展研究所（Institut de Recherche pour le Développement，IRD）也可提供部分经费支持。此外，法外交部还设有优先团结基金（Fonds de Solidarité Prioritaires，FSP），为在外交部设定的"优先"国家开展研究和社会文化发展项目提供长期资金。撒哈拉以南非洲以及东南亚的一些考古项目都已经从这一基金中受益[1]。

　　同样，我国也需要通过更加完善的制度建设为跨国考古的文明交往功能提供支持。应围绕国家外交的总体战略部署，依托我国在跨国考古领域的优势，找准跨国考古与外交、外宣、国际发展援助和文化旅游等领域的结合

---

[1] Van der Linde S J, et al. (Eds.). European archaeology abroad: global settings, comparative perspectives [C]. Leiden: Sidestone Press, 2013: 62-63.

点，多部门联动，在专业内外为跨国考古提供更完善、稳定的经费和制度保障。

在经费方面，除了中央及各级政府的财政经费，如前文所述，欧美各国通过企业、基金会等渠道筹措的资金也为跨国考古的顺利实施作出了巨大的贡献。近年来，我国企业对文化遗产保护的热情日渐高涨，如2022年9月，腾讯基金会与中国博物馆协会联合发布了"齐行共进：博物馆纪念馆文化传播与可持续发展公益基金"（简称"腾博基金"），预计在三年内投入4000万元人民币用于文博公益事业[①]。在此大好形势下，应进一步通过税收、社会责任等方面的奖励机制，鼓励我国企业，尤其是在国外开展业务的航空、工程建设等跨国公司积极支持跨国考古项目的开展。另外，也可协调各部门在科技部重大研发专项、教育部哲学社会科学研究重大课题攻关项目、国家自然科学基金项目、国家社科基金重大项目等科研项目中发布与跨国考古相关的课题指南，为跨国考古的开展提供更多元的经费支持。

在此基础上，也可考虑建立包括跨国考古在内的文化遗产国际合作部际沟通机制，定期通报相关重大项目的进展情况，并将跨国考古项目纳入元首外交和国家重大外事活动的项目储备和协调机制。还应推动制定适合跨国考古工作特点的外事与经费管理制度，并推动跨国考古工作与对外经济合作、医疗援助、科技帮扶等项目统筹推进，形成合力。

参考美英法等国强大的海外研究机构网络，我们也可加强驻外使领馆对于跨国考古项目的支持与帮助，并考虑丰富和优化孔子学院和海外中国文化中心的职能，使其在区域历史文化研究与跨国考古项目中发挥更大作用。为保障我国企业境外经济建设工程项目的正常进行，也应借鉴国内基本建设中开展考古和文物保护工作的做法和经验，切实将考古和文物保护纳入境外建设工程项目的立项、勘察设计和施工的全过程。

此外，面对各国考古队伍在跨国考古中交流少、合作少的现状，也可考

[①] 中新网河南. 中国博协发布"腾博基金"支持中小博物馆发展 [EB/OL]. (2022-09-02) [2022-09-13]. http://www.ha.chinanews.com.cn/wap/hnjk/2022/0902/43898.shtml.

虑在蒙古国、乌兹别克斯坦等多国考古队伍同时开展工作的地方，协助东道国政府和文物考古管理部门通过发行通讯和定期举行会议等方式，推动各国考古队伍的沟通交流与成果共享。

第六节　优化项目规划、管理与评估

针对目前跨国考古工作缺乏统筹管理和科学评估的问题，建议由国家文物行政主管部门牵头，基于跨国考古在立项、实施、经费等方面的特性，出台专门的管理文件，加强对跨国考古工作的科学管理。我们可借鉴法国外交部的跨国考古研究咨询委员会机制，组建以考古界为主，包括历史、建筑、规划等相近领域，以及国际关系、跨文化交流等相关领域专家组成的专家委员会，定期对国家层面的跨国考古项目进行遴选和评估，并可通过评选示范项目的方式推广成功经验。

曾出任美国负责教育和文化事务助理国务卿的查尔斯·弗兰克尔（Charles Frankel）曾指出，文化关系的厚重结构排除了短期的、直接的回报，因此期望将具体的可交付成果作为文化项目的一部分是不合理和错误的。他认为对短期结果的需求是在国际文化事务领域制定可行国家政策的最大障碍，应实施延续性的文化政策，从而使得国际环境从长远看更易于管理[1]。美国学者理查德·阿恩德特（Richard Arndt）也指出，文化项目的成功与否不能由常规标准来衡量，如果以持续并且足够的规模进行，长期、持续的文化交流将对引导未来外交关系的变化产生巨大影响[2]。由此可见，对于跨国考古项目的遴选与评估，应严格遵循考古学的规律，立足长远，而不宜片面追求短期的成果与发现。

在科学评判项目考古学重要性的基础上，应基于文明交往的特点与要

---

[1] Frankel C. Culture, Information, Foreign Policy [J]. Public Administration Review, 1969, 29 (6): 593-600.
[2] Arndt R. The First Resort of Kings: American Cultural Diplomacy in the Twentieth Century [M]. Dulles: Potomac Books, 2005.

求，结合项目在推动中外相互认知、促进合作和发展等方面的潜力，对其必要性给予全面综合的判断。当然，我们也必须认识到，受多方面条件的限制，并非所有的跨国考古项目都能对文明交往作出直接贡献。我们应通过科学评估与管理，结合遗址与项目的规模与潜力、对方合作意愿、人力物力资源等方面的条件，在国家层面确定一些适合长期开展，尤其是适合开发考古遗址公园，具有推动当地经济发展潜力的重大跨国考古项目，在经费和物资等方面给予重点支持。对于其他各类型的考古项目，可鼓励各地考古科研机构与高校通过多方渠道自筹经费，从而形成以重点突出、特点鲜明、全面发展为特征的中国跨国考古雁行模式。

此外，为了突出交往的相互性和平等性，也应对近年来在我国境内开展的国际考古合作项目予以专项评估，在合作共赢的基础上进一步推动他国来华考古项目的发展。

第七节 科学处理交往问题

从上文的讨论中可见，跨国考古工作具有承担文明交往的巨大潜力。如荷兰学者指出的，需要明确承认学术性的跨国考古不是一个没有政治和社会责任的中立活动，考古学不仅对科学和历史负有道德责任，而且对社会上的其他人也负有责任[1]。因此，跨国考古的参与人员有责任正视文明交往的时代要求，并通过自己的努力使跨国考古将其交往作用积极发挥出来。另外，对于上文所指出在跨国考古推动文明交往中面临的困难，我们也应予以充分重视。具体到我国，应尤其注意以下几方面的问题。

首先，应注意跨国考古项目政治性与学术性的平衡。德国学者杰西卡·吉诺-赫克特（Jessica Gienow-Hecht）等曾指出，文化外交项目代理人与

---

[1] Van der Linde S J. Digging holes abroad: an ethnography of Dutch archaeological research projects abroad [D]. Leiden University Press, 2012: 193.

政治或经济议程之间的距离越大，该项目成功的可能性就越大[1]。和我国大多数国际人文交流项目一样，我国的跨国考古项目从经费到管理都由官方处于主导地位。如前文所述，跨国考古项目的组织实施中有以英美为代表的学术机构自主主导模式和以法日为代表的政府主导模式。这两种模式都是适合各国国情的，在实践中也都取得了丰硕的成果，谈不上孰优孰劣。但如有学者指出的，官方的强势主导容易造成"文化入侵"的错觉[2]。因此，在跨国考古项目的实施过程中，我们也需要遵循考古研究与文明交往的自身规律，避免一厢情愿、拔苗助长，使其被太多外界因素所影响。

与此同时，对于跨国考古所面临他国民族主义的问题，由于我国大量的跨国考古项目都在亚洲，尤其是我国周边地区开展，也应给予格外重视。以越南为例，如澳洲考古学家伊安·格罗夫（Ian Glover）所观察到的，近期越南历史和考古著作中反复出现的一个主题是其对中国文化主导地位的长期抵制，如越南学者坚持青铜时代东山文化的独立性，并认为它已经是中央集权国家，而不仅仅是像大多数外国人所认为的邦国联盟[3]。在实际工作中，越南的考古同行对我国似乎也存在抵触。如他们一方面以自身的专业力量尚未达到合作水平等为理由，三番五次拒绝我国提出开展水下考古合作的建议，但另一方面却又数次邀请法国等国的机构对其古代沉船进行打捞。类似情况提醒我们，跨国考古不能仅凭单方面的一腔热情，而必须对国际局势，尤其是意向合作国国内的民意与舆情等加以仔细研判。

此外，虽然近年来由于国家的空前重视，考古在我国已逐渐成为一门显学，跨国考古在经费和人员等各方面总体上也得到了较好的保障，我们也需要看到，对于大多数国家，尤其是经济尚不发达的广大发展中国家来说，考

---

[1] Jessica C E Gienow-Hecht, Mark C Donfried. (Eds.). Searching for a Cultural Diplomacy [C]. New York: Bergham Books, 2010: 5.

[2] 胡文涛. 文化外交与国家国际形象建构：西方经验与中国探索 [M]. 北京：中国社会科学出版社，2015：218.

[3] Glover I C. Some National, Regional, and Political Uses of Archaeology in East and Southeast Asia. In Stark M T. (Ed.). Archaeology of Asia [C]. Oxford: Blackwell Publishing, 2006: 26.

古并不是他们的优先事务。尤其是自2020年以来，疫情、战争、通胀、粮食危机等使众多国家的经济发展受到严重打击，斯里兰卡等国甚至连中央政府都一度陷入瘫痪。在这样的国际局势下，如何根据主客双方的共同意愿，科学合理地安排跨国考古项目，也成为需要认真加以考虑的问题。

再者，如前文所述，跨国考古项目往往是长期的，而各国开展跨国考古的热情又往往受到国内政治经济文化等因素的影响。我们也应积极利用好当下的有利时机，为我国跨国考古的长远发展设立牢固的制度保障。

第八章　结论与展望

　　从19世纪上半叶到21世纪的今天，经过近两个世纪的发展，跨国考古从帝国主义国家欺凌他国的专利，逐渐成为各国开展考古学研究的"标配"。如绪论中所述，本书的目标是在文明话语和考古学发展得到党和国家空前重视，而国际形势又极度复杂的今天，在文明交往的视野下，回答以下四个问题，即跨国考古在历史上是如何发展的，现在做得怎么样，为什么要开展跨国考古，如何做得更好。通过研究，本书主要取得了以下几方面的认识与结论。

一、全面回顾了亚洲地区跨国考古的发展历程

　　本书对亚洲地区跨国考古的历史考察显示，跨国考古的发展史不仅是考古学自身发展历史的重要组成部分，也是人类对自身认识及相互交往逐步加深的过程。

　　最初的跨国考古几乎就是文化掠夺的代名词，今天欧美博物馆中占比极大的异域重器很大一部分都是那一时期的产物。可以说，是早期的跨国考古奠定了今日世界博物馆体系的基本格局，而两河地区和吴哥古迹等失落文明的重见天日，也为人类文明史的书写翻开了一个全新的篇章。到了19世纪末，随着考古学技术和方法的逐渐成型，跨国考古开始呈现出一定的科学性，大规模的田野实践，也为推动以地层学与类型学为代表的考古学技术方法的进一步发展，作出了巨大的贡献。这一时期，英法等国在殖民领地上创建的考古管理与研究机构，如印度考古调查局与远东学院，客观上也为亚洲地区考古研究和文化遗产保护水平的提升起到了积极的作用。

　　在被一战短暂打断后，航拍等技术的应用和发展以及文化历史考古学等理论的完善进一步推动了跨国考古的科学化。在两次世界大战间的许多重要

考古调查与发掘都对后世产生重要影响。在这一时期，在伊朗等新生国家，借助外国人开展的考古发掘也成为追寻本国历史辉煌、重塑民族自信的重要手段。到二战后，殖民体系的终结推动跨国考古走向成熟。这一时期跨国考古的技术方法与理论进一步发展，工作区域也大大拓展，并呈现出全新的合作面貌。主客双方间的关系变得更加平等，合作机制也在UNESCO等国际组织的推动下变得更加多元，跨国考古作为推动考古研究必要手段和树立良好国家形象、推动跨国交往重要途径的地位得到广泛认可。

随着冷战的结束，和平与发展成为时代主题，跨国考古的深度和广度有了新的突破。尤其是随着公共考古与社区考古理念的推广以及对文化遗产作为推动可持续发展重要资源的认识，除了继续推动考古学重要议题的研究，跨国考古正日益成为推动项目所在国专业能力建设和民生改善，加强各国交往与相互认同的重要手段。

在中国，从19世纪末开始到1949年前外国人来华探险与考古，到改革开放与"一带一路"倡议揭开中外考古合作新篇章，我国跨国考古的发展历程在很大程度上也可以看作我国近代以来中外交往史的一个缩影。近年来，在各国跨国考古工作逐渐显出常态化的时候，我国大量考古机构与学者赴国外开展考古工作，为国际考古学合作与研究的发展注入了新鲜的血液和动力。

二、客观分析了跨国考古的意义和面临困难

基于国内外的大量案例，本书指出了跨国考古在推动考古学进步，推动各国专业人士和社会各界交往，以及推动项目所在地社会发展等方面所具有的重要意义。文化记忆和记忆场所等理论也提示我们，考古遗址等文物古迹作为人类历史与文明的见证，是集体记忆的载体，对于构建不同文明间的共同记忆和相互认同有重要作用。而在世界正经历百年未有之大变局的今天，跨国考古对于中国这样一个文明古国来说，在开展文明交往方面也具有独特的时代意义。

与此同时，我们也需要看到，跨国考古项目通常在发展中国家展开。对

于这些国家来说，与经济建设、城市发展、医疗卫生等事务相比，考古工作的优先层级较低，其民众对他国学者前来开展考古工作的理解和接受程度总体上也不高。此外，基于跨国考古开展的遗址利用和公共考古项目往往随着考古项目的结束而结束，无法在当地产生持续影响。而各国对于遗址保护利用的不同理念，以及一些国家存在的民族主义倾向等，也都是开展跨国考古时需要妥善处理的问题。

三、深入探讨了跨国考古推动文明交往的发生机制

通过对文化相对主义、交往行动理论等理论的考察，我们认识到，每一种文明的独特性使得文明的交往是可能的，但交往必须以互为主体的平等方式进行，通过确立各方合作的共同目标，并制定合理的制度对合作予以支持和保障，从而促进文明间的积极交往。据此，本书从科学研究、文化遗产保护、制度保障及跨国考古的组织实施等方面，对跨国考古推动文明交往的发生机制展开深入探讨。

受欧洲中心思想的影响，早期基于跨国考古的古代文明研究与阐释成为支撑西方优越感和使殖民占领合理化的重要工具。但随着国家关系的平等化以及考古学理论和方法的发展，今天各国的跨国考古研究普遍呈现出科学和全面的特征。各国考古学家基于跨国考古所具有的视野和资源上的优势，结合各自实际，着重开展古代文明的交流和比较，以及古代人类与环境的长期互动等方面的研究，通过耐心细致地长期实施，取得了重要的成果。这样的科学研究也构成了跨国考古推动文明交往的重要前提。

对考古遗址的展示利用，尤其是在当地社区的参与下，开展相应的教育和开发项目，不仅能加深当地民众与考古遗址的联系，使其从遗产的保护中受益，从而推动遗址长期有效地保护，还能有效拉近民众与外国考古学家间的距离，成为推动文明交往的关键。基于近年来我国国内文化遗产保护利用所取得举世瞩目的重大成就，我们应积极地对保护管理规划编写、展示利用设施设计、博物馆文物活起来和文化遗产数字化等方面的成功经验加以总

结，并结合跨国考古项目的实施推动海外文化遗产的科学保护与利用。

与此同时，虽然学界对于文化外交和软实力等相关问题多有探讨，但对于跨国考古所具有的文化外交潜力则重视不足。现有案例已经充分显示，跨国考古项目可以作为国家间交流合作的润滑剂，对推动国家和民众的交往有重要作用。把跨国考古纳入国家文化外交的统筹安排，将为跨国考古推动文明交往提供更多制度保障。而英美法日等国政府对于跨国考古的科学管理，各国跨国考古参与主体与经费的多元化，以及本国机构间的积极沟通，也为我国今后跨国考古的开展提供了有益的参考。

四、为中国跨国考古的实施提出建议

通过本书的历史分析、理论考察与对比研究可以看到，跨国考古的科学实施是一个涉及领域十分广泛的系统工程。对于欧美国家来说，即使从19世纪末的科学化转向时期开始计算，其跨国考古也已走过一百三十多年的历史。作为相对的晚来者，日本的跨国考古从20世纪60年代至今也已有70多年的历史。与之相比，我国的跨国考古工作总体上从21世纪才开始起步，自"一带一路"倡议提出以后才开始步入快速发展时期，从制度建设、人才储备等各个方面来说，都还有很长的路要走。我们应保持宽广的视野，既抱着久久为功的负责任态度，又积极主动地对时代的呼唤给予回应，力争让跨国考古工作为文明交往作出更多贡献。

具体来说，我们应通过考古学教育方式的改革，以及将跨国考古项目打造为中外人才成长平台等方式，致力于为跨国考古培养更多的优秀复合型人才。考虑到跨国考古的艰巨性，还应通过各种措施为跨国考古的参与者提供切实的鼓励与保障，引导更多的人投身和扎根于跨国考古事业。与此同时，也应加强对于国际考古学理论与思想发展的关注，从而提高我国学者在跨国考古议题设计和理论阐释等方面的能力。此外，还应根据文明交往的要求，完善跨国考古的顶层设计，从制度上为跨国考古所需的经费及其他研究和后勤资源提供更加长期稳定的支撑。

在跨国考古项目的实施中，首先应通过加强跨国考古工作的科学规划、管理与评估，确保项目能够得到科学有序地开展。除了关注考古项目本身的进度和研究内容，还应依托项目开展的长期性，逐渐与当地民众拉近距离，在此基础上逐步推进考古项目介绍、遗产保护意识宣传、遗址展示利用项目共同设计等内容。此外也要通过跨文化交流知识与技能的相关培训，提高跨国考古项目人员的文明交往能力，并对交往中出现的问题进行妥善处理。

在开始撰写本书之前，本人曾数次前往柬埔寨调研吴哥古迹的国际保护项目，并考察过斯里兰卡、马来西亚等国的考古遗址。2019年，本人更是有幸多次跟随老师赴尼泊尔、乌兹别克斯坦与吉尔吉斯斯坦开展考古调查。这些经历都为本书的撰写提供了宝贵的现场经验。作为一篇立足现实的研究论文，本人原计划随着撰写的深入参与更多的跨国考古项目，并尝试在项目现场开展一些与当地民众的交流实践。令人遗憾的是，新冠肺炎疫情的暴发影响了以上计划的实施。作为弥补，本人加强了文献研究和理论研究的力度，尤其是在能力范围内对以英文为主的外文资料进行了尽可能广泛的搜集和细致研究，从中获取了大量有价值的研究内容，力求研究的顺利进行。

自2022年以来，我国包括跨国考古在内的文化遗产国际合作项目已开始逐渐重启。2022年1月，中国援缅甸蒲甘他冰瑜佛塔修复项目于蒲甘启动，我国文物保护与考古专家团队赴蒲甘，在与当地文物局协商的基础上完成了该项目的考古工作方案，并对他冰瑜寺及其周边佛塔进行了较为详细的调查记录。7月，中国工作队在尼泊尔加德满都杜巴广场的九层神庙建筑群文物本体维修工作宣告圆满完成。在此背景下，相信我国的跨国考古工作会逐渐恢复到疫情暴发前的繁荣状态，并得到新的发展。希望在跨国考古工作短暂停滞期写就的本书，能为我国今后跨国考古的更好开展提供一些有益的参考。本人也希望能随着跨国考古工作的重启进一步提升个人能力，积极改进本书存在的不足，并继续深入在本领域的研究。

参 考 文 献

一、中文著作与论文集

［1］ 李怀印．现代中国的形成［M］．桂林：广西师范大学出版社，2022．

［2］ 王巍主编．中国考古学百年史（1921—2021）［C］．北京：中国社会科学出版社，2021．

［3］ 项隆元．浙江学人与中国近代考古学［M］．杭州：浙江大学出版社，2021．

［4］ 陈胜前．中国文化基因的起源：考古学的视角［M］．北京：中国人民大学出版社，2021．

［5］ 周立刚．龙出漠北显华章：高勒毛都2号墓地中蒙联合考古记［M］．郑州：中州古籍出版社，2020．

［6］ 吴献举．国家形象跨文化生成与建构研究［M］．武汉：华中科技大学出版社，2020．

［7］ 张信刚．文明的地图［M］．北京：中信出版集团股份有限公司，2020．

［8］ 王灵桂，赵江林主编．亚洲文明与亚洲发展——中外联合研究报告（No.7）［M］，北京：社会科学文献出版社，2020．

［9］ 吾淳．文明范式："连续"与"突破"：基于张光直、韦伯的理论及文明史相关经验的考察［M］．上海：上海人民出版社，2019．

［10］ 肖小勇主编．聚才揽粹著新篇——孟凡人先生八秩华诞颂寿文集［C］．北京：科学出版社，2019．

［11］ 滕文生主编．亚洲价值东方智慧——亚洲文明交流互鉴北京国际学术研讨会论文集［C］．北京：人民出版社，2019．

［12］ 柴焕波．纳提什瓦：孟加拉国毗诃罗普尔古城2013—2017年发掘报告［M］．北京：科学出版社，2019．

［13］ 王毅，袁濛茜．联合国教科文组织吴哥古迹国际保护行动研究［M］．杭州：浙江大学出版社，2018．

［14］ 单波．国家形象与跨文化传播［M］．北京：社会科学文献出版社，2017．

［15］ 中国社会科学院考古研究所，美国哈佛大学皮保德博物馆编著．豫东考古报告：

"中国商丘地区早商文明探索"野外勘察与发掘[C]. 北京: 科学出版社, 2017.

[16] 梁鹤年. 西方文明的文化基因(第2版)[M]. 香港: 香港中和出版有限公司, 2017.

[17] 关世杰. 中华文化国际影响力调查研究[M]. 北京: 北京大学出版社, 2016.

[18] 陈淳. 考古学前沿研究: 理论与问题[M]. 北京: 北京师范大学出版社, 2016.

[19] 四川省文物考古研究院等编. 越南义立: 冯原文化遗存发掘报告[M]. 北京: 文物出版社, 2016.

[20] 杨建华, 邵会秋, 潘玲著. 欧亚草原东部的金属之路: 丝绸之路与匈奴联盟的孕育过程[M]. 上海: 上海古籍出版社, 2016.

[21] 赵静蓉. 文化记忆与身份认同[M]. 北京: 生活·读书·新知三联书店, 2015.

[22] 刘文明. 全球史理论与文明互动研究[M]. 北京: 中国社会科学出版社, 2015.

[23] 欧阳哲生. 中国近代思想家文库(傅斯年卷)[M]. 北京: 中国人民大学出版社, 2015.

[24] 拱玉书等. 世界文明起源研究: 历史与现状[M]. 北京: 昆仑出版社, 2015.

[25] 胡文涛. 文化外交与国家国际形象建构: 西方经验与中国探索[M]. 北京: 中国社会科学出版社, 2015.

[26] 中国内蒙古自治区文物考古研究所等. 蒙古国后杭爱省浩腾特苏木胡拉哈一号墓园发掘报告[M]. 北京: 文物出版社, 2015.

[27] 孙英春. 跨文化传播学[M]. 北京: 北京大学出版社, 2015.

[28] 徐坚. 暗流: 1949年之前安阳之外的中国考古学传统[M]. 北京: 科学出版社, 2012.

[29] 桂翔. 文化交往论[M]. 北京: 人民出版社, 2011.

[30] 章国锋, 钱满素. 当代文明(上)[M]. 福州: 福建教育出版社, 2010.

[31] 夏继果,〔美〕杰里·H. 本特利主编. 全球史读本[M]. 北京: 北京大学出版社, 2010.

[32] 中国新疆文物考古研究所, 日本佛教大学尼雅遗址学术研究机构编著. 丹丹乌里克遗址——中日共同考察研究报告[C]. 北京: 文物出版社, 2009.

[33] 魏正中, 萨尔吉编译. 探寻西藏的心灵: 图齐及其西藏行迹[C]. 上海: 上海古籍出版社, 2009.

[34] 张九辰. 中国西北科学考查团专论[M]. 北京: 中国科学技术出版社, 2009.

[35] 罗桂环. 中国西北科学考查团综论[M]. 北京: 中国科学技术出版社, 2009.

[36] 陈国明. 跨文化交际学（第2版）[M]. 上海：华东师范大学出版社，2009.
[37] 丁笃本. 中亚探险史[M]. 乌鲁木齐：新疆人民出版社，2009.
[38] 徐玲. 留学生与中国考古学[M]. 天津：南开大学出版社，2009.
[39] 拱玉书等. 苏美尔、埃及中国古文字比较研究[M]. 北京：科学出版社，2009.
[40] 塔拉等. 蒙古国古代游牧民族文化遗存考古调查报告（2005~2006年）[M]. 北京：文物出版社，2008.
[41] 中国内蒙古自治区文物考古研究所等. 蒙古国后杭爱省浩腾特苏木乌布尔哈布其勒三号四方形遗址发掘报告[M]. 北京：文物出版社，2008.
[42] 栾丰实，[日]宫本一夫主编. 海岱地区早期农业和人类学研究[C]. 北京：科学出版社，2008.
[43] 中国社会科学院考古研究所，日本奈良国立文化财研究所编著. 汉长安城桂宫：1996—2001年考古发掘报告[M]. 北京：文物出版社，2007.
[44] 白云翔，[日]清水康二主编. 山东省临淄齐国故城汉代镜范的考古学研究[C]. 北京：科学出版社，2007.
[45] 中华世纪坛世界艺术馆编著. 伟大的世界文明——美索不达米亚文明[M]，北京：文物出版社，2007.
[46] 陈星灿. 中国史前考古学史研究：1895—1949[M]. 北京：社会科学文献出版社，2007.
[47] 陈星灿，米盖拉主编. 考古发掘与历史复原（法国汉学第十一辑）[C]. 北京：中华书局，2006.
[48] 潘一禾. 文化与国际关系[M]. 杭州：浙江大学出版社，2005.
[49] [美]杜维明著. 对话与创新[M]. 桂林：广西师范大学出版社，2005.
[50] 贾建飞. 文明之劫：近代中国西北文物的外流[M]. 北京：人民美术出版社，2004.
[51] 阮炜. 中国与西方：宗教、文化、文明比较[M]. 北京：社会科学文献出版社，2002.
[52] 拱玉书. 西亚考古史：1842—1939[M]. 北京：文物出版社，2002.
[53] 西北大学考古专业，日本赴陕西佛教遗迹考察团，麟游县博物馆编著. 慈善寺与麟溪桥——佛教造像窟龛调查研究报告[C]. 北京：科学出版社，2002.
[54] 彭树智. 文明交往论[M]. 西安：陕西人民出版社，2002.
[55] 辞海编辑委员会. 辞海（1999年版彩图本）[M]. 上海：上海辞书出版社，1999.
[56] [美]张光直. 考古人类学随笔[M]. 北京：三联书店，1999.

[57] 杨建华. 外国考古学史[M]. 长春：吉林大学出版社，1999.

[58] 〔美〕张光直. 美术、神话与祭祀[M]. 沈阳：辽宁教育出版社，1988.

[59] 〔美〕张光直. 考古学专题六讲[M]. 北京：文物出版社，1986.

二、中文译著

[1] 〔德〕黑格尔著，王造时译. 历史哲学[M]. 上海：上海书店出版社，2022.

[2] 〔英〕保罗·巴恩编著，杨佳慧译. 考古通史[M]. 天津：天津人民出版社，2021.

[3] 〔英〕奥雷尔·斯坦因著，巫新华等译. 亚洲腹地考古图记（第2版）[M]. 桂林：广西师范大学出版社，2021.

[4] 〔日〕足立喜六著，王双怀等译. 长安史迹研究[M]. 西安：三秦出版社，2021.

[5] 〔英〕罗德尼·哈里森著，范佳翎等译. 文化和自然遗产：批判性思路[M]. 上海：上海古籍出版社，2021.

[6] 〔德〕于尔根·奥斯特哈默著，陈浩译. 全球史讲稿[M]. 北京：商务印书馆，2021.

[7] 〔英〕杰弗里·丘比特著，王晨凤译. 历史与记忆[M]. 南京：译林出版社，2021.

[8] 〔英〕伊恩·霍德，〔美〕斯科特·赫特森著，徐坚译. 阅读过去：考古学阐释的当代取向[M]. 北京：北京大学出版社，2020.

[9] 〔法〕埃玛纽埃尔-爱德华·沙畹著，袁俊生译. 华北考古记[M]. 北京：中国画报出版社，2020.

[10] 〔英〕奥雷尔·斯坦因著，巫新华，秦立彦译. 寻访天山古遗址[M]. 桂林：广西师范大学出版社，2020.

[11] 〔德〕雷根·舒尔茨，马蒂亚斯·塞德尔主编，中铁二院工程集团有限责任公司译. 埃及：法老的世界[M]. 武汉：华中科技大学出版社，2020.

[12] 〔英〕奥雷尔·斯坦因著，艾力江，秦立彦译. 重返楼兰[M]. 桂林：广西师范大学出版社，2020.

[13] 〔澳〕布雷特·鲍登著，杜富祥等译. 文明的帝国：帝国观念的演化[M]. 北京：社会科学文献出版社，2020.

[14] 〔德〕赫尔曼·帕辛格著，宋宝泉译. 考古寻踪：穿越人类历史之旅[M]. 上海：上海三联书店，2019.

[15] 〔美〕威廉·麦克尼尔著，孙岳等译. 西方的兴起：人类共同体史（第2版）[M].

北京：中信出版集团，2018.

[16] 〔日〕常盘大定，关野贞著，李星明主编. 中国文化史迹［M］. 上海：上海辞书出版社，2018.

[17] 〔德〕C. W. 策拉姆著，张芸，孟薇译. 神祇、陵墓与学者：考古学传奇（第2版）［M］. 北京：生活·读书·新知三联书店，2018.

[18] 〔英〕李约瑟著，何兆武等译. 中国科学技术史（第二卷　科学思想史）［M］. 北京：科学出版社，上海：上海古籍出版社，2018.

[19] 〔美〕贾雷德·戴蒙德著，江滢，叶臻译. 崩溃：社会如何选择成败兴亡［M］. 上海：上海译文出版社，2018.

[20] 〔意〕图齐著，李春昭译. 到拉萨及其更远方：1948年西藏探险日记［M］. 北京：中国藏学出版社，2017.

[21] 〔法〕色伽兰著，冯承钧译. 中国西部考古记［M］. 郑州：中州古籍出版社，2017.

[22] 〔英〕迈克尔·罗兰著，汤芸，张原编译. 历史、物质性与遗产：十四个人类学讲座［M］. 北京：北京联合出版公司，2016.

[23] 〔德〕扬·阿斯曼著，金寿福，黄晓晨译. 文化记忆：早期高级文化中的文字、回忆和政治身份［M］. 北京：北京大学出版社，2015.

[24] 〔美〕弗朗西斯·福山著，陈高华译. 历史的终结与最后的人［M］. 桂林：广西师范大学出版社，2014.

[25] 〔美〕杰里·本特利，赫伯特·齐格勒著，魏凤莲译. 新全球史：文明的传承与交流［M］，北京：北京大学出版社，2014.

[26] 〔加〕布鲁斯·G. 崔格尔著，徐坚译. 理解早期文明：比较研究［M］. 北京：北京大学出版社，2014.

[27] 〔美〕约翰·R. 麦克尼尔，威廉·H. 麦克尼尔著，王晋新，宋保军译. 人类之网：鸟瞰世界历史［M］，北京：北京大学出版社，2011.

[28] 〔美〕马丁·贝尔纳著，郝田虎，程英译. 黑色雅典娜：古典文明的亚非之根（第一卷　构造古希腊1785—1985）［M］. 长春：吉林出版集团有限责任公司，2011.

[29] 〔英〕阿诺德·汤因比著，D. C. 萨默维尔编，郭小凌等译. 历史研究［M］. 上海：上海人民出版社，2010.

[30] 〔加〕布鲁斯·G. 特里格著，陈淳译. 考古学思想史［M］. 北京：中国人民大学出版社，2010.

[31] 〔美〕爱德华·霍尔著，何道宽译. 超越文化［M］. 北京：北京大学出版社，2010.

[32] 〔美〕杜维明著, 彭国翔编译. 儒家传统与文明对话 [M]. 石家庄: 河北人民出版社, 北京: 人民出版社, 2010.

[33] 〔意〕图齐著, 魏正中, 萨尔吉主编. 梵天佛地 [M]. 上海: 上海古籍出版社, 2009.

[34] 〔英〕格林·丹尼尔著, 黄其煦译. 考古学一百五十年 [M]. 北京: 文物出版社, 2009.

[35] 〔英〕奥雷尔·斯坦因著, 巫新华等译. 古代和田: 中国新疆考古发掘的详细报告 [M]. 济南: 山东人民出版社, 2009.

[36] 〔美〕亚历山大·温特著, 秦亚青译. 国际政治的社会理论 [M]. 上海: 上海人民出版社, 2008.

[37] 〔日〕桑原骘藏著, 张明杰译. 考史游记 [M]. 北京: 中华书局, 2007.

[38] 〔德〕埃米尔·路德维希著, 冷杉等译. 发现特洛伊: 寻金者谢里曼的故事 [M]. 沈阳: 辽宁教育出版社, 2006.

[39] 〔英〕爱德华·泰勒著, 连树声译. 原始文化 [M]. 桂林: 广西师范大学出版社, 2005.

[40] 〔美〕尤尔根·哈贝马斯著, 曹卫东译. 交往行为理论 [M]. 上海: 上海人民出版社, 2004.

[41] 〔美〕亚历山大·温特著, 秦亚青译. 国际政治的社会理论 [M]. 上海: 上海人民出版社, 2004.

[42] 〔意〕G. 杜齐著, 向红茄译. 西藏考古(第2版) [M]. 拉萨: 西藏人民出版社, 2004.

[43] 〔美〕布拉德福德·霍尔著, 麻争旗等译. 跨越文化障碍: 交流的挑战 [M]. 北京: 北京广播学院出版社, 2003.

[44] 〔法〕费尔南·布罗代尔著, 肖昶等译. 文明史纲 [M]. 桂林: 广西师范大学出版社, 2003.

[45] 〔德〕哈拉尔德·米勒著, 郦红, 那滨译. 文明的共存: 对塞缪尔·亨廷顿"文明冲突论"的批判 [M]. 北京: 新华出版社, 2002.

[46] 〔法〕莫里斯·哈布瓦赫著, 毕然, 郭金华译. 论集体记忆 [M]. 上海: 上海人民出版社, 2002.

[47] 〔美〕莱斯利·豪著, 陈志刚等译. 哈贝马斯 [M]. 北京: 中华书局, 2002.

[48] 〔德〕安德烈·贡德·弗兰克著, 刘北成译. 白银资本: 重视经济全球化中的东方

[M]．北京：中央编译出版社，2000．

[49] 〔美〕塞缪尔·亨廷顿著，周琪，刘绯等译．文明的冲突与世界秩序的重建（第二版）[M]．北京：新华出版社，1999．

[50] 〔美〕爱德华·W.萨义德著，王宇根译．东方学 [M]．北京：三联书店，1999．

[51] 〔英〕奥雷尔·斯坦因著，巫新华等译．西域考古图记 [M]．桂林：广西师范大学出版社，1998．

[52] 〔德〕尤尔根·哈贝马斯著，洪佩郁译．交往行动理论（第一卷　行动的合理性和社会合理化）[M]．重庆：重庆出版社，1996．

[53] 〔德〕尤尔根·哈贝马斯著，洪佩郁译．交往行动理论（第二卷　论功能主义理性批判）[M]．重庆：重庆出版社，1996．

[54] 〔英〕塞顿·劳埃德著，杨建华译．美索不达米亚考古 [M]．北京：文物出版社，1990．

[55] 〔美〕弗朗兹·博厄斯著，项龙等译．原始人的心智 [M]．北京：国际文化出版社，1989．

[56] 〔美〕露丝·本尼迪克特著，何锡章，黄欢译．文化模式 [M]．北京：华夏出版社，1987．

三、中文论文

[1] 王巍．中华文明探源研究主要成果及启示 [J]．求是，2022（14）：45-52．

[2] 仲伟民．"西方中心论"的"非"与"是" [J]．人民论坛·学术前沿，2022（09）：84-92．

[3] 王建华．考古学史的阅读与写作范式刍议 [J]．才智，2022（28）：66-68．

[4] 施劲松．中国考古学与世界古代文明图景 [J]．历史研究，2022（01）：22-29．

[5] 高磊等．俄罗斯马特盖奇克遗址、卡缅内洛卡遗址试掘简报 [J]．人类学学报，2022，41（01）：148-156．

[6] 李禹阶．国家是文明发展的里程碑 [J]．齐鲁学刊，2022（01）：48-52．

[7] 侯冬梅．哲学思维方式变革下的人类文明新形态——从"西方中心论"到人类命运共同体 [J]．河南师范大学学报（哲学社会科学版），2022，49（02）：31-37．

[8] 李丹．构建"一带一路"文化共同体的基础条件与现实路径 [J]．中国人民大学学报，2021，35（06）：165-175．

[9] 唐云鹏, 王建新. 乌兹别克斯坦苏尔汉河流域考古工作的主要收获——月氏与贵霜文化的考古学观察 [J]. 西北大学学报 (哲学社会科学版), 2021, 51 (03): 80-92.

[10] 王建新. 丝绸之路考古的实践与思考 [J]. 新丝路学刊, 2021 (02): 1-16.

[11] 吴子林. 文化交往或对话可能吗?——论东西方文化的和合创生 [J]. 人文杂志, 2021 (08): 60-69.

[12] 孙英春. 逆全球化趋向下的文化安全与文化治理 [J]. 浙江学刊, 2021 (05): 32-40.

[13] 白彤东. 文明的边缘——对华夏文明历史地位与人类文明进程的反思 [J]. 中国政治学, 2021 (03): 3-18, 160-161.

[14] 仪明洁, 樊鑫, 王傲. 范式推动的革新: 周口店第一地点发掘方法回顾 [J]. 考古, 2021 (05): 72-79.

[15] 高力克, 顾霞. "文明" 概念的流变 [J]. 浙江社会科学, 2021 (04): 11-20, 155-156.

[16] 戴怡添, 邵学成. 从自然探险到佛教考古: 俄国考察队在新疆库车的调查工作 [J]. 美成在久, 2021 (04): 6-18.

[17] 霍巍. 中国考古学的历史传统与时代使命 [J]. 考古学报, 2021 (04): 463-474.

[18] 傅才武. 文化认同型国家属性与国家文化战略构架 [J]. 人民论坛, 2021 (04): 101-103.

[19] 陈胜前. 理论视角下百年中国考古学的回顾与展望 [J]. 江汉考古, 2021 (06): 43-51.

[20] 路璐, 吴昊. 多重张力中大运河文化遗产与国家形象话语建构研究 [J]. 浙江社会科学, 2021 (02): 132-139, 159-160.

[21] 贾笑冰. 红山文化研究的百年历程与展望 [J]. 草原文物, 2021 (01): 1-4.

[22] 邵学成, 刘易斯. 寻找巴米扬: 探险家的帝国梦和中国文献译介 [J]. 美成在久, 2021 (02): 84-95.

[23] 张良仁等. 伊朗纳德利土丘考古调查简报 [J]. 考古学集刊, 2021: 215-227, 254-256.

[24] 高磊. 龙骨坡遗址: 现实与争议 [J]. 巴渝文化 (第5辑), 2021: 1-10.

[25] 萨仁毕力格等. 蒙古国后杭爱省乌贵诺尔苏木和日门塔拉城址发掘简报 [J]. 考古, 2020 (05): 20-37, 480.

[26] 张居中等. 丝路科技与文明: Borj遗址的发掘与欧亚大陆史前的文化交流 [J]. 中国科技史杂志, 2020, 41 (03): 452-461.

[27] 王小蒙等. 吉尔吉斯斯坦红河古城西侧佛寺遗址2018—2019年度发掘简报 [J]. 考

古与文物，2020 (03)：37-51，129.

[28] 赵光锐. 皇家地理学会与近代英帝国的西藏知识生产［J］. 史林，2020 (04)：206-218，222.

[29] 姚志文. 中国崛起与文明对话：中华文化全球传播的历史意义［J］. 浙江社会科学，2020 (04)：13-17，36，155.

[30] 管世琳. 文明对话应在开放的语境下展开——对"一带一路"沿线文化交流的反思［J］. 文化纵横，2020 (02)：132-138.

[31] 梁治平. "文明"面临考验——当代中国文明话语流变［J］. 浙江社会科学，2020 (04)：4-12，155.

[32] 特尔巴依尔等. 蒙古国艾尔根敖包墓地考古发掘主要收获［J］. 西域研究，2020 (02)：69-74，171.

[33] 谢清果. 文明共生论：世界文明交往范式的"中国方案"——习近平关于人类文明交流互鉴重要论述的思想体系［J］. 新疆师范大学学报（哲学社会科学版），2019，40 (06)：72-83.

[34] 何星亮. 文明交流互鉴与人类命运共同体建设［J］. 人民论坛，2019 (21)：6-10.

[35] 刘昌玉. 丝绸之路开辟前以两河流域为中心的跨区域贸易探析［J］. 中南大学学报（社会科学版），2019，25 (03)：176-183.

[36] 王宗礼. 论全球化背景下文明交流互鉴与人类命运共同体［J］. 西北民族大学学报（哲学社会科学版），2019 (06)：41-47.

[37] 习近平. 齐心开创共建"一带一路"美好未来——在第二届"一带一路"国际合作高峰论坛开幕式上的主旨演讲［J］. 中华人民共和国国务院公报，2019 (13)：6-9.

[38] 愿中吉友谊之树枝繁叶茂、四季常青——习近平在吉尔吉斯斯坦媒体发表署名文章［J］. 中华人民共和国国务院公报，2019 (18)：7-9.

[39] 携手共铸中塔友好新辉煌——习近平在塔吉克斯坦媒体发表署名文章［J］. 中华人民共和国国务院公报，2019 (18)：9-10.

[40] 曾金花. 对立认知模式下马克斯·韦伯的文明比较与"欧洲中心论"［J］. 全球史评论，2019 (02)：171-180，262-263.

[41] 王缅，范红. 国家身份建构：文化外交的基本理论命题［J］. 社会科学战线，2019 (09)：272-276.

[42] 邵会秋，张文珊. 新疆安德罗诺沃文化研究综述［J］. 西域研究，2019 (02)：113-121.

[43] 卢黎歌,李华飞,耶旭妍. 论亚洲文明的和谐战略 [J]. 西北民族大学学报（哲学社会科学版）, 2019 (06): 25-33.

[44] 邵学成. 迎接灵光消逝的年代: 阿富汗黄金之丘的考古往事 [J]. 读书, 2019 (06): 118-125.

[45] 樊浩. 文化与文化力 [J]. 天津社会科学, 2019 (06): 4-16.

[46] 邢丽菊. 人文交流与人类命运共同体建设 [J]. 国际问题研究, 2019 (06): 11-24.

[47] 王灵桂,徐轶杰. 亚洲文明的历史性贡献与新时代亚洲文明观的构建 [J]. 国外社会科学, 2019 (05): 4-13.

[48] 姜智红. 人类文明的多样性及其意义 [J]. 马克思主义哲学论丛, 2019 (04): 262-270.

[49] 习近平出席推进"一带一路"建设工作5周年座谈会并发表重要讲话 [J]. 紫光阁, 2018 (09): 2.

[50] 赵莉. 克孜尔石窟壁画流失的历史回顾与现状调查 [J]. 新疆艺术（汉文）, 2018 (04): 129-135.

[51] 热娜古丽·玉素甫,习通源,梁云. 乌兹别克斯坦撒马尔罕市撒扎干遗址M11发掘简报 [J]. 文物, 2018 (07): 31-41.

[52] 王炜林等. 陕西高陵杨官寨遗址H85发掘报告 [J]. 考古与文物, 2018 (06): 3-19.

[53] 许言,王元林. 吴哥古迹保护与考古研究的回顾和思考 [J]. 中国文化遗产, 2018 (02): 64-73.

[54] 宋晓丹. 命运共同体的理性观基础——哈贝马斯交往理性范式的中国启示 [J]. 湖北社会科学, 2018 (02): 19-25.

[55] 宋玉彬,姜成山. 俄罗斯境内渤海遗存的发现与研究 [J]. 社会科学战线, 2017 (02): 102-117.

[56] 丁岩等. 拉哈特古城遗址调查与试掘 [J]. 考古与文物, 2017 (06): 121-122.

[57] 朱岩石,刘涛,艾力江,何岁利. 乌兹别克斯坦安集延州明铁佩城址考古勘探与发掘 [J]. 考古, 2017 (09): 2, 22-38.

[58] 贾文山,江灏锋,赵立敏. 跨文明交流、对话式文明与人类命运共同体的构建 [J]. 中国人民大学学报, 2017, 31 (05): 100-111.

[59] 杨胜荣,郭强. 后冷战时代中国外交思想中的文明观刍论 [J]. 当代世界社会主义问题, 2017 (04): 12-19.

[60] 文明传播课题组. 从丝绸之路到"一带一路"文明交流互鉴的全球化认知与人类命

运共同体的构建 [J]．文明，2017 (Z1)：8-31．

[61] 艾力江等．乌兹别克斯坦共和国明铁佩古城遗址考古工作综述 [J]．考古学集刊，2017：224-231，326．

[62] 郑永振．最近朝鲜境内的高句丽、渤海遗迹调查发掘成果 [J]．通化师范学院学报，2017，38 (07)：1-7．

[63] 邵学成，阮虹．备受瞩目的阿富汗考古——各国研究机构、学者协作保护阿富汗文化遗产 [J]．世界遗产，2017 (06)：62-63．

[64] 邵学成，阮虹．守护遗产研究、保护阿富汗考古遗址的学者们 [J]．世界遗产，2017 (06)：58-60．

[65] 邵学成．巴米扬山谷的文化景观和考古遗址考古美学的研究探索 [J]．世界遗产，2017 (06)：30-35．

[66] 肖伊绯．斯坦因第四次中亚"探险"计划破产始末 [J]．炎黄春秋，2017 (03)：75-79．

[67] 吾淳．"连续"与"突破"：张光直历史理论的要义、贡献及问题 [J]．人文杂志，2017 (05)：31-37．

[68] 王巍．中国考古学国际化的历程与展望 [J]．考古，2017 (09)：2-13．

[69] 王新春．安德鲁斯与美国中亚探险队在蒙古高原的考察 [J]．吐鲁番学研究，2017 (01)：49-57．

[70] 大卫·克里斯蒂安，刘玺鸿．丝绸之路还是草原之路？——世界史中的丝绸之路 [J]．西北民族论丛，2016 (02)：291-313．

[71] 邵学成．巴米扬佛教美术的早期研究探讨——以法国独占阿富汗考古时期的调查经纬为中心（1922—1952）[J]．美术研究，2016 (06)：101-110．

[72] 宋晓丹．交往理性规约工具理性：哈贝马斯交往理性理论转型及其中国启示 [J]．西北大学学报（哲学社会科学版），2016，46 (01)：153-160．

[73] 梁会丽，解峰．2011年俄罗斯滨海边疆区克拉斯基诺城址考古勘探报告 [J]．北方文物，2016 (02)：29-34．

[74] 赵莉等．德国柏林亚洲艺术博物馆藏克孜尔石窟壁画 [J]．文物，2015 (06)：1，55-96．

[75] 郝亚明．西方群际接触理论研究及启示 [J]．民族研究，2015 (03)：13-24，123．

[76] 张晓舟．伪满时期日本在东北的"考古"活动——以渤海国都址东京城发掘为中心 [J]．东北史地，2015 (05)：51-57，97．

[77] 陈淳. 谈考古学的一般性和特殊性研究——《考古学：理论、方法与实践》（中文第二版译后记）[J]. 南方文物, 2014 (02)：5-9, 14.

[78] 霍巍. 西藏早期游牧文化聚落的考古学探索[J]. 考古, 2013 (04)：2, 57-67.

[79] 刘文明. 多元文明的历史书写：历史回顾及理论思考[J]. 历史教学（下半月刊）, 2013 (03)：3-15.

[80] 杜维明. 儒家的恕道是文明对话的基础[J]. 人民论坛, 2013 (36)：76-77.

[81] 吴小红等. 江西仙人洞遗址两万年前陶器的年代研究[J]. 南方文物, 2012 (03)：1-6.

[82] 潘娜娜. "欧洲中心论"概念的历史考察[J]. 山东社会科学, 2012 (05)：30-34.

[83] 吴小红等. 湖南道县玉蟾岩遗址早期陶器及其地层堆积的碳十四年代研究[J]. 南方文物, 2012 (03)：6-15.

[84] 韦伯斯特著，陈淳译. 文化历史考古学述评[J]. 南方文物, 2012 (02)：53-61.

[85] 杰里·H. 本特利, 夏继果. 世界历史上的文化交流[J]. 全球史评论, 2012 (01)：31-49.

[86] 钱国祥等. 河南洛阳市汉魏故城发现北魏宫城五号建筑遗址[J]. 考古, 2012 (01)：3-6.

[87] 温玉清. 法国远东学院与柬埔寨吴哥古迹保护修复概略[J]. 中国文物科学研究, 2012 (02)：45-49.

[88] 王辉等. 2003年甘肃武威磨咀子墓地发掘简报[J]. 考古与文物, 2012 (05)：28-38, 115-117.

[89] 徐坚. 社区考古学：文化遗产管理还是考古学研究[J]. 东南文化, 2011 (05)：38-44.

[90] K·阿卜杜拉耶夫, L·斯坦科, 张国伟, 李迪. 乌兹别克-捷克联合考古队的考古发掘——在舍拉巴德古城剑达伏拉特遗址和大夏北部苏尔罕河流域[J]. 内蒙古大学艺术学院学报, 2011, 8 (04)：132-136.

[91] 王新春. 近代中国西北考古：东西方的交融与碰撞——以黄文弼与贝格曼考古之比较为中心[J]. 敦煌学辑刊, 2011 (04)：145-154.

[92] 王新春. 贝格曼与中国西北考古[J]. 中国边疆史地研究, 2011, 21 (03)：133-142, 150.

[93] 贾洛斯拉夫·马里纳, 泽德奈克·瓦希塞克, 陈淳. 考古学概念的考古[J]. 南方文物, 2011 (02)：93-99.

[94] 陈淳. 考古学的范例变更与概念重构[J]. 南方文物, 2011 (02)：76, 78-84.

参考文献

[95] 吕学明等. 辽宁大凌河上游流域考古调查简报[J]. 考古, 2010 (05): 24-35, 109.

[96] 钱国祥等. 河南洛阳市汉魏故城发现北魏宫城三号建筑遗址[J]. 考古, 2010 (06): 3-6.

[97] 陈淳. 考古研究的经验主义与理性主义[J]. 南方文物, 2010 (01): 13-18.

[98] 钱国祥等. 河南洛阳市汉魏故城新发现北魏宫城二号建筑遗址[J]. 考古, 2009 (05): 3-6.

[99] 刘新成. 互动：全球史观的核心理念[J]. 《全球史评论》（第二辑）, 2009: 3-12.

[100] А·А·科瓦列夫, Д·额尔德涅巴特尔. 蒙古国南戈壁省西夏长城与汉受降城有关问题的再探讨[J]. 内蒙古文物考古, 2008 (02): 101-110.

[101] 布鲁斯·特里格, 沈辛成. 世界考古学展望[J]. 南方文物, 2008 (02): 141-149.

[102] 盛春寿等. 新疆丹丹乌里克遗址新发现的佛寺壁画[J]. 边疆考古研究, 2008: 408-429, 453-457.

[103] 陈淳. 考古学与未来：工业文明的忧虑[J]. 复旦学报（社会科学版）, 2007 (06): 34-43.

[104] 邓云, 王可云. 中瑞西北科学考察团在考古学方面的成就[J]. 山东科技大学学报（社会科学版）, 2007 (03): 92-94.

[105] 刘健. "世界体系理论"与古代两河流域早期文明研究[J]. 史学理论研究, 2006 (02): 62-70, 159.

[106] 冯恩学, 阿尔金. 俄罗斯特罗伊茨基墓地2004年发掘的收获[J]. 边疆考古研究, 2006: 211-215.

[107] 王建新. 呼唤世界考古学中的中国考古学[J]. 中国文化遗产, 2005 (01): 7.

[108] 中美联合考古队再探中国水稻起源[J]. 垦殖与稻作, 2005 (06): 6.

[109] 安家瑶等. 西安唐长安城大明宫太液池遗址的新发现[J]. 考古, 2005 (12): 3-6.

[110] 约翰·文森特·贝勒沙, 谭秀华. 找寻失落的文化——西部西藏前佛教时期重要考古遗迹调查报告（1992—2002）[J]. 藏学学刊, 2004: 1-16, 298.

[111] 栾丰实等. 山东日照市两城镇遗址1998—2001年发掘简报[J]. 考古, 2004 (09): 2, 7-18.

[112] 龚国强, 何岁利. 唐长安城大明宫太液池遗址发掘简报[J]. 考古, 2003 (11): 2, 967-986, 1060.

[113] 乔梁, 李裕群. 吴哥遗迹周萨神庙考古报告[J]. 考古学报, 2003 (03): 427-458,

467-474.

[114] 阿米·海勒, 霍川. 青海都兰的吐蕃时期墓葬 [J]. 青海民族学院学报, 2003 (03): 32-37, 47.

[115] 霍巍. 论青海都兰吐蕃时期墓地考古发掘的文化史意义——兼评阿米·海勒《青海都兰的吐蕃时期墓葬》[J]. 青海民族学院学报, 2003 (03): 24-31.

[116] 李水城. 近年来中国盐业考古领域的新进展 [J]. 盐业史研究, 2003 (01): 9-15.

[117] 滕铭予, 郭治中, 朱延平. 内蒙古赤峰地区1999年区域性考古调查报告 [J]. 考古, 2003 (05): 408-418.

[118] 塔拉等. 内蒙古赤峰地区区域性考古调查阶段性报告（1999—2001）[J]. 边疆考古研究, 2002: 357-368.

[119] 桑兵. 东亚考古学协会述论 [J]. 历史研究, 2000 (05): 160-169.

[120] 江泽民. 在联合国千年首脑会议上的讲话 [J]. 中华人民共和国国务院公报, 2000 (32): 6-8.

[121] 王毅等. 都江堰市芒城遗址1998年度发掘工作简报 [J]. 成都考古发现, 1999: 54-98.

[122] 王毅等. 都江堰市芒城遗址1999年度发掘工作简报 [J]. 成都考古发现, 1999: 99-126.

[123] 伊弟利斯等. 新疆克里雅河流域考古调查概述 [J]. 考古, 1998 (12): 28-37, 100-102.

[124] 杨泽蒙. 内蒙古乌兰察布盟石虎山遗址发掘纪要 [J]. 考古, 1998 (12): 1-17, 97-98.

[125] 江章华等. 四川新津县宝墩遗址1996年发掘简报 [J]. 考古, 1998 (01): 29-50, 100.

[126] 高天麟, 慕容捷, 荆志淳, 牛世山. 河南商丘县东周城址勘查简报 [J]. 考古, 1998 (12): 18-27, 99.

[127] 万欣等. 辽宁北票市喇嘛洞鲜卑贵族墓地出土铁器的保护处理及初步研究 [J]. 考古, 1998 (12): 38-45, 103.

[128] 唐际根等. 洹河流域区域考古研究初步报告 [J]. 考古, 1998 (10): 13-22.

[129] 蔡凤书等. 山东日照市两城地区的考古调查 [J]. 考古, 1997 (04): 1-15.

[130] 张长寿, 张光直. 河南商丘地区殷商文明调查发掘初步报告 [J]. 考古, 1997 (04): 24-31, 97.

[131] 韩康信, 松下孝幸. 山东临淄周—汉代人骨体质特征研究及与西日本弥生时代人骨比较概报 [J]. 考古, 1997 (04): 32-42.

［132］ 杨泽蒙. 内蒙古凉城县王墓山坡上遗址发掘纪要［J］. 考古, 1997 (04)：16-23.

［133］ 乐黛云. 文化相对主义与跨文化文学研究［J］. 文学评论, 1997 (04)：61-71.

［134］ 于志勇. 1995年尼雅考古的新发现［J］. 西域研究, 1996 (01)：115-118.

［135］ 〔德〕马克思, 恩格斯. 德意志意识形态. 收于马克思恩格斯选集（第1卷）［M］. 北京：人民出版社, 1995.

［136］ 王冀青. 奥莱尔·斯坦因的第四次中央亚细亚考察［J］. 敦煌学辑刊, 1993 (01)：98-110.

［137］ 伍光和, 唐少卿. 论普尔热瓦尔斯基在亚洲中部地理研究中的地位和作用［J］. 兰州大学学报, 1986 (01)：69-75.

［138］ 童恩正. 西藏考古综述［J］. 文物, 1985 (09)：9-19.

［139］ 夏鼐. 中国文明的起源［J］. 文物, 1985 (08)：1-8.

［140］ 愚. 蒙苏考古学者的合作［J］. 蒙古学信息, 1982 (04)：28.

［141］ H. 塞尔·奥查夫, 柯宁. 蒙古人民共和国和硕柴达木地方的考古工作［J］. 考古, 1959 (12)：684.

［142］ 王伯洪, 王仲珠. 苏联考古工作访问记（一）——在物质文化史研究所［J］. 考古, 1959 (02)：101-104.

四、中文报纸

［1］ 携手开创中乌关系更加美好的明天［N］. 人民日报, 2022-09-14 (001).

［2］ 陈淳. 建立历史、科技和人文整合的考古学［N］. 中国社会科学报, 2022-07-07 (006).

［3］ 张哲浩, 李洁. 用古基因组数据绘制天山地区古代人类遗传图谱［N］. 光明日报. 2022-06-16 (008).

［4］ 把中国文明历史研究引向深入推动增强历史自觉坚定文化自信［N］. 人民日报, 2022-05-29 (001).

［5］ 李新伟. 仰韶遗址发掘和中国考古学的诞生［N］. 中国文物报, 2021-05-25 (006).

［6］ 刘国祥. 中国考古学的发展历程与时代重任［N］. 中国社会科学报, 2021-03-04 (007).

［7］ 李鸿涛. 丝路申遗合作促进文明对话与交流［N］. 经济日报, 2020-10-08 (008).

［8］ 吴楠. 中俄阿尔泰考古探秘［N］. 中国社会科学报, 2020-09-25 (004).

[9] 周立刚等. 中蒙联合考古实录[N]. 中国文物报, 2020-07-10 (007).

[10] 徐秀丽. 中外联合考古项目工作会在京召开[N]. 中国文物报, 2019-12-24 (001).

[11] 范佳楠, 吕红亮. 再现海上丝绸之路千年繁华[N]. 中国社会科学报, 2019-03-28 (008).

[12] 翟群. 中国考古打开世界视野[N]. 中国文化报, 2018-12-26 (002).

[13] 新华社. 首轮中美社会和人文对话行动计划[N]. 人民日报, 2017-09-30 (11).

[14] 袁靖. 境外考古热中的冷思考[N]. 光明日报, 2017-04-11 (12).

[15] 冀洛源. 寻找中印千年贸易通道[N]. 中国社会科学报, 2017-03-17 (005).

[16] 陈永志等. 中蒙考古合作十周年回顾与展望[N]. 中国文物报, 2015-10-09 (006).

[17] 刘文明. 杰里·本特利的"新世界史"和"跨文化互动"[N]. 光明日报. 2014-05-21 (16).

[18] 湖南省文物考古研究所. 世界稻作农业起源地再添新证据[N]. 中国科学报, 2014-03-17 (004).

[19] 曾江. 中肯联合考古进入第二阶段[N]. 中国社会科学报, 2012-07-30 (A01).

[20] 吴绮敏, 何洪泽. 胡锦涛主席在联合国首脑会议上发表重要讲话[N]. 人民日报, 2005-09-16 (001).

[21] 汝信. 经济全球化与不同文明间的对话[N]. 人民日报, 2003-10-24 (12).

[22] 雷润泽. 宁夏固原中日联合考古发掘获重大成果[N]. 中国文物报, 1996-10-13 (001).

五、中文学位论文

[1] 王茜. 印度河文明考古学术史研究[D]. 西北大学, 2021.

[2] 任思奇. 中国特色社会主义文明交往理论研究[D]. 电子科技大学, 2017.

[3] 王新春. 中国西北科学考查团考古学史研究[D]. 兰州大学, 2012.

[4] 洪娜. 超越文化相对主义——加里·斯奈德的文化思想研究[D]. 中央民族大学, 2011.

六、中文电子文献

[1] 习近平在亚洲文明对话大会开幕式上的主旨演讲（全文）[EB/OL]. (2019-05-15)

[2022-03-16]. http://www.xinhuanet.com/politics/leaders/2019-05/15/c_1124497022.htm.

[2] 习近平在联合国教科文组织总部的演讲（全文）[EB/OL]. (2014-03-28) [2022-03-16]. http://www.xinhuanet.com/world/2014-03/28/c_119982831.htm.

[3] 外交部. 亚洲 [EB/OL]. [2022-03-16]. https://www.mfa.gov.cn/web/gjhdq_676201/gj_676203/yz_676205/.

[4] 邵学成. 斯坦因在伊朗（上）：涉险西亚考古的"空白" [EB/OL]. (2020-05-31) [2022-04-06]. http://m.thepaper.cn/renmin_prom.jsp?contid=7108449.

[5] 邵学成. 为了忘却的巴米扬纪念：鲜为人知的佛教美术研究史 [EB/OL]. (2020-06-06) [2022-05-06]. http://www.silkroads.org.cn/portal.php?mod=view&aid=32277.

[6] 新华社. 中法联合克里雅河流域考古完成田野调查 [EB/OL]. (2005-12-23) [2022-06-10]. https://www.cctv.com/geography/20051223/100292.shtml.

[7] 王臻青. 近十年，辽宁红山文化考古结硕果——发现遗址500余处 [EB/OL]. (2019-10-31) [2022-06-16]. https://ln.qq.com/a/20191031/007605.htm.

[8] 甘肃省文物局. 甘肃考古回放：大崖头遗址 [EB/OL]. (2021-10-08) [2022-06-16]. https://www.sohu.com/a/493997086_121106869.

[9] 新华网. 中美学者将对盘龙城遗址开展联合考古 [EB/OL]. (2018-10-19) [2022-06-16]. https://www.chinanews.com.cn/cul/2018/10-19/8654668.shtml.

[10] 新华网. "临淄汉代镜范与铜镜考古学研究"启动仪式举行 [EB/OL]. (2018-12-25) [2022-06-16]. http://zb.sd.xinhuanet.com/2018/12/25/c_1123903166.htm.

[11] 赵益超. 中以弥河流域联合考古调查项目开启两国文化交流新领域 [EB/OL]. (2019-10-15) [2022-06-16]. http://www.ncha.gov.cn/art/2019/10/15/art_722_157029.html.

[12] 西安晚报. 西北大学发起费尔干纳盆地考古四国联合考察活动 [EB/OL]. (2019-10-14) [2022-06-08]. https://www.toutiao.com/i6747652793319817741?wid=1635584839178.

[13] 中国社会科学网. 中国学者在巴基斯坦取得考古新成果 [EB/OL]. [2019-02-02]. http://kaogu.cssn.cn/zwb/xccz/201902/t20190202_4822485.shtml.

[14] 东南亚考古研究. 云南考古：老挝青铜冶炼遗存发掘记 [EB/OL]. [2020-01-17]. http://www.ynkgs.cn/view/ynkgPC/1/20/view/531.html.

[15] 张娟. 西北大学教授王建新：游牧聚落考古助力中国特色考古学建设 [EB/OL]. (2021-05-11) [2022-06-08]. http://kaogu.cssn.cn/zwb/kgyd/kgsb/202105/t20210511_5332616.shtml.

[16] 联合国教科文组织. 联合国教科文组织简介，"使命与任务" [EB/OL]. [2021-04-15].

https://zh.unesco.org/about-us/introducing-unesco.

[17] 凌晨．王建新：为丝路考古提供"中国方案"[EB/OL]．(2022-03-28) [2022-07-08]． http://sl.china.com.cn/2022/0328/138763.shtml.

[18] 中新网河南．中国博协发布"腾博基金"支持中小博物馆发展 [EB/OL]．(2022-09-02) [2022-09-13]．http://www.ha.chinanews.com.cn/wap/hnjk/2022/0902/43898.shtml.

[19] 外交部．王毅主持"中国＋中亚五国"外长会晤 [EB/OL]．(2021-05-12) [2022-10-06]．https://www.mfa.gov.cn/web/ziliao_674904/zt_674979/dnzt_674981/qtzt/kjgzbdfyyq_699171/202105/t20210512_9184263.shtml.

七、英文著作与论文集

[1] Hodder I, Tsoraki C. Communities at Work: The making of Çatalhöyük [M]. Ankara: British Institute of Archaeology, 2022.

[2] Arakawa F. Correlative Archaeology: Rethinking Archaeological Theory [M]. Lanham: Rowman & Littlefield, 2022.

[3] Sargent M, Marrone J V, Evans A, et al. Tracking and Disrupting the Illicit Antiquities Trade with Open Source Data [M]. Santa Monica: Rand Corporation, 2020.

[4] Peycam P, Wang S L, Yew-Foong H, Hsiao H H M. (Eds.). Heritage as aid and diplomacy in Asia [C]. Singapore: ISEAS-Yusof Ishak Institute, 2020.

[5] Wagemakers B, Finlayson B, Sparks R T. (Eds.). Digging Up Jericho: Past, Present and Future [C]. Oxford: Archaeopress Publishing Ltd, 2020.

[6] Luke C, Kersel M. US cultural diplomacy and archaeology: soft power, hard heritage [M]. New York: Routledge, 2019.

[7] Coningham R, Lewer N. (Eds.). Archaeology, Cultural Heritage Protection and Community Engagement in South Asia [C]. Singapore: Springer, 2019.

[8] Isil P C, Eser D B. (Eds.). Half a Century Dedicated to Archaeology. A Festschrift in Honor of Sevil Gülçur [C]. Ankara: Bilgin, 2019.

[9] Sharma A. (Ed.). Records, recoveries, remnants and inter-Asian interconnections: decoding cultural heritage [C]. Singapore: ISEAS-Yusof Ishak Institute, 2018.

[10] Labrador A M, Silberman N A. (Eds.). The Oxford handbook of public heritage theory and practice [C]. Oxford: Oxford University Press, 2018.

[11] Hodos T. (Ed.). The Routledge handbook of archaeology and globalization [C]. London: Routledge: 2017.

[12] Hsiao H H M, Yew-Foong H, Peycam P. (Eds.). Citizens, civil society and heritage-making in Asia [C]. Singapore: ISEAS-Yusof Ishak Institute, 2017.

[13] Erdélyi I. Archaeological expeditions in Mongolia [M]. Mundus Novus Kft., 2017.

[14] Habu J, Lape P V, Olsen J W. (Eds.). Handbook of East and Southeast Asian Archaeology (Vol. 728) [C]. New York: Springer, 2017.

[15] Falser M. Cultural heritage as civilizing mission [M]. Switzerland: Springer International, 2015.

[16] Stone P, Hui Z. (Eds.). Sharing Archaeology: Academe, Practice and the Public [C]. New York: Routledge, 2015.

[17] Thomas S, Lea J. (Eds.). Public participation in archaeology (Vol. 15) [C]. Woodbridge: Boydell & Brewer Ltd., 2014.

[18] Kafafi Z A K, Maraqten M. (Eds.). Expedition to Palestine & Jordan. A Pioneer of Arabia. Studies in the Archaeology and Epigraphy of the Levant and the Arabian Peninsula in Honour of Moawiyah M. Ibrahim [C]. Rome: Università di Roma "La Sapienza", 2014.

[19] Falser M, Juneja M . (Eds.). "Archaeologizing" Heritage?: Transcultural Entanglements Between Local Social Practices and Global Virtual Realities [C]. Heidelberg: Springer Science & Business Media, 2013.

[20] Van der Linde S J, et al. (Eds.). European archaeology abroad: global settings, comparative perspectives [C]. Leiden: Sidestone Press, 2013.

[21] Silva K D, Chapagain N K. (Eds.). Asian heritage management: Contexts, concerns, and prospects [C]. Abingdong: Routledge, 2013.

[22] Van der Linde S J. Digging holes abroad: an ethnography of Dutch archaeological research projects abroad [D]. Leiden University Press, 2012.

[23] Daly P T, Winter T. (Eds.). Routledge handbook of heritage in Asia [C]. Abingdon: Routledge, 2012.

[24] Allchin F R, Allchin B. From the Oxus to Mysore in 1951: The Start of a Great Partnership in Indian Scholarship [M]. Kilkerran: Hardinge Simpole, 2012: 137-148.

[25] Okamura K, Matsuda A. (Eds.). New Perspectives in Global Public Archaeology [C]. New York: Springer, 2011.

[26] Assmann A, Conrad S. (Eds.). Memory in a Global Age: Discourses, Practices and Trajectories [C]. London& New York: Palgrave Macmillan, 2010.

[27] Lydon J, Rizvi U. (Eds.). Handbook of Postcolonial Archaeology [C]. Walnut Creek: Left Coast Press, 2010.

[28] Phillips C, Allen H. (Eds.). Bridging the divide: Indigenous communities and archaeology into the 21st century (Vol. 60) [C]. Walnut Creek: Left Coast Press, 2010.

[29] Habu J, Fawcett C P, Matsunaga J M. Evaluating Multiple Narratives: Beyond Nationalist, Colonialist, Imperialist Archaeologies [M]. New York: Springer, 2008.

[30] Liebmann M, Rizvi U. (Eds.). Archaeology and the postcolonial critique [C]. Lanham: Rowman Altamira, 2008.

[31] Hamilakis Y, Duke P. (Eds.). Archaeology and capitalism: from ethics to politics [C]. Walnut Creek: Left Coast Press, 2007.

[32] Kuz'mina E. The origin of the Indo-Iranians [M]. Leiden: Brill, 2007.

[33] Díaz-Andreu M. A world history of nineteenth-century archaeology: nationalism, colonialism, and the past [M]. Oxford: Oxford University Press, 2007.

[34] Goode J F. Negotiating for the past: archaeology, nationalism, and diplomacy in the Middle East, 1919-1941 [M]. Austin: University of Texas Press, 2007.

[35] Stark M T. (Ed.). Archaeology of Asia [C]. Oxford: Blackwell Publishing, 2006.

[36] Arndt R. The First Resort of Kings: American Cultural Diplomacy in the Twentieth Century [M]. Dulles: Potomac Books, 2005.

[37] Nye Jr J S. Soft power: The means to success in world politics [M]. New York: Public affairs, 2004.

[38] Magee P, Lamberg-Karlovsky C C, Grave P. Excavations at Tepe Yahya, Iran 1967-1975: The Iron Age Settlement [M]. Peabody Museum of Archaeology and Ethnology, Harvard University, 2004.

[39] Hodder I. Archaeology Beyond Dialogue [M]. Salt Lake City: University of Utah Press, 2004.

[40] Marchand S L. Down from Olympus: archaeology and philhellenism in Germany, 1750-1970 [M]. Princeton: Princeton University Press, 2003.

[41] Meskell L. (Ed.). Archaeology under fire: nationalism, politics and heritage in the Eastern Mediterranean and Middle East [C]. London: Routledge, 2002.

[42] Warikoo K. (Ed.). Bamiyan: challenge to world heritage [M]. New Delhi: Bhavana Books & Prints, 2002.

[43] Hodder I. (Ed.). Archaeological Theory Today [C]. Cambridge: Polity, 2001.

[44] Picco G, Aboulmagd A K. (Eds.). Crossing the divide: Dialogue among civilizations [M]. New Jersey: Seton Hall Univ, 2001.

[45] Sharma A K. The departed Harappans of Kalibangan [M]. New Delhi: Sundeep Prakashan, 1999.

[46] Diamond J. Gun, Germs, and Steel [M]. New York: W. W. Norton & Company, 1999.

[47] Hodder I. The archaeological process: an introduction [M]. Oxford: Blackwell, 1999.

[48] Herrmann G. Monuments of Merv: traditional buildings of the Karakum [M]. London: Society of Antiquaries, 1999.

[49] Helms S W. Excavations at Old Kandahar in Afghanistan: 1976-1978; conducted on behalf of the Society of South Asian Studies (Society for Afghan Studies) ; stratigraphy, pottery and other finds [M]. Oxford: Archaeopress, 1997.

[50] Kohl P L, Fawcett C P. (Eds.). Nationalism, politics, and the practice of archaeology [C]. Cambridge: Cambridge University Press, 1995.

[51] Ucko P J. (Ed.). Theory in Archaeology: A World Perspective [C]. London: Routledge, 1995.

[52] Frank A, Gills B. (Eds.). The world system: Five hundred years or five thousand? [C]. New York: Routledge, 1992.

[53] Moorey P R S. A Century of Biblical Archaeology [M]. Cambridge: The Lutterworth Press, 1991.

[54] Jettmar K, et al. (Eds.). Antiquities of Northern Pakistan, Reports and Studies. Vol. 1. Rock Inscriptions in the Indus Valley [C]. Mainz: Philipp von Zabern, 1989.

[55] Higham C F W. The Archaeology of Mainland Southeast Asia: From 10, 000 BC to the Fall of Angkor [M]. Cambridge: Cambridge University Press, 1989.

[56] Possehl G L, Raval M H. Harappan civilization and Rojdi [M]. New Delhi: Oxford & IBH Publ., 1989.

[57] Chakrabarti D K. A History of Indian Archaeology from the Beginning to 1947 [M]. New Delhi: Munshiram Manoharlal, 1988.

[58] Dyson S L. (Ed.). Comparative Studies in the Archaeology of Colonialism [C]. Oxford:

BAR, 1985.

[59] Hopkirk P. Foreign devils on the Silk Road: The search for the lost cities and treasures of Chinese Central Asia [M]. London: John Murray Press, 1980.

[60] Lamberg-Karlovsky C C, Sabloff J A. Ancient civilizations: the Near East and Mesoamerica [M]. Menlo Park: Cummings, 1979.

[61] Ikawa-Smith F. (Ed.) Early Paleolithic in South and East Asia [C]. Hague: Mouton, 1978.

[62] Khan A N. (Ed.). Proceedings of International Symposium on Mohenjodaro, 1973 [C]. Karachi: National Book Foundation, 1975.

[63] McNeill W H. The shape of European history [M]. New York: Oxford University Press, 1974.

[64] Renfrew A C. Before Civilization: The Radiocarbon Revolution and Prehistoric Europe [M]. London: Jonathan Cape, 1973.

[65] van Heekeren H R, Knuth E. Archaeological Excavations in Thailand: Sai-Yok; stone-age settlements in the Kanchanaburi province [M]. Munksgaard, 1967.

[66] Fox R B. The Philippines in pre-historic times: A handbook for the first national exhibition of Filipino pre-history and culture [M]. Manila: UNESCO National Commission of the Philippines, 1959.

[67] Childe V G. The prehistory of European society [M]. London: Spokesman Books, 1958.

[68] Archaeological Survey of India. Ancient India (No. 4) [M]. Calcutta: Baptist Mission Press, 1948.

[69] Childe V G. The Dawn of European Civilisation [M]. London: Kegan Paul, 1925.

[70] Rapson E J. The Cambridge History of India [M]. Cambridge: Cambridge University Press, 1922.

八、英文论文

[1] Storozum M J, Li Y. Chinese Archaeology Goes Abroad [J]. Archaeologies, 2020, 16 (2): 282-309.

[2] Knutson S A. Archaeology and the silk road model [J]. World Archaeology, 2020, 52 (4): 619-638.

[3] Meskell L. Imperialism, internationalism, and archaeology in the un/making of the Middle

East [J]. American anthropologist, 2020, 122 (3): 554-567.

[4] Ruffini P B. France's science diplomacy [J]. Science & Diplomacy, 2020, 9 (2).

[5] Hodder I. Twenty-Five Years of Research at Çatalhöyük [J]. Near Eastern Archaeology, 2020, 83 (2): 72-79.

[6] Luke C, Meskell L. Archaeology, assistance, and aggression along the Euphrates: reflections from Raqqa [J]. International Journal of Cultural Policy, 2019, 25 (7): 831-842.

[7] Burtenshaw P, Finlayson B, El-Abed O, et al. The DEEPSAL Project: Using the Past for Local Community Futures in Jordan [J]. Conservation and Management of Archaeological Sites, 2019, 21 (2): 69-91.

[8] O'Toole P, Staniforth M. Choice, Values and Building Capability: A Case Study from Vietnam [J]. Journal of Maritime Archaeology, 2019, 14 (3): 355-368.

[9] Meskell L. "Save Archaeology from the Technicians": Wheeler, World Heritage and Expert Failure at Mohenjodaro [J]. International Journal of Cultural Property, 2019, 26 (1): 1-19.

[10] Hoo M. Ai Khanum in the face of Eurasian globalisation: A translocal approach to a contested site in Hellenistic Bactria [J]. Ancient West & East, 2018, 17: 161-185.

[11] Dupuy P N D, Spengler Ⅲ R N, Frachetti M D. Eurasian textiles: Case studies in exchange during the incipient and later Silk Road periods [J]. Quaternary International, 2018, 468: 228-239.

[12] Hameed A, Samad A, Kenoyer J M. Bhamala Excavations 2015-16: A Preliminary Report [J]. Ancient Pakistan, 2018, 29: 171-184.

[13] Feneley M. Reconstructing God: Proposing a new date for the West Mebon Visnu, using digital reconstruction and artefactual analysis [J]. Australian and New Zealand Journal of Art, 2017, 17 (2): 195-220.

[14] Usami T, Begmatov A, Uno T. Archaeological Excavation and Documentation of Kafir Kala Fortress [J]. Studies in Digital Heritage, 2017, 1 (2): 785-796.

[15] Didier A, Castillo D, Mongne P, et al. Resuming excavations at Chanhu-daro [J]. Pakistan Archaeology, 2017 (30): 69-121.

[16] Shillito L M. Multivocality and multiproxy approaches to the use of space: lessons from 25 years of research at Çatalhöyük [J]. World Archaeology, 2017, 49 (2): 237-259.

[17] Wellbrock K, Grottker M, Gebel H G K. Archaeohydrological investigation in NW arabia potentials, problems, needs and goals [A]. Proceedings of Water and Life in Arabia

Conference. 2017: 27-44.

[18] Lafrenz Samuels K. Transnational turns for archaeological heritage: From conservation to development, governments to governance [J]. Journal of Field Archaeology, 2016, 41 (3): 355-367.

[19] Thoury M, Mille B, Séverin-Fabiani T, et al. High spatial dynamics-photoluminescence imaging reveals the metallurgy of the earliest lost-wax cast object [J]. Nature communications, 2016, 7 (1): 1-8.

[20] Wilkinson T J, Rayne L, Jotheri J. Hydraulic landscapes in Mesopotamia: The role of human niche construction [J]. Water History, 2015, 7 (4): 397-418.

[21] Joordens J C A, d'Errico F, Wesselingh F P, et al. Homo erectus at Trinil on Java used shells for tool production and engraving [J]. Nature, 2015, 518 (7538): 228-231.

[22] Gebel H G K. Site presentation and cultural "heritage education" in tribal environments [A]. In A Pioneer of Arabia. Studies in the Archaeology and Epigraphy of the Levant and the Arabian Peninsula in Honour of Moawiyah M. Ibrahim [C]. Rome: Università di Roma "La Sapienza", 2014: 45-58.

[23] Aubert M, Brumm A, Ramli M, et al. Pleistocene cave art from Sulawesi, Indonesia [J]. Nature, 2014, 514 (7521): 223-227.

[24] Burtenshaw P, Palmer C. Archaeology, Local Development and Tourism—a Role for International Institutes [J]. Bulletin for the Council for British Research in the Levant, 2014, 9 (1): 21-26.

[25] Düring B S, Gratuze B. Obsidian exchange networks in Prehistoric Anatolia: New data from the Black Sea region [J]. Paléorient, 2013: 173-182.

[26] Tuttle C A. Preserving Petra Sustainably (One Step at a Time) The Temple of the Winged Lions Cultural Resource Management Initiative as a Step Forward [J]. Journal of Eastern Mediterranean Archaeology & Heritage Studies, 2013, 1 (1): 1-23.

[27] Luke C. The Science behind United States Smart Power in Honduras: Archaeological Heritage Diplomacy [J]. Diplomacy & Statecraft, 2012, 23 (1): 110-139.

[28] Plets G, Gheyle W, Plets R, et al. A line through the sacred lands of the Altai Mountains: perspectives on the Altai pipeline project [J]. Mountain Research and Development, 2011, 31 (4): 372-379.

[29] Bloembergen M, Eickhoff M. Conserving the past, mobilizing the Indonesian future:

Archaeological sites, regime change and heritage politics in Indonesia in the 1950s [J]. Bijdragen tot de taal-, land-en volkenkunde/Journal of the Humanities and Social Sciences of Southeast Asia, 2011, 167 (4): 405-436.

[30] Hallote R. Before Albright: Charles Torrey, James Montgomery, and American Biblical Archaeology 1907-1922 [J]. Near Eastern Archaeology, 2011, 74 (3): 156-169.

[31] Bellwood P, Oxenham M, Hoang B C, et al. An Son and the Neolithic of southern Vietnam [J]. Asian Perspectives, 2011: 144-175.

[32] Canepa M P. Preface: Theorizing Cross-Cultural Interaction among Ancient and Early Medieval Visual Cultures [J]. Ars Orientalis, 2010, 38: 7-29.

[33] Abu-Khafajah S. Meaning-making and cultural heritage in Jordan: the local community, the contexts and the archaeological sites in Khreibt al-Suq [J]. International Journal of Heritage Studies, 2010, 16 (1-2): 123-139.

[34] Hodder I. Cultural heritage rights: From ownership and descent to justice and well-being [J]. Anthropological Quarterly, 2010: 861-882.

[35] Atalay S. "We don't talk about Çatalhöyük, we live it": sustainable archaeological practice through community-based participatory research [J]. World Archaeology, 2010, 42 (3): 418-429.

[36] Targowski A. Towards a Composite Definition and Classification of Civilization [J]. Comparative Civilizations Review, 2009 (60): 79-98.

[37] Oglesby D M. Statecraft at the Crossroads [J]. The SAIS Review of International Affairs, 2009, 29 (2): 93-106.

[38] Kovalev A A, Erdenebaatar D. Discovery of new cultures of the Bronze Age in Mongolia according to the data obtained by the International Central Asian Archaeological Expedition [A]. Current archaeological research in Mongolia [C], 2009: 149-170.

[39] Lafrenz Samuels K. Trajectories of development: International heritage management of archaeology in the Middle East and North Africa [J]. Archaeologies, 2009, 5 (1): 68-91.

[40] Popov V. Preliminary notes on the mammals from the prehistoric deposits of Dieu Rockshelter (North Vietnam) with descriptions of Aeromys sp. (Rodentia: Petauristinae) and Nesolagus cf. timminsi (Lagomorpha: Leporidae) and their importance for historical biogeography of SE Asia [A]. In Gratsov I. (Ed.). Saxa loquuntur: In honorem Nikolai Sirakov, 2009: 203-213.

[41] Ray H P. Archaeology and empire: Buddhist monuments in monsoon Asia [J]. The Indian Economic & Social History Review, 2008, 45 (3): 417-449.

[42] Morrison K D. Failure and how to avoid it [J]. Nature, 2006, 440 (7085): 752-754.

[43] Richter T. Espionage and near Eastern archaeology: A historiographical survey [J]. Public archaeology, 2008, 7 (4): 212-240.

[44] Manhart C. UNESCO's Rehabilitation of Afghanistan's Cultural Heritage: Mandate and Recent Activities [A]. Art and Archaeology of Afghanistan. Leiden: Brill, 2006: 49-60.

[45] Ryuji M, Erdenebaatar D. Preliminary report of the archaeological investigations in Ulaan Uushig I (Uushigiin Övör) in Mongolia [J]. 金沢大学考古学紀要, 2006, 28: 61-102.

[46] Brown P, Sutikna T, Morwood M J, et al. A new small-bodied hominin from the Late Pleistocene of Flores, Indonesia [J]. Nature, 2004, 431 (7012): 1055-1061.

[47] Chadha A. Visions of Discipline: Sir Mortimer Wheeler and the Archaeological Method in India [J]. Journal of Social Archaeology, 2002, 2 (3): 378-401.

[48] Nishimura M, Nguyen K D. Excavation of An Son: a Neolithic mound site in the middle reach of the Vam Co Dong River, southern Vietnam [J]. Bulletin of the Indo-Pacific Prehistory Association, 2002, 22 (6): 101-109.

[49] Allard F, Erdenebaatar D, Batbold N, et al. A Xiongnu cemetery found in Mongolia [J]. Antiquity, 2002, 76 (293): 637-639.

[50] Thorne L, Saunders S B. The socio-cultural embeddedness of individuals' ethical reasoning in organizations (cross-cultural ethics) [J]. Journal of Business Ethics, 2002, 35 (1): 1-14.

[51] Abdi K. Nationalism, politics, and the development of archaeology in Iran [J]. American journal of archaeology, 2001, 105 (1): 51-76.

[52] Glover I C. Letting the past serve the present—some contemporary uses of archaeology in Viet Nam [J]. Antiquity, 1999, 73 (281): 594-602.

[53] Bartu A. Archaeological practice as guerilla activity in late modernity [J]. Journal of Mediterranean Archaeology, 1999, 12 (1): 91-95.

[54] Xiaorong H. The Present Echoes of the Ancient Bronze Drum [J]. A Journal of the Southeast Asian Studies Student Association, 1998, 2 (2).

[55] Ogawa H. Problems and hypotheses on the prehistoric Lal-lo, Northern Luzon, Philippines—Archaeological study on the prehistoric interdependence between hunter-gatherers and farmers in the tropical rain forest [J]. Journal of Southeast Asian Archaeology,

1998, 18: 123-166.

[56] Loofs-Wissowa H. "Hill of Prosperity": State-of-the-Art of the Publication of Khok Charoen Site, Lopburi Province, Thailand [J]. Bulletin of the Indo-Pacific Prehistory Association, 1997, 16: 199-211.

[57] Runnels C D. Traill, Schliemann of Troy: Treasure and Deceit [J]. Journal of Field Archaeology, 1997, 24 (1): 125-130.

[58] Glover I C, Yamagata M, Southworth W. The Cham, Sa Huynh and Han in Early Vietnam: Excavations at Buu Chau Hill, Tra Kieu, 1993 [J]. Bulletin of the Indo-Pacific Prehistory Association, 1996, 14: 166-176.

[59] Salvatori S. Gonur-Depe 1 (Margiana, Turkmenistan): The Middle Bronze Age Graveyard-Preliminary Report on the 1994 Excavation Campaign [J]. Rivista di Archeologia, 1995, 19: 5-37.

[60] Huntington S P. The Clash of Civilizations? [J]. Foreign Affairs, 1993, 72 (3): 22-49.

[61] Salvatori S. The discovery of the graveyard of Gonur-depe 1 (Murghab Delta, Turkmenistan): 1992 campaign preliminary report [J]. Rivista di Archeologia, 1993, 17: 5-13.

[62] Woolley L. A Report on the Work of the Archaeology Survey of India [J]. Harappan Studies, 1993 [1939], (1): 17-56.

[63] Glover I. Other people's pasts: western archaeologists and Thai prehistory [J]. Journal of the Siam Society 1993, 81 (1): 45-53.

[64] Cooper J S. From Mosul to Manila: early approaches to funding Ancient Near Eastern studies research in the United States [J]. Culture and History, 1992, 11: 133-164.

[65] Van Tan H. Development of archaeology in Vietnam [J]. SPAFA Journal, 1992, 2: 9-15.

[66] Ciochon R L, Olsen J W. Paleoanthropological and archaeological discoveries from Lang Trang caves: a new Middle Pleistocene hominid site from northern Vietnam [J]. Indo-Pacific Prehistory Association Bulletin, 1991, 10: 59-73.

[67] Nora P. Between memory and history: Les lieux de mémoire [J]. representations, 1989, 26: 7-24.

[68] Jansen M. Mohenjo-Daro, city of the Indus valley [J]. Endeavour, 1985, 9 (4): 161-169.

[69] Yellen J E, Greene M W. Archaeology and the National Science Foundation [J]. American Antiquity, 1985, 50 (2): 332-341.

[70] Tosi M, Pracchia S, Macchiarelli R. IRAN: The Joint ICAR/ISMEO Delivering Program: a

Constrained Return to Shahr-i Sokhta [J]. East and West, 1984, 34 (4): 466-482.

[71] Trigger B G. Alternative archaeologies: nationalist, colonialist, imperialist [J]. Man, 1984: 355-370.

[72] Chakrabarti D K. The development of archaeology in the Indian subcontinent [J]. World Archaeology, 1982, 13 (3): 326-344.

[73] Fox R, Peralta J. Preliminary report on the Paleolithic archaeology of Cagayan Valley, Philippines, and the Cabalwanian Industry [A]. Proceedings of the First Regional Seminar on Southeast Asian Prehistoric Archaeology, June 26-July 4, Manila 1972 [C], 1974: 100-147.

[74] Nelson B. Civilizational complexes and intercivilizational encounters [J]. Sociological Analysis, 1973, 34 (2): 79-105.

[75] Dyson R. Survey of Excavations in Iran 1971-72 [J]. Journal of the British Institute of Persian Studies, 1973, 11: 195.

[76] Fritz J M, Plog F T. The nature of archaeological explanation [J]. American Antiquity, 1970, 35 (4): 405-412.

[77] Harrisson T. The Prehistory of Borneo [J]. Asian Perspectives, 1970, 13: 17-46.

[78] Loofs H H E. A Brief Account of the Thai-British Archaeological Expedition, 1965-1970 [J]. Archaeology & Physical Anthropology in Oceania, 1970, 5 (3): 177-184.

[79] Fritz J M, Plog F T. The nature of archaeological explanation [J]. American Antiquity, 1970, 35 (4): 405-412.

[80] Frankel C. Culture, Information, Foreign Policy [J]. Public Administration Review, 1969, 29 (6): 593-600.

[81] Gorman C F, Solheim W G. Archaeological salvage program: Northeastern Thailand—first season [J]. Journal of the Siam Society, 1966, 54 (2): 111-181.

[82] Dunn F L. Excavations at Gua Kecil, Pahang [J]. Journal of the Malaysian Branch of the Royal Asiatic Society, 1964, 37 (2): 87-124.

[83] Fairservis W A. Arceological Studies in the Seistan Basin of Southwestern Afghanistan and Eastern Iran [J]. Anthropological Papers of the American Museum of Natural History, 1961, 48: 2-4.

[84] Sieveking G G. Excavations at Gua Cha, Kelantan 1954. Part 1 [J]. Federation Museums Journal, 1954, 1: 75-143.

[85] Williams-Hunt P D R. Recent archaeological discoveries in Malaya (1951) [J]. Journal of the Malayan Branch of the Royal Asiatic Society, 1952, 25 (1): 181-190.

[86] Childe V G. The urban revolution [J]. The town planning review, 1950, 21 (1): 3-17.

九、英文报告

[1] JCIC-Heritage. Japan's International Cooperation in Cultural Heritage 2019 [R]. Tokyo: JCIC-Heritage, 2019.

[2] International Coalition of Sites of Conscience. INTERPRETATION OF SITES OF MEMORY [R]. 2018.

[3] Miyamoto K, Obata H, Adachi T, et al. (Eds). Excavations at Daram and Tevsh sites: A report on joint Mongolian-Japanese excavations in outer Mongolia [R]. Fukuoka: Kyushu University, 2016.

[4] Ishida K, Tsumura M, Tsumoto H. (Eds.). Excavations at Tell Ali al-Hajj, Rumeilah, a bronze-iron age settlement on Syrian Euphrates [R]. Tokyo: Ancient Orient Museum, 2013.

[5] The Annual Report of the Oriental Institute of the University of Chicago for 1996-1997 [R]. Chicago: The Oriental Institute, 1997.

[6] The Annual Report of the Oriental Institute of the University of Chicago for 1994-1995 [R]. Chicago: The Oriental Institute, 1995.

[7] Schwartz J H, Cuong N L, Kha L T, et al. A review of the Pleistocene hominoid fauna of the Socialist Republic of Vietnam (excluding Hylobatidae) [R]. Anthropological papers of the AMNH, 1995, 76.

[8] Joshi M C. (Ed.). Indian Archaeology 1987-88: a Review [R]. New Delhi: Archaeological Survey of India, 1993.

[9] Tseveendorj D, Kato S. A report on joint investigations under the Mongolian and Japanese Gurvan Gol Historic Probe Project [R]. Tokyo: Toyo Bunko, 1990.

[10] Deshpande M N. (Ed.). Indian Archaeology 1971-72: a Review [R]. New Delhi: Archaeological Survey of India, 1975.

[11] Lal B B. (Ed.). Indian Archaeology 1969-70: a Review [R]. New Delhi: Archaeological Survey of India, 1973.

[12] Lal B B. (Ed.). Indian Archaeology 1967-68: a Review [R]. New Delhi: Archaeological

Survey of India, 1968.

[13] Egami N, Masuda S. The excavation at Tall-i-bakun: 1956 [R]. The Tokyo University Iraq Iran archaeological expedition report, 1962.

十、英文电子文献

[1] Stark M T. New Perspectives on Early Cambodia from the Lower Mekong Archaeological Project [EB/OL]. [2022-04-15]. http://angkordatabase.asia/libs/docs/publications/new-perspectives-on-early-cambodia-from-the-lower-mekong-archaeological-project/New_Perspectives_on_Early_Cambodia_from.pdf.

[2] Wikipedia. Robert John Braidwood [EB/OL]. [2022-09-05]. https://en-academic.com/dic.nsf/enwiki/1874653.

[3] The Pennsylvania Declaration [EB/OL]. [2022-04-29]. https://www.penn.museum/sites/expedition/the-pennsylvania-declaration/.

[4] France Diplomacy. Focus Yemen: French archaeological missions in Yemen [EB/OL]. [2022-05-29]. https://www.diplomatie.gouv.fr/en/french-foreign-policy/scientific-diplomacy/archaeology-humanities-and-social-sciences/french-archaeological-missions-are-key-actors-in-international-scientific/safeguarding-endangered-heritage-in-conflict-zones/article/focus-french-archaeological-missions-in-yemen.

[5] Maheu R. Save Moenjodaro Appeal [EB/OL]. [2022-04-27]. https://unesdoc.unesco.org/ark:/48223/pf0000009534.

[6] Zangger E. James Mellaart: Pioneer…… and Forger [EB/OL]. (2019-10-11) [2022-04-30]. http://www.xinhuanet.com/politics/leaders/2019-05/15/c_1124497022.htm https://popular-archaeology.com/article/james-mellaart-pioneer-and-forger/.

[7] Wilford J N. Manfred Korfmann, 63, is Dead; Expanded Excavation at Troy [EB/OL]. (2005-08-19) [2022-09-06]. https://www.nytimes.com/2005/08/19/obituaries/manfred-korfmann-63-is-dead-expanded-excavation-at-troy.html.

[8] ISMEO. The Sacred Landscape of the Saryarka Region (Kazakhstan): Genesis, Typology and Semantic [EB/OL]. [2022-05-12]. https://www.ismeo.eu/portfolio_page/the-sacred-landscape-of-the-saryarka-region-kazakhstan-genesis-typology-and-semantic-2/.

[9] ISMEO. Italian Archaeological Mission to Pakistan-MAIP [EB/OL]. [2022-05-12]. https://

www.ismeo.eu/portfolio_page/italian-archaeological-mission-to-pakistan-maip/.

[10] Moeun Nhean. Germany helps preserve heritage [EB/OL]. (2014-10-03) [2022-05-10]. https://www.phnompenhpost.com/germany-helps-preserve-heritage.

[11] Centre for Global Archeological Research. INTRODUCTION/BACKGROUND [EB/OL]. [2022-06-10]. https://arkeologi. usm. my/index. php/about-us/introduction-background.

[12] YASUJI NAGAI. Japanese team to excavate 12, 000-year-old sites in Turkey [EB/OL]. (2021-11-24) [2022-05-31]. https://www.asahi.com/ajw/articles/14487942.

[13] ISMEO. Archaeological Mission to South Caucasus [EB/OL]. [2022-05-12]. https://www.ismeo.eu/portfolio_page/archaeological-mission-to-south-caucasus-2/.

[14] Kindy D. 2, 000-Year-Old Buddhist Temple Unearthed in Pakistan [EB/OL]. (2022-02-15) [2022-06-13]. https://www.smithsonianmag.com/smart-news/2000-year-old-buddhist-temple-unearthed-in-pakistan-180979560/.

[15] JCIC-Heritage. Mongolia-Japan Joint Research Project on Archaeological Sites related to Genghis Khan ("Shine Zuun" New Century Project) [EB/OL]. (2011-12-01) [2022-06-15]. https://www.jcic-heritage.jp/en/project/asia_mongolia_201110/.

[16] Munshiganj. 16 Buddhist stupas found at Nateshwar [EB/OL]. (2016-01-31) [2022-06-09]. https://www.thedailystar. net/backpage/16-buddhist-stupas-found-nateshwar-209926.

[17] ICOMOS. Heritage and the Sustainable Development Goals: Policy Guidance for Heritage and Development Actors [EB/OL]. [2021-11-08]. https://www.icomos.org/images/DOCUMENTS/Secretariat/2021/SDG/ICOMOS_SDGs_Policy_Guidance_2021. pdf.

[18] French Ministry of Foreign Affaris and International Development. French archaeology abroad: a driver for developing training and partnerships [EB/OL]. (2016-12-16) [2022-05-24]. https://www.diplomatie.gouv.fr/en/french-foreign-policy/scientific-diplomacy/archaeology-humanities-and-social-sciences/french-archaeological-missions-are-key-actors-in-international-scientific/french-archaeology-abroad-a-driver-for-developing-training-and-partnerships/.

[19] Bhutto A. Unearthing History [EB/OL]. [2022-05-24]. https://newslinemagazine.com/magazine/unearthing-history/.

[20] JCIC-Heritage. Study and conservation of the Neolithic settlement of Göytepe [EB/OL]. (2013-03-01) [2022-05-28]. https://www.jcic-heritage.jp/en/project/europe_azerbaijan_201301/.

[21] Formation of Nomadic Societies in Ancient Eurasia: A Comparative Study [EB/OL]. [2022-05-31]. http://homepage.kokushikan.ac.jp/kaonuma/kyrgyz/e/overview.html.

[22] ISMEO. Lopburi Regional Archaeological Project [EB/OL]. [2022-05-12]. https://www.ismeo.eu/portfolio_page/lopburi-regional-archaeological-project-lorap-central-thailand/.

[23] Research Institute for Humanity and Nature. Environmental Change and the Indus Civilization [EB/OL]. [2022-06-12]. https://www.chikyu.ac.jp/rihn_e/project/H-03.html.

[24] JCIC-Heritage. The Archaeological Research Project on the Sites of Palmyra [EB/OL]. (2011-12-01) [2022-06-13]. https://www.jcic-heritage.jp/en/project/middle_east_palmyra_201109/.

[25] Cambridge Heritage Research Centre. Yangshao Culture: 100 Year Research History and Heritage Impact [EB/OL]. [2022-07-02]. https://www.heritage.arch.cam.ac.uk/research-projects/yangshao.

[26] UCL. About About Ancient Merv Project [EB/OL]. [2022-08-01]. https://www.ucl.ac.uk/archaeology/research/ancient-merv-project/about-ancient-merv-project.

[27] Corbishley M. Ancient Cities of Merv: Handbook for Teachers [EB/OL]. [2022-08-16]. http://www.ucl.ac.uk/merv/our_research/education.

[28] ACOR. Khirbet Salameh [EB/OL]. [2022-08-13]. https://acorjordan.org/khirbet-salameh/.

[29] USAID SCHEP. Introduction [EB/OL]. [2022-06-15]. http://usaidschep.org/en/page/56/Introduction.

[30] French Ministry of Foreign Affaris and and International Development. Focus Syria: Tell Hariri-Mari site [EB/OL]. [2022-05-24]. https://www.diplomatie.gouv.fr/en/french-foreign-policy/scientific-diplomacy/archaeology-humanities-and-social-sciences/french-archaeological-missions-are-key-actors-in-international-scientific/safeguarding-endangered-heritage-in-conflict-zones/article/focus-syria-tell-hariri-mari-site.

[31] Council of Europe. European Convention on the Protection of the Archaeological Heritage (Revised) [EB/OL]. (1992-01-12) [2021-11-08]. https://rm.coe.int/168007bd25.

[32] Inrap. Mission archéologique Kota Cina, Sumatra [EB/OL]. (2017-03-10) [2022-05-23]. https://www.inrap.fr/en/node/10516.

[33] JCIC-Heritage. International Cooperation with Bahrain—The Land of Pearls, Oil and Burial Mounds [EB/OL]. [2022-08-16]. https://www.jcic-heritage.jp/en/column/bahrain01/.

[34] Express Tribune. The Dreamcatchers: Archaeologists strike the spade to unravel Bhamala's

[34] secrets [EB/OL]. (2014-10-11) [2022-05-24]. https://tribune.com.pk/story/773466/the-dreamcatchers-archaeologists-strike-the-spade-to-unravel-bhamalas-secrets.

[35] Kenoyer J. Archaeological Research and Conservation Program India/Pakistan 2013-2014 [EB/OL]. (2015-01-19) [2022-06-06]. https://southasiaoutreach.wisc.edu/wp-content/uploads/sites/757/2020/02/ARCPIP_MTR_2014-1.pdf.

[36] French Ministry of Foreign Affaris and and International Development. Excavations Commission, leader of French archaeology abroad [EB/OL]. (2017-01-06) [2022-05-23]. https://www.diplomatie.gouv.fr/en/french-foreign-policy/scientific-diplomacy/archaeology-humanities-and-social-sciences/french-archaeological-missions-are-key-actors-in-international-scientific/excavations-commission-leader-of-french-archaeology-abroad-january-6-2017/.

[37] Law on the Promotion of International Cooperation for Protection of Cultural Heritage Abroad [EB/OL]. [2022-06-15]. https://en.unesco.org/sites/default/files/ja_law_cltral_heritage_engtno.pdf.

[38] Oriental Institute. History of the Oriental Institute [EB/OL]. [2022-07-09]. https://oi.uchicago.edu/about/history-oriental-institute.

[39] Tokyo National Research Institute for Cultural Properties. A Seminar "Archaeology and International Contribution-Archaeology and Cultural Heritage in Israel" [EB/OL]. [2022-07-10]. https://www.tobunken.go.jp/materials/ekatudo/956801.html.

[40] British Institute At Ankara. About the BIAA [EB/OL]. [2022-09-02]. https://biaa.ac.uk/about/.

[41] British Institute for the Study of Iraq. About the Institute [EB/OL]. [2022-09-02]. https://bisi.ac.uk/content/about.

[42] Council for British Research in the Levant. What we do [EB/OL]. [2022-09-02]. https://cbrl.ac.uk/what-we-do/.

[43] American Research Institute in Turkey. About ARIT [EB/OL]. [2022-09-02]. https://aritweb.org/home/about/.

[44] American Center of Research. About Us [EB/OL]. [2022-09-02]. https://acorjordan.org/aboutus/.

[45] JCIC-Heritage. Japan Consortium for International Cooperation in Cultural Heritage [EB/OL]. [2022-05-23]. https://www.jcic-heritage.jp/wp-content/uploads/2022/03/

Pamphlet-2021. pdf.

[46] Japanese Society for West Asian Archaeology. About Us [EB/OL]. [2022-05-31]. http://jswaa.org/en_aboutus/.

[47] Peter Harmsen. The Indiana Jones Syndrome and the golden age of Chinese archaeology [EB/OL]. (2021-08-20) [2022-11-29]. https://www.arch.ox.ac.uk/article/indiana-jones-syndrome-and-golden-age-chinese-archaeology.

摘　　要

　　赴他国开展考古调查、发掘与研究，对于推动考古学的发展具有重要意义。英法美日等国都有开展跨国考古的悠久历史。由于其学术性和长期性，跨国考古项目对于推动与东道国的交流合作也能产生积极作用。近年来，跨国考古已成为中国对外人文交流的重要内容。

　　由于中国的跨国考古工作起步较晚，虽然得到蓬勃发展，目前国内对国际跨国考古工作的历史发展及其推动人文交流的方式等的研究仍显不足。因此，基于文明交往的目标和要求，通过对跨国考古发展历程的全面回顾，在比较研究的视野下对各国开展跨国考古的特征和经验展开研究，并深入探讨跨国考古推动文明交往的发生机制，就具有了积极的理论与现实意义。

　　本书以英国、法国、美国等非亚洲国家在亚洲地区所开展，以及中国和日本等亚洲国家在本国以外亚洲其他地区所开展的考古工作作为主要研究对象，着重开展了以下几方面的研究：

　　（1）结合文明交往理论与实践发展的新趋势，借鉴交往行动理论、文化记忆理论等社会学、文化人类学领域的相关理论，探讨跨国考古推动文明交往的理论基础。

　　（2）以文明交往为着眼点，对19世纪中期以来亚洲地区跨国考古发展的历史进行分期研究，重点考察各国在跨国考古中对异域文明的认识、实施国与东道国之间的主客关系，以及跨国考古对于东道国的影响等内容，从时空上阐明亚洲地区跨国考古的整体面貌、时代特征、成就与不足以及最新发展趋势。

　　（3）对他国来华进行考古调查与发掘及中国学者赴国外开展考古工作的历史和现状进行梳理，总结考古国际合作对中国考古学发展的积极贡献，以及中国跨国考古工作已取得的丰硕成果，并对工作中仍然存在的问题加以分析。

（4）借鉴群际接触理论，对跨国考古推动文明交往的发生机制展开深入讨论。本书认为，科学研究是跨国考古推动文明交往的基础，而其发生关键则在于结合公共考古与社区考古的理念，对考古遗址资源进行有效的保护和利用。将跨国考古纳入国家文化外交的统筹安排，则可以更好地为其开展提供制度保障。

（5）从推动人才培养，提升理论研究，优化项目规划、管理与评估，充实交往内容，加强交往能力建设，科学处理交往问题及完善顶层设计等方面对今后中国跨国考古的开展提出具体建议。

Summary

To carry out archaeological surveys, excavations and research in other countries is important for the development of archeology. Countries such as UK, France, US and Japan all have a long history of conducting archaeological work abroad. Due to their academic nature and long duration, transnational archaeological projects can also play a positive role in promoting exchanges and cooperation with host countries. In recent years, transnational archeology has become an important component of China's cultural exchanges with other countries.

Due to the late start of China's archaeological work abroad, although it has developed fast recently, domestic study on the history of transnational archaeology and the ways in which it promotes cultural exchanges is still insufficient. Therefore, to comprehensively review the overall history of transnational archaeology, and to study the features and experiences of leading countries based on the aims and requirements of civilization interaction in a comparative way, as well as to explore the mechanism for transnational archaeology to promote civilization interaction, are both important in theory and in practice.

This book focuses on the archaeological works carried out in Asia by non-Asian countries such as UK, France and US, as well as by Asian countries such as China and Japan in other Asian countries, and mainly explores the following aspects:

1. By incorporating the development trends of civilizational interaction theory and practice, and drawing on relevant theories such as the communicative action theory and cultural memory theory, the theoretical basis for transnational archaeology to promote civilizational interaction is explored.

2. From the perspective of civilization interaction, phased research is conducted on archeological work carried out by foreign countries in Asia since mid-19th century, with focus given to explore interpretation of exotic civilizations by countries carrying out archaeology in other countries, their relationship with the host countries, and the impacts on the latter. As a result, the overall characteristics, historical features, achievements and deficiencies, and the latest trends of transnational archaeology are discussed from both time and space.

3. By studying the history and current progress of other countries conducting archaeological surveys and excavations in China, as well as Chinese scholars carrying out archaeological work abroad, the contributions from international collaboration to the development of Chinese archaeology, and the achievements made by Chinese archaeologists abroad are summarized, while the existing problems are also analyzed.

4. By borrowing the intergroup contact theory, the mechanism for transnational archaeology to promote civilization interaction is discussed. The book points out that scientific study is the basis for transnational archaeology to promote civilization interaction, while efficient protection and valorization of archaeological sites with adoption of public and community archaeology concepts is the key. Furthermore, incorporating transnational archaeology into cultural diplomacy can provide better institutional guarantee for its implementation.

5. Suggestions are made to China's archaeological work abroad in the future, including promoting talents cultivation, enhancing theoretical study, improving project planning, administration and implementation, enriching the interaction contents, developing communication capability, scientifically dealing with problems, and perfecting top-level design.

Аннотация

Проведение археологических обследований, раскопок и исследований за рубежом играет ключевую роль в развитии археологии. Исторически такие страны, как Великобритания, Франция, США и Япония, активно участвовали в международной археологии. Такие проекты не только способствуют научному развитию, но и укрепляют обмен и сотрудничество с принимающими странами. В последние годы Китай все более признает важность археологии за рубежом как элемента международного культурного обмена.

Несмотря на быстрый прогресс, позднее начало участия Китая в международной археологии привело к нехватке исследований исторического развития этой области и ее роли в культурном обмене. Это требует всестороннего обзора, сосредоточенного на целях и требованиях взаимодействия цивилизаций. В обзор должны входить сравнительные исследования подходов и опыта различных стран в международной археологии, а также глубокий анализ того, как такие усилия способствуют взаимодействию цивилизаций, предоставляя значительные теоретические и практические перспективы.

В этой книге в основном рассматриваются археологические начинания неазиатских стран (таких как Великобритания, Франция и США) в Азии, а также азиатских стран (например, Китая и Японии) в других азиатских регионах. Ключевые исследовательские области включают:

Ⅰ. Исследование теоретических основ международной археологии в продвижении взаимодействия цивилизаций путем интеграции новых тенденций в теории и практике взаимодействия цивилизаций, а также применения социологических и культурно-антропологических теорий, таких как теория коммуникативного действия и теория культурной памяти.

Ⅱ. Анализ истории международной археологии в Азии, начиная с середины XIX века, с акцентом на взаимодействие цивилизаций. Это включает изучение динамики между археологически активными и принимающими странами, а также влияние международной археологии на принимающие нации, чтобы понять общий профиль, характеристики эпохи, достижения, недостатки и последние тенденции международной археологии в Азии.

Ⅲ. Обзор истории и текущего состояния иностранных археологических исследований и раскопок в Китае, а также работы китайских ученых за рубежом. В этом разделе подводятся итоги положительного влияния международного сотрудничества на развитие археологии в Китае и значительных достижений китайской археологии за рубежом, а также рассматриваются существующие проблемы.

Ⅳ. Использование теории межгрупповых контактов для обсуждения механизмов, с помощью которых международная археология способствует взаимодействию цивилизаций. Особое внимание уделяется научной основе для продвижения такого взаимодействия через археологию, с акцентом на эффективную защиту и использование археологических памятников, интеграцию концепций публичной и сообщественной археологии, а также включение международной археологии в национальную культурную дипломатию.

Ⅴ. Предоставление конкретных рекомендаций по будущему развитию международной археологии Китая, включая продвижение развития талантов, продвижение теоретических исследований, оптимизацию планирования проектов, управления и оценки, обогащение содержания взаимодействия, укрепление строительства взаимодействия, научное решение проблем взаимодействия и улучшение стратегического планирования.

后　　记

　　本书在我于2022年12月向西北大学文化遗产学院提交的博士学位论文的基础上修订完善而成。我从来没有想过自己有一天会写成一篇博士论文！虽然此前也完成过类似体量的专著与课题，但博士论文所需要的理论与学术素养，却是我一直自认为欠缺的，而跨国考古这个选题，又让完成这项任务变得难上加难。

　　根据自己有限的了解，除了案例型的研究，中外学界尚无针跨国考古的系统性学术专著。因此，在确定这个选题后，只能是盲人摸象，在迷茫中踟蹰前行。按照开题时的设想，论文在必要的历史与理论研究的基础上，主要结合实地的田野工作展开。但由于论文撰写期间恰逢新冠疫情肆虐，到境外考古工地上开展工作的计划难以实施。有幸上帝在给我关上田野这扇门的同时，为我打开了通往跨国考古精彩历史的窗户，让我沉醉于近两个世纪来它作为跨文化交往重要载体在内容和形式上发生的显著变化，以及为人类认识自身所发挥的巨大作用，从而逐步确立了基于理论、由古通今的研究路径。最终艰难而顺利地完成这篇论文，并即将迎来它的出版，也使得已经年逾不惑的我更加感慨，人生是由缘分和命运引导的。

　　这种感慨，首先是对于我的专业和经历。我分别在三座古都的三所高校获得了三个不同学科的学位。我的外交学本科学位论文是关于美国对华最惠国待遇政策的；我的艺术学硕士论文是关于北朝墓葬胡人形象的；而最终又以跨国考古作为考古学博士学位的论文选题。细究这看似杂乱无章的学术之路，我突然发现，自己对于中外关系的兴趣从未消退，不论是在国际政治还是文化领域，也不论是古代还是今天。

　　今年正好是我本科毕业20周年。从受制于他人的最惠国待遇，到蒸蒸日上的跨国考古事业，我研究方向的转变，并不单单源于个人专业、兴趣和关注点的变化，这其中承载和见证的，更是这二十年来整个国家的巨变！正是这种变化，让我有机会多次探访当年觉得遥不可及的"胡人"的故乡，并让我能够围绕"跨国考古"这样一个尚未得到充分研究的题目展开博士阶段的研究。而此前的外交学与艺术学背景以及工作经验，也似乎都是在为这项研究埋下伏笔——如果没有国际关系史的积淀，我想我没有办法深刻地体悟到各个阶段推动跨国考古发展的时代动力，也正是当年对于胡人形象的着迷，让我能够基于对人的兴趣，更好地采用主体间性来研究跨国考古。而多年来在文博界，尤其是世界文化遗产领域的工作历练，既让我有机会亲身领略世界各大博物馆中来自跨国考古的重要文物的魅力，也让文化多样性、价值多元性和可持续发展等理念深入地贯穿于我研究的始终。

这种感慨，也是对于我与导师王建新教授的千里之缘。为了寻找远遁中亚后的大月氏踪迹，王老师从2009年起便追随张骞的足迹赴中亚开展调查，成为我国跨国考古的重要先行者。2019年，我随王老师一同拜会了位于吉尔吉斯斯坦首都比什凯克的中国驻吉尔吉斯斯坦大使馆，使馆的会议桌上摆着一尊张骞的小雕像，底座上刻着"中国最早的外交官"。我突然意识到，这位在冥冥中引领了王老师跨国考古之路的伟大先贤，原来也算得上是我的祖师爷。也是在投入师门后我才发现，自己进入西北大学前结识的七八位在西安的同事好友，竟然都是自己的同门。

感谢师恩！感谢王老师在专业上的引路！从安排我参加中亚南亚的考古调查，再到选题和写作过程中不辞辛劳地指点，没有老师的耐心帮助，我是无法完成本书的。感谢王老师对我的包容！最开始老师建议的选题方向是他心心念念的丝绸之路天山廊道，但由于我深知愚钝的自己难以胜任，最后王老师还是豁达地同意了我换题目的请求。更要感谢王老师在精神上为我树立的榜样！不论多么劳累，老师总是面带笑容，充满力量。记得2021年3月陪同老师去北京，为了保护巴基斯坦巴沙水库蓄水区内的珍贵岩画遗产，老师先后拜访了国家文物局、国家文物局考古研究中心和中国文化遗产研究院的七八位领导和专家，为了引起对方的重视，同样的问题他不知疲倦地重复了七八遍。每次看到老师新的成果和关于他的新报道，都深觉他是一座宝库。匆匆四载，太短太短，希望以后还能常常跟着老师学习求教！

后　记

也要感谢我心目中的另一位导师赵荣老师。初见赵老师是2012年去西安参加文化线路的国际会议，当时他还是江湖上响当当的赵局长，我也深深折服于他的强大气场。再遇赵老师，他已卸去领导职务，完美回归学者本色。如果没有赵老师在开题阶段对我醍醐灌顶似的棒喝，我想我的论文，包括整个博士生涯都会大为失色。在论文初稿完成后，也是赵老师的精心点拨，才让文章避免了史料的堆积和平铺直叙，从而具备了博士论文的基本模样。能遇到赵老师这样学富五车，又满心为学生着想的老师实在是我人生的幸事，也希望以后还能时时接受他的批评和指正。

除了两位恩师，我在西北大学文化遗产学院遇到的所有师友也都令我满怀感激之情。难忘赵丛苍、陈洪海、冉万里、钱耀鹏、刘军民、余洁、马健、温睿、任萌、习通源等各位老师的精彩授课；难忘张建林老师在木斯塘和铁尔梅兹考古调查中展现的随和、严谨与渊博，以及对本书提供的宝贵建议与资料；难忘与亦师亦友的于春、吴铮争、周剑虹、刘卫红、唐丽雅等老师们度过的愉快时光；难忘师门中王茜、热娜、国强、云鹏等年纪上的小弟小妹在专业上对我的帮助；难忘与2018级博士班同学共同度过的一年短暂而美好的同窗时光；也难忘段清波老师的音容笑貌。在西北大学收获的一切，知识、友情，以及公诚勤朴的精神，都将永远被我铭记在心。

也要对自己读博期间的工作单位表示感谢。八年之前，因为一个意外的机会和这座以"求是"为校训的著名高校结缘。本着对于天道酬勤的朴素信仰，我放弃了来之不易的职称和职务，只身入局，却和所有的业内师友一样，相信自己终会在这里开创出一片新的天地。虽然最后还是事与愿违，但还是要对前同事们给予我这位乱入者的包容致以诚挚的谢意。

我也难以忘记国家文物局和中国文化遗产研究院领导和同事们给予我的支持和帮助。我离开北京的时间已经超过了我在遗产院工作的时间，但北京的一切依然是那样的亲切。走在西北大学的校园里，还会被坐在中巴车里一闪而过，多年未见的老领导认出。正是你们时常委托的各项工作，才让我勉强还能跟上行业前行的步伐。和院里世界文化遗产中心的伙伴们更是依然那样亲密无间，似乎从未分开过。要是没有你们毫无保留的信任和帮助，偏隅一方的我一定早已被雨打风吹去。遇到你们，我真是何德何能，三生有幸！

在此我也要感谢梁云、柴晓明、姜波、邵会秋、潘玲、周萍、冯健等专家在论文开题、预答辩、答辩过程中给予我的诸多建议，如梁云老师提出从学术规范性的角度，应把"境外考古"表述为"跨国考古"，让我受益匪浅。

我还要特别感谢中国博物馆协会刘曙光先生、中国文化遗产研究院赵云女士、北京林业大学刘祎绯老师以及浙江理工大学安微竹老师在百忙中对书稿进行悉心审读并提出宝贵建议。是你们逐字逐句地打磨，才让我对自己的拙见有了更多信心，你们严谨认真的治学态度，也将激励我在今后的研究生涯中用更严格的标准来要求自己。

本书能够顺利出版，我也要感谢科学出版社责任编辑王琳玮老师的悉心帮助，以及中国文化遗产研究院张玉敏老师对书稿中图表的搜集与制作所给予的帮助。

最后的感谢，留给最亲的家人！上一本书出版的时候，燕海鸣老师曾批评为我为何没有感谢自己的夫人。抛去学术造诣上的差距不说，留美博士在情感表达上积极就值得我学习，也有幸终于有了这个弥补的机会。在此向我的夫人，致以丈夫最最真挚的谢意。为了这个家，我们都已付出太多。希望、也相信本书的出版，会让一切变得更好。也要感谢我们的父母在我忙于学业事业的过程中，为我们遮风挡雨，提供最坚实的后盾。2018年刚开学的时候，二女儿呱呱坠地，如今已是幼儿园中班的小调皮，老大更是已经成为一个独立懂事的三年级少先队员。在此向你们奉上老爸这几年的成果，希望以后不会令你们失望！

王　毅